AF204185

# Doppel-Klick **8**

## Differenzierende Ausgabe

## Das Arbeitsheft Plus

Erarbeitet von
Grit Adam, Kathleen Breitkopf, Ulrich Deters,
Dirk Hergesell, Rainer Schremb, Britta Wurst-Falck

Unter Beratung von
Andrea Hüttig
und August-Bernhard Jacobs

# Inhaltsverzeichnis

# Doppel-Klick 8 Differenzierende Ausgabe

## Das Arbeitsheft Plus

# Lösungen

**1** *Diesen Satz und diese Begründung könntest du geschrieben haben:*
In dem Text geht es wahrscheinlich darum, wie man mithilfe von verschiedenen Kraftwerken Energie aus dem Meer gewinnen kann. Die Überschrift sagt mir, dass es um Energiegewinnung aus dem Meer geht. Die Zwischenüberschriften und die Abbildungen benennen und zeigen die verschiedenen Kraftwerke.

**3** **b.** Das Thema der drei mittleren Absätze sind unterschiedliche Kraftwerkstypen, die Meeresenergie nutzen.

**4** *Diese Sätze könntest du geschrieben haben:*
Der erste Absatz führt in das Thema ein. Der letzte Absatz bewertet sachlich das zuvor beschriebene Thema.

**5** *Diese Erklärungen solltest du gefunden haben:*
Tidenhub nennt man den Höhenunterschied zwischen Hoch- und Niedrigwasser.
Ein Gigawatt entspricht 1 Milliarde Watt oder 1 Million Kilowatt oder 1000 Megawatt.
Eine Turbine wandelt Fließenergie in Drehenergie um.
Ein Generator wandelt die Drehenergie, z. B. einer Turbine, in elektrische Energie um.
Ein Prototyp ist ein Versuchsmodell für ein geplantes Produkt oder Bauteil.
Kontinuierlich bedeutet stetig oder fortdauernd.
Eine Pilotanlage ist eine Versuchsanlage.
Eine Kombination nennt man eine Zusammenstellung.

**6** *So könntest du die Kraftwerkstypen erklärt haben:*
Für ein **Gezeitenkraftwerk** wird eine Bucht vom Meer mit einem Damm abgetrennt. Bei Ebbe oder Flut gelangt das Wasser durch Turbinen auf die jeweils andere Seite des Dammes, wodurch Strom erzeugt wird.
Für ein **Meeresströmungskraftwerk** werden unter Wasser Turbinen gebaut, die einer Windkraftanlage ähneln. Durch die Strömung im Meer drehen sich die Turbinen und erzeugen Strom.
In einem **Wellenkraftwerk** wird durch die Bewegung der Wellen eine Luftsäule angetrieben. Bei ansteigendem Wasser wird die Luft nach oben durch eine Turbine gedrückt. Wenn das Wasser absinkt, wird die Luft angesaugt. Dadurch dreht sich die Turbine und erzeugt Strom.

**7** **b.** *Diese Stichworte könntest du aufgeschrieben haben:*
  1. **Einleitung:** Strom aus dem Meer, großes Potenzial
  2. **Gezeitenkraftwerk:** 11. Jahrhundert: Gezeitenmühlen, 1897: elektrischer Strom, Turbinen, Ebbe und Flut, 1967: Gezeitenkraftwerk, Damm, Bucht, Meer, 24 Rohrturbinen, 240 Megawatt
  3. **Meeresströmungskraftwerk:** Gezeitenkräfte, Strömungen, Stromgewinnung, das deutsch-britische Pilotprojekt „Seaflow", Windkraftanlage unter Wasser, Inbetriebnahme 2003, Nachfolger „Seagen", Nordirland, 1,2 Megawatt, 1000 Haushalte

  4. **Wellenenergie:** verschiedene Ansätze, Prinzip der schwingenden Wassersäule, Auf und Ab des Wassers, Luftsäule, bei ansteigendem Wasser Luft nach oben, Absinken des Wassers: Luft durch Turbine angesaugt, Prototyp November 2000, Westküste Schottlands, 500 Kilowatt
  5. **Lösung des weltweiten Energieproblems?:** Energievorrat riesig, selten wirtschaftlich nutzen, Energie nicht kontinuierlich zur Verfügung, Möglichkeiten zur Speicherung der Energie, wichtigen Beitrag zur erneuerbaren Energieversorgung, noch am Anfang

**8** *Diese Fragen könntest du geschrieben und sie so beantwortet haben:*
  1. Wofür kann die Kraft des Meeres genutzt werden? – für die Stromgewinnung
     Wodurch kann Strom aus dem Meer gewonnen werden? – aus der Kraft der Gezeiten und der Wellen
  2. Seit wann wird die Kraft des Tidenhubs genutzt? – Seit dem 11. Jahrhundert nutzt man die Kraft des Tidenhubs in Gezeitenmühlen in England und Frankreich.
     Wie hoch ist die Leistung des ersten Gezeitenkraftwerks der Welt? – Das erste Gezeitenkraftwerk der Welt hat eine Leistung von 240 Megawatt.
  3. Was entsteht durch Ebbe und Flut? – Durch Ebbe und Flut entstehen Strömungen.
     Wie heißt der Nachfolger des ersten Meeresströmungskraftwerks und wie hoch ist seine Leistung? – Der Nachfolger heißt „Seagen" und produziert 1,2 Megawatt Strom.
  4. Welche Form der Energie wird durch das Wetter erzeugt? – die Wellenenergie
     Wie viel Strom erzeugt der erste Prototyp eines Wellenkraftwerks? – Das Wellenkraftwerk an der Westküste Schottlands produziert 500 Kilowatt Strom.
  5. Warum müssten Möglichkeiten zur Speicherung der Energie geschaffen werden? – Es müssten Speicherungsmöglichkeiten geschaffen werden, weil die Energie nicht kontinuierlich zur Verfügung steht.
     Worin sehen Experten trotzdem einen wichtigen Beitrag zur erneuerbaren Energie? – in der Kombination verschiedener Meereskraftwerke

**9** *So solltest du die Fragen beantwortet haben:*
  a) Die Mündung des Flusses Rance ist für ein Gezeitenkraftwerk besonders gut geeignet, weil sie einen Tidenhub von bis zu zwölf Metern hat.
  b) Das Meeresströmungskraftwerk „Seaflow" sieht so aus, weil es auch fast wie eine Windkraftanlage funktioniert. Statt des Windes wird die Gezeitenströmung genutzt, um die Turbinen in Bewegung zu bringen.
  c) Die Voraussetzungen für ein Gezeitenkraftwerk sind ein Tidenhub von mindestens fünf Metern und eine geeignete Bucht.
  d) Wellenkraftwerke erzeugen nicht kontinuierlich gleich viel Energie, weil das Wetter dabei eine sehr große Rolle spielt.
  e) Wind, Sonne und Biomasse werden als andere erneuerbare Energien im Text genannt.

**10** *So könnte deine Zusammenfassung aussehen:*
Der Sachtext „Energie aus dem Meer" von Ulrich Grünewald
berichtet von verschiedenen Kraftwerkstypen, die Meeres-
energie nutzen. Es werden drei Kraftwerke vorgestellt:
Gezeiten-, Meeresströmungs- und Wellenkraftwerke.
Für ein Gezeitenkraftwerk wird eine Bucht vom Meer mit einem
Damm abgetrennt. Bei Ebbe oder Flut gelangt das Wasser durch
Turbinen auf die andere Seite des Dammes, wodurch Strom
erzeugt wird. Die Mündung des Flusses Rance bei St. Malo ist
für ein Gezeitenkraftwerk besonders gut geeignet, weil sie einen
Tidenhub von bis zu zwölf Metern hat. Dort wurde 1967 das erste
Kraftwerk dieser Art in Betrieb genommen. Mithilfe von 24 Rohrturbinen können 240 Megawatt Strom erzeugt werden.
Ein Meeresströmungskraftwerk sieht aus wie eine Windkraftanlage unter Wasser. Statt des Windes wird die Gezeitenströmung genutzt, um die Turbinen in Bewegung zu bringen.
Im Jahre 2003 wurde das Pilotprojekt „Seaflow" in Betrieb
genommen. Der Nachfolger „Seagen" vor der Küste Nordirlands produziert 1,2 Megawatt Strom. In einem Wellenkraftwerk wird durch die Bewegung der Wellen eine Luftsäule
angetrieben. Bei ansteigendem Wasser wird die Luft nach
oben durch eine Turbine gedrückt. Wenn das Wasser absinkt,
wird die Luft angesaugt. Dadurch dreht sich die Turbine und
erzeugt Strom. Seit November 2000 gibt es den Prototypen
eines Wellenkraftwerkes in Schottland. Er produziert 500 Kilowatt Strom. Obwohl der Energievorrat der Gezeiten groß ist,
kann man ihn nur selten wirtschaftlich nutzen. Es werden Möglichkeiten zur Speicherung der Energie benötigt, da sie nicht
kontinuierlich zur Verfügung steht. Noch steht die Nutzung
der Energie aus dem Meer am Anfang. Laut den Experten
wird sie aber einen wichtigen Beitrag zur erneuerbaren
Energieversorgung leisten.

## Seite 7

**1** *So solltest du die Stichworte den Phasen zugeordnet haben:*
Phase 1: links: offenes Meer, rechts: Staubecken, Verschluss
Phase 2: Turbine läuft
Phase 3: Verschluss
Phase 4: das Kraftwerk

**2** *Diese anderen Wörter solltest du gefunden haben:*
Flut = Hochwasser, Ebbe = Niedrigwasser

**3** *So solltest du die Fragen beantwortet haben:*
a) Das Wasser staut sich dadurch, dass die Turbinenleitungen
geschlossen sind.
b) Die Turbinenleitungen werden einmal geöffnet, wenn die Flut
ihr Maximum erreicht hat (Phase 2), und ein weiteres Mal,
wenn die Ebbe erreicht ist (Phase 4).

**4** *Diese Vermutung könntest du aufgeschrieben haben:*
Vermutlich werden die Turbinenleitungen einmal geschlossen,
wenn das Staubecken maximal gefüllt ist (zwischen Phase 4
und Phase 1), und ein weiteres Mal, wenn das Staubecken
ganz leer ist (zwischen Phase 2 und Phase 3).

**5** *So könnte dein Sachtext aussehen:*
**So funktioniert ein Gezeitenkraftwerk**
Wie ein Gezeitenkraftwerk Energie erzeugt, kann man auf dem
Schaubild „Funktionsprinzip eines Gezeitenkraftwerks" sehen.
In der ersten Phase ist das Staubecken leer und die Turbinen-
leitungen sind geschlossen. Die Flut steigt an. Wenn die Flut
ihr Maximum erreicht hat, werden in der zweiten Phase die
Turbinenleitungen geöffnet. Wasser strömt in das Staubecken.
Dadurch wird die Turbine angetrieben und Strom erzeugt.
In der dritten Phase ist das Staubecken gefüllt und die Turbi-
nenleitungen werden wieder verschlossen. Die Flut sinkt ab.
Sobald die Ebbe erreicht ist, werden die Turbinenleitungen
geöffnet. Das Wasser strömt aus dem Staubecken und treibt
damit erneut die Turbine an. So wird wieder Strom erzeugt.

## Seite 8

**1** *Diese Stichworte könntest du aufgeschrieben haben:*
Windenergie: auf See, auch an Land, Windturbinen, Ökostrom,
erneuerbare Energie, umweltfreundlich

**2** **b.** *Diese Sätze könntest du geschrieben haben:*
In Material 1, dem Text „Energie der Zukunft: Watt aus dem
Meer", geht es um einen Windpark, der in der Nordsee
gebaut wird, um große Mengen an umweltfreundlichem
Strom zu erzeugen.
Die Grafik aus Material 2 beschreibt den Strommix in
Deutschland für das Jahr 2009. In der Grafik aus Material 3
wird eine Prognose für die Stromversorgung in Deutschland
für das Jahr 2020 dargestellt. In der Grafik aus Material 4
sieht man, wie man mit Solarkraftwerken Strom aus der
Wüste gewinnen kann. In Material 5 werden die Vor- und
Nachteile von Windenergie aufgezählt.

**3** *Diesen Satz könntest du geschrieben haben:*
Die Grafik aus Material 4 passt nicht zum Thema „Windenergie", da es darin um Solarkraftwerke geht.

## Seite 10

**4** **b.** *So solltest du deinen Arbeitsauftrag beschrieben haben:*
Ich soll einen informierenden Text zum Thema „Windenergie"
am Beispiel von Alpha Ventus schreiben. In diesem Text soll
ich den Anteil der Windenergie am heutigen und am zukünftigen Energieverbrauch darstellen. Dazu soll ich Informationen aus den Materialien 1 bis 5 verwenden. Schwierige
Begriffe und Sachverhalte soll ich erklären. In meinem Text
soll ich die Quellen der Informationen nennen. Ich soll im
Präsens schreiben und wörtliche Rede vermeiden.

**6** *Diese Erklärungen könntest du geschrieben haben:*
offshore – vor der Küste, auf offener See; der Ökostrom –
umweltfreundlich gewonnene elektrische Energie; die Rotoren
– die sich drehenden Teile einer Maschine; die Gigawattstunde –
eine Milliarde Wattstunden; die Biomasse – pflanzliche und tierische Rohstoffe zur Energieerzeugung; die Prognose – eine
Vorhersage; die Geothermie – in der Erde gespeicherte Wärme

## Seite 11

**1** *So solltest du die Fragen beantwortet haben:*
A Der erste deutsche Offshore-Windpark heißt Alpha Ventus
und liegt in der Nordsee.
B An den deutschen und europäischen Küsten sollen in den
nächsten Monaten und Jahren große Offshore-Windparks
entstehen, um viel Ökostrom produzieren zu können.
C Die Politik schöpft Hoffnung, weil die Vision von einer
umweltschonenderen Energieversorgung durch die Windparks greifbar wird.

**2** *Diese Zahlen solltest du aufgeschrieben haben:*
Größe: *4 km²*, Anzahl der Turbinen: *12*
Anzahl der mit der Energie versorgten Haushalte: *50 000*

**3** *Diese Energiequellen solltest du aufgeschrieben haben:*
**Erneuerbare Energien:** Windenergie (an Land und auf See),
Bioenergie, Fotovoltaik, Wasserkraft, Geothermie
**Nicht erneuerbare Energien:** Erdgas, Kernenergie, Braunkohle,
Steinkohle, Mineralöl, Abfall

**4** *Diese Aussagen hast du sicher angekreuzt:*
b), c)

**5** *So könnten deine Antworten lauten:*
A Der Anteil der erneuerbaren Energien an der Stromproduktion betrug 14,8 %.
B Der Anteil der Windenergie an der Stromproduktion 2009 betrug 6,3 %.
C 2020 soll die Windenergie 25 % an der Stromversorgung betragen.
D Bei Material 2 handelt es sich um ein Kreisdiagramm.
E Windenergie muss vor Ort in Strom umgewandelt werden, weil sie sich nicht speichern lässt. Sie kann nur in Form von elektrischem Strom transportiert werden.

**6** *So könnte deine Antwort aussehen:*
Der Anteil der erneuerbaren Energien an der Stromversorgung wird von 2009 bis 2020 voraussichtlich von 14,8 % auf 47 % ansteigen. Dabei wird der Anteil der Wasserkraft von 3,2 % auf 5 % und der Anteil der Windenergie von 6,3 % auf 25 % ansteigen (Materialien 2 und 4).

### Seite 12

**1** **a.** *Diese Fragen könntest du gestellt haben:*
**Frage 1:** Was ist Windenergie?
**Frage 2:** Was ist Alpha Ventus?
**Frage 3:** Welchen Beitrag leistet Windenergie im Jahr 2009 und im Jahr 2020?
**Frage 4:** Welche Vor- und Nachteile hat die Nutzung von Windkraft?

### Seite 13

**2** **a.** *Diese Wörter solltest du markiert haben:*
Der Offshore-Windpark Alpha Ventus wird bei normalen Windbedingungen pro Jahr mindestens 220 Gigawattstunden Ökostrom für 50 000 Haushalte in das Stromnetz einspeisen.

**c.** *So könnte deine Überarbeitung aussehen:*
Alpha Ventus ist ein Offshore-Windpark, also eine Ansammlung von Windenergieanlagen auf offener See. Mindestens 220 Gigawattstunden könnte Alpha Ventus bei normalen Windbedingungen pro Jahr produzieren, das sind 220 Milliarden Wattstunden. Der Strom wird in das Stromnetz eingespeist, also an das Stromnetz weitergegeben. 50 000 Haushalte bekommen dann Ökostrom, das heißt umweltfreundlich gewonnene elektrische Energie.

**3** *Diese Quellen solltest du angegeben haben:*
A Material 1; B Material 5; C Material 3; D Material 2

**4** *Diese Sätze könntest du geschrieben haben:*
Aus Material 1 geht hervor, dass der Offshore-Windpark Alpha Ventus mindestens 220 Gigawattstunden Ökostrom pro Jahr produzieren wird. In Material 5 wird erklärt, dass Windenergieanlagen kein Kohlendioxid ausstoßen. Material 4 macht deutlich, dass der Anteil der Windenergie voraussichtlich auf 25 % im Jahr 2020 steigen wird. Material 2 zeigt, dass der Anteil der Windenergie im Jahr 2009 nur bei 6,3 % lag.

**5** **a.** *Diese Überschrift könntest du geschrieben haben:*
Die Zukunft einer erneuerbaren Energie

**b.** *So könntest du deine Einleitung geschrieben haben:*
Dass Windenergie eine Energie mit Zukunft ist, versteht man, wenn man einen Blick auf den Offshore-Windpark Alpha Ventus wirft. Durch ihn sollen bald 50 000 Haushalte mit Ökostrom versorgt werden. Der Anteil von Windenergie an der Stromversorgung wird in den nächsten Jahren stark ansteigen, wenn noch mehr von diesen Windparks gebaut werden.

**6** *So könntest du deinen Hauptteil geschrieben haben:*
Windenergie ist wertvoll, da sie zu den erneuerbaren Energien gehört. Man kann sie auf dem Land und auf See gewinnen. Sie ist so wichtig, weil man damit Ökostrom, also umweltfreundlich gewonnene elektrische Energie, erzeugen kann. Sie soll zur Wende der Energieversorgung Deutschlands beitragen. Material 1 beschreibt Alpha Ventus, das ist der erste Offshore-Windpark in Deutschland. Er befindet sich in der Nordsee auf einer Fläche von 4 km². Ein Offshore-Windpark ist eine Ansammlung von Windanlagen auf offener See.
Wie die Grafik aus Material 2 zeigt, beträgt der Anteil von erneuerbaren Energien an der Stromversorgung Deutschlands 14,8 % im Jahr 2009. Die Windenergie macht davon 6,3 % aus. Die Grafik aus Material 4 macht außerdem deutlich, dass der Anteil der Windenergie im Jahr 2020 bereits 25 % betragen kann, wenn man nun noch mehr solcher Windparks baut. Es wird weiterhin vorhergesagt, dass der Anteil aller erneuerbaren Energien dann bei 47 % liegen kann.
Einige Nachteile hat Windenergie allerdings, wie Material 5 erklärt. Durch die Windparks wird zum Beispiel das Landschaftsbild verändert. Außerdem ist Windenergie nicht so zuverlässig wie andere Energiequellen und lässt sich nicht speichern. Deshalb muss sie vor Ort in Strom umgewandelt werden. Aber die Windenergie hat in erster Linie große Vorteile. Es werden beispielsweise keine Schadstoffe ausgestoßen, man benötigt weniger Platz, sie ist reichlich vorhanden und vor allem erneuerbar.

**7** *So könntest du deinen Schlusssatz geschrieben haben:*
Der Windpark Alpha Ventus zeigt, dass Windenergie eine große Bedeutung für die zukünftige Stromversorgung in Deutschland haben kann.

### Seite 14

**1** bis **6**
*Diese falschen Angaben hast du sicher markiert, diese Verbformen durchgestrichen und den Pfeil so gezeichnet:*
**Die Windenergie – unsere Chance für die Zukunft**
Die Entwicklung der Windenergie geht ganz schön fix voran. Darüber und über einiges mehr informiert der Text. Ich denke, für den Ausbau der erneuerbaren Energien können wir auch mit einem veränderten Landschaftsbild leben.
Windenergie ist – das weiß doch jeder, was das ist, oder? Das ist das mit der erneuerbaren Energie und so weiter.
Aus dem Text von Frank geht hervor, dass die Produktion von Windenergie immer weiter ausgebaut wird. So wurde in der Nordsee gerade der erste deutsche Offshore-Windpark fertiggestellt, nämlich Alpha Ventus. Weitere Windparks an den Küsten Europas sollen folgen.
Die Ausmaße des Offshore-Windparks waren riesig: Auf einer Fläche von etwa 4 Quadratkilometern standen 9 Windturbinen. Aber am beeindruckendsten ist, dass der Windpark 50 000 Menschen mit Strom versorgen kann – natürlich nur, wenn der Wind bläst. Aber das tut er auf See sowieso die ganze Zeit. „In der Branche wird der Offshore-Windmarkt als der wesentliche Wachstumsbereich bei den erneuerbaren Energien in unseren Regionen angesehen", sagt ein Unternehmen.
Der Ökostrom verdrängt so langsam die Brennstoffe Kohle, Öl und Wasser. Das ist gut für die Umwelt, denn die schädlichen Abgase der Kraftwerke wie Kohlendioxid, Stickoxide und Schwefeldioxid gelangten immer weniger in die Luft. Der Anteil der Windkraft soll von 0,6 % im Jahr 2007 auf 25 % im Jahr 2020 steigen. Das belegen zwei Grafiken.
Die Windenergie hat aber auch Nachteile. So verändern die Windanlagen zum Beispiel das Landschaftsbild.

3

**3** **b.** *Diese fehlenden Angaben hast du sicher aufgeschrieben:*
(Name des Autors) Frank Dohmen, (Überschrift) „Energie der Zukunft: Watt aus dem Meer"

**9** *So könntest du den Text überarbeitet haben. Die unterstrichenen Informationen hast du sicher so ergänzt:*
Die Entwicklung der Windenergie geht inzwischen schnell voran. Windenergie ist eine der erneuerbaren Energien, d.h. eine umweltfreundliche Art und Weise, Strom zu erzeugen. Aus dem informierenden Text „Energie der Zukunft: Watt aus dem Meer" von Frank Dohmen geht hervor, dass die Produktion von Windenergie immer weiter ausgebaut wird. So wurde in der Nordsee gerade der erste deutsche Offshore-Windpark mit dem Namen Alpha Ventus fertiggestellt. Weitere Windparks an den Küsten Europas sollen in den kommenden Monaten und Jahren folgen.
Die Ausmaße des Offshore-Windparks sind sehr groß: Auf einer Fläche von etwa 4 Quadratkilometern stehen 12 Windturbinen. Aber am beeindruckendsten ist, dass der Windpark 50 000 Haushalte mit Strom versorgen kann – natürlich nur, wenn der Wind bläst. Das macht er aber auch auf See nicht immer. In der Branche werde der Offshore-Windmarkt als der wesentliche Wachstumsbereich bei den erneuerbaren Energien in unseren Regionen angesehen, behauptet Frank Mastiax vom Unternehmen E.on.
Der Ökostrom verdrängt so langsam die Brennstoffe Öl, Kohle und Gas. Das ist gut für die Umwelt, denn die schädlichen Abgase der Kraftwerke wie Kohlendioxid, Stickoxide und Schwefeldioxid gelangen immer weniger in die Luft. Der Anteil der Windkraft soll von 6,3% im Jahr 2009 auf 25% im Jahr 2020 steigen. Das belegen die Grafiken aus den Materialien 2 und 4, denn sie zeigen den „Strommix in Deutschland" im Jahr 2009 und eine „Prognose: Stromversorgung in Deutschland 2020". Die Windenergie hat aber auch Nachteile. So verändern die Windanlagen z. B. das Landschaftsbild. Doch ich denke, für den Ausbau der erneuerbaren Energien können wir auch mit einem veränderten Landschaftsbild leben.

### Seite 15

**1** *So solltest du die Fragen beantwortet haben:*
**A** Der Anteil der sonstigen Energieträger beträgt 3,9% und nicht 39%.
**B** Der Anteil der nicht erneuerbaren Energien betrug im Jahr 2009 85,2% (24,6% + 18,3% + 22,6% + 12,9% + 0,8% + 2,1% + 3,9%).

**2** *So hast du deine Grafik sicher gestaltet:*

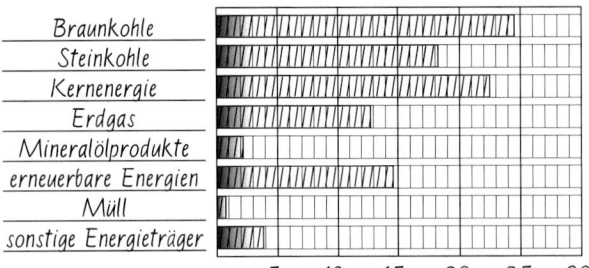

Strommix in Deutschland 2009

**1** **b.** *Diese Stichworte könntest du notiert haben:*
Material 1: Solarkraftwerk, Sonnenenergie, Marokko
Material 2: Marokko, Ain Beni Mathar, Solarkraftwerk, Windenergieanlage
Material 3: Vorteile und Nachteile, solarthermische Kraftwerke

**c.** *Diese Sätze könntest du geschrieben haben:*
In dem Text „Marokko startet das Projekt Wüstenstrom" aus Material 1 geht es um das modernste Solarkraftwerk der Welt und die weiteren Planungen zur Gewinnung von Sonnenenergie in Marokko.
Material 2 zeigt eine Karte von Marokko mit dem Solarkraftwerk Ain Beni Mathar und den zukünftigen Windenergieanlagen an der Atlantikküste.
In Material 3 werden die Vor- und Nachteile von solarthermischen Kraftwerken aufgezeigt.

**2** *Diese Sätze könntest du aufgeschrieben haben:*
Im Jahr 2010 produzieren die Solarkraftwerke in Marokko 20 Megawatt Energie auf einer Fläche von 40 Hektar. Im Jahr 2020 sollen sie 2000 Megawatt Energie auf einer Fläche von 10 000 Hektar produzieren.

**3** *So solltest du die Frage beantwortet haben:*
Marokko transportiert über zwei Leitungen durch die Meerenge von Gibraltar Strom nach Europa.

**4** *So könntest du die Begriffe erklärt haben:*
Ein Parabolspiegel ist ein schüsselförmiger Gegenstand, mit dem Solarenergie produziert werden kann.
Eine Pilotanlage ist eine Versuchsanlage, in der Erfindungen getestet werden können.

**5** *Diese Sätze könntest du geschrieben haben:*
**Vorteile:** Solarthermische Kraftwerke haben den Vorteil, dass sie Strom produzieren, ohne dabei $CO_2$ zu erzeugen. Außerdem kann ein Teil der produzierten Wärme gespeichert und auch nach Sonnenuntergang zur Stromproduktion verwendet werden. Das ist ein Vorteil gegenüber der Fotovoltaik.
**Nachteile:** Dennoch ist die Sonneneinstrahlung in Nord- und Mitteleuropa für diese Technik nicht intensiv genug. Ein weiterer Nachteil ist, dass die verwendeten Wärmespeicher aus Salz komplett zerstört werden, falls sie einmal zu stark abkühlen.

**6** *Diesen Satz solltest du geschrieben haben:*
Das Material 4 von Seite 9 passt zum Thema „Wüstenstrom", da die Grafik zeigt, wie man anhand von modernen Solarkraftwerken Strom aus der Wüste gewinnen kann.

**7** *Diese Fragen und Stichworte könntest du aufgeschrieben haben:*
**Was ist „Beni Mathar"?** – das modernste Solarkraftwerk der Welt, solare Pilotanlage, Parabolspiegel, Wüste Marokkos

**Wie soll sich das Solarkraftwerk in Zukunft weiterentwickeln?** – von 40 auf 10 000 Hektar, von 20 auf 2000 Megawatt, in den nächsten zehn Jahren, entscheidender Beitrag zur Energieversorgung Europas

**Wie kann Europa von der gewonnenen Solarenergie profitieren?** – Import nordafrikanischer Solarenergie, durch Kabel Verbindung zum europäischen Verbundnetz, zwei Leitungen durch die Meerenge von Gibraltar, Kapazität von 1400 Megawatt

**8** *So könnte dein fertiger Text aussehen:*

In der Wüste Marokkos wird durch solarthermische Kraftwerke wertvolle Solarenergie gewonnen. Auch das modernste Solarkraftwerk der Welt befindet sich dort: Beni Mathar. Material 1 erklärt, dass dieses Kraftwerk den Beginn der Solarrevolution darstellt, und das nicht nur für Marokko. Mithilfe von Parabolspiegeln werden in der Wüste Marokkos auf einer Fläche von 40 Hektar 20 Megawatt Strom erzeugt. In den nächsten zehn Jahren sollen die Fläche der Solarfelder auf 10 000 Hektar und der Stromgewinn auf 2000 Megawatt ansteigen. Von dieser Solarenergiegewinnung kann auch Europa profitieren, wie Material 2 zeigt. Durch die Meerenge von Gibraltar sind in zwei Leitungen Kabel verlegt. Sie stellen eine Verbindung zum europäischen Verbundnetz her und haben eine Kapazität von 1400 Megawatt.

Man muss bedenken, dass die Sonneneinstrahlung in Nord- und Mitteleuropa für diese Technik nicht intensiv genug ist, wie Material 3 belegt. Außerdem werden die verwendeten Wärmespeicher aus Salz komplett zerstört, falls sie einmal zu stark abkühlen. Aber solarthermische Kraftwerke haben in erster Linie große Vorteile. Sie produzieren Strom, ohne dabei $CO_2$ zu erzeugen. Außerdem kann ein Teil der produzierten Wärme gespeichert und auch nach Sonnenuntergang zur Stromproduktion verwendet werden. Das ist ein Vorteil gegenüber der Fotovoltaik.

Die solare Pilotanlage Beni Mathar zeigt, dass Solarenergie eine große Bedeutung für die zukünftige Stromversorgung in Afrika und Europa haben kann.

| Das kann ich! – Auswertung | |
|---|---|
| 51–70 Punkte | Du hast schon viel gelernt. Weiter so! |
| 31–50 Punkte | Du kannst es sicher noch besser. Übe weiter. |
| 0–30 Punkte | Arbeite die Seiten 4 bis 15 noch einmal durch. |

## Seite 18

**1** b. *Diese ungeeigneten Formulierungen hast du sicher markiert:*
Hallo, den Job, endlich hinter mir haben werde, mich über eine Absage nicht freuen, Ciao

c. *Diese fehlenden Angaben hast du sicher notiert:*
das Datum, der Betreff, der Zeitraum des Praktikums, die Nennung der Anlagen

## Seite 19

**2** a. *Sicherlich hast du dir überlegt, dass eine Firma mit 15 Angestellten täglich sehr viele Briefe bekommt und für das Sortieren wenig Zeit bleibt.*

b. *Diese Antwort könntest du geschrieben haben:*
Die Betreffzeile hilft der Person, den Brief richtig einzusortieren.

**3** *Diese Betreffzeilen solltest du geschrieben haben:*
Raffaela: Bewerbung um ein Praktikum; Restaurant: Bestätigung der Tischreservierung für die Betriebsfeier; Hausverwaltung: Auftrag für das Streichen einer Fassade; Zwölf Leiterhersteller: Angebote über neue Sicherheitsleitern; Frau Meier: Reklamation der Türfarbe

**4** *Diese Anrede und diesen Gruß hast du sicher geschrieben:*
Anrede: Sehr geehrte Damen und Herren; Gruß: Mit freundlichen Grüßen

**5** *So solltest du geantwortet haben:*
a. Anlagen
b. Der Hinweis steht ganz unten im Brief, nach der Unterschrift.

**6** *So hast du den Brief sicher überarbeitet:*

Jakob Müller                                    Musterhausen, 20. 03. 2011
Bahnhofstraße 25
56789 Musterhausen
Tel.: 0 91 01 / 12 13 14

Firma
Malerarbeiten-KG
Parkstraße 43
56789 Musterhausen

**Betreff:** Bewerbung um ein Praktikum

Sehr geehrte Damen und Herren,

mit diesem Schreiben möchte ich mich für ein Betriebspraktikum vom 01. 05. 2011 bis zum 22. 05. 2011 in Ihrer Firma bewerben. Ich habe in den letzten Ferien zusammen mit meinem Vater unser Haus renoviert und Spaß am Tapezieren bekommen. Aus diesem Grund möchte ich den Beruf des Malers und Lackierers näher kennen lernen.
Zurzeit besuche ich die 8. Klasse der Mustertaler Gesamtschule, die ich voraussichtlich nach der 10. Klasse mit dem Realschulabschluss verlassen werde.
Meinen Lebenslauf habe ich diesem Schreiben beigefügt.
Ich würde mich über eine Zusage freuen.

Mit freundlichen Grüßen

*Jakob Müller*

Anlage: Lebenslauf

## Seite 20

**7** bis **10**
*Für die Lösung dieser Aufgaben orientierst du dich an den Lösungen zu den Aufgaben 4 bis 6 von Seite 19.*

## Seite 21

**1** *Du hast sicher alle notwendigen Angaben im Lebenslauf angekreuzt, bis auf die folgenden vier:*
a. Berufe der Eltern, Geschwister, Haustiere, Krankheiten

b. *Diese Angaben können in einem Lebenslauf zusätzlich sinnvoll sein:*
Berufe der Eltern, Geschwister

c. *Diese unnötigen Angaben hast du sicher gestrichen:*
Haustiere, Krankheiten

**2** *So sollte dein Muster aussehen:*

**Lebenslauf**

**Angaben zur Person**
Name: _____
Vorname: _____
Geburtsdatum: _____
Geburtsort: _____
Staatsangehörigkeit: _____
Mutter: _____
Vater: _____

**Schulbildung**
*(Zeiten der Schulbildung) (Schultyp)*
Voraussichtlicher Abschluss: _____

**Besondere Kenntnisse und Interessen**
Sprachkenntnisse: _____
Lieblingsfächer: _____
Hobbys: _____

*(Ort und Datum)*

*(Unterschrift)*

**3 b.** *So sollte Marinas Lebenslauf aussehen:*

Marina Heinemann
Heinestraße 12
34567 Neustadt
Tel.: 1 23 45 67
E-Mail: Marheineke@abcdefg.de

**Lebenslauf**

**Persönliche Daten**
Name: Heinemann
Vorname: Marina
Geburtsdatum: 18. 04. 1996
Geburtsort: Neustadt
Staatsangehörigkeit: deutsch
Mutter: Stefanie Heinemann
Vater: Sven Heinemann

**Schulbildung**
2002–2006 Grundschule Neustadt
2006–2012 Gesamtschule Neustadt
Voraussichtlicher Abschluss: erweiterter Hauptschulabschluss

**Besondere Kenntnisse und Interessen**
Sprachkenntnisse: Englisch (fortgeschritten), Arabisch (Grund-kenntnisse)
Lieblingsfächer: Deutsch, Sport, Erdkunde

Neustadt, 27. 2. 2011

*Marina Heinemann*

## Seite 22

**1 a.** *Diese Materialien, Werkzeuge und Geräte hast du markiert:*
Eimer, Rührstock, Tapeziertisch, Pinsel, Spachtel, Tapezier-maschine, Tapetenroller, Kleistereimer

**b.** die Kleisterbürste, die Tapezierschere, das Tapeziermesser

**2** *So sollte deine Tabelle aussehen:*

| Uhrzeit | Tätigkeit | Materialien, Werk-zeuge und Geräte |
|---|---|---|
| 7:00 | Im Betrieb luden wir die Werkzeuge und Materialien ins Auto. | alle Materialien und Werkzeuge |
| 7:30 | Wir luden die Werkzeuge und Materialien beim Kunden aus. | alle Materialien und Werkzeuge |
| 7:40 | Wir legten die Folie im Zimmer aus und rührten den Tapetenlöser an. | Tapetenlöser, Eimer, Rührstock, Folie, Kreppband, Tape-ziertisch |
| 8:00 | Wir lösten die alte Tapete von der Wand. | Pinsel, Spachtel |
| 9:00 | Wir machten 20 Minuten Frühstückspause. | |
| 9:20 | Wir stopften die alte Tapete in Müllbeutel und ich brachte sie ins Auto. | Müllbeutel, Tapete |
| 9:50 | Wir bauten die Tapezier-maschine auf und ich rührte den Kleber an. Ich half beim Tapezieren. | Tapeziermaschine, Kleber, Tapeten-roller, Kleistereimer, Pinsel |
| 12:20 | Ich brachte die Werkzeuge ins Auto. | alle Werkzeuge |
| 12:30 | Die anderen machten Mittagspause, ich hatte Feierabend. | |

**3** *So hast du die Materialien und Werkzeuge sicher erklärt:*
Tapezierschere: um Tapete zuzuschneiden, z. B. an Türen oder Fenstern; Müllbeutel: um Materialreste zu beseitigen, z. B. die alte Tapete; Folie: um etwas abzudecken, z. B. den Fußboden

## Seite 23

**4 a.** *Diesen Satz hast du sicher gestrichen:*
An diesem ersten Tag habe ich alles über den Beruf des Malers erfahren.

**b.** *Diese Wörter und Wortgruppen hast du sicher gestrichen:*
Der ~~dicke~~ Geselle ~~war sehr nett und~~ erklärte mir die ver-schiedenen Abläufe. Das ~~anstrengende und langweilige~~ Tapezieren dauerte über zwei Stunden. Ich durfte am ersten Tag ~~nur~~ verschiedene ~~unwichtige~~ Arbeiten erledigen.

**5** *So könntest du die Sätze neu formuliert haben:*
Zuerst half ich beim Einladen, dann half ich beim Ausladen. Danach half ich beim Hochtragen und anschließend half ich beim Vorbereiten. Später legte ich das Zimmer sorgfältig mit Folie und Kreppband aus. Dann rührte ich den Tapetenkleister gründlich an. Danach reichte ich die bestrichene Tapete vor-sichtig an. Zum Schluss half ich eifrig beim Zusammenräumen der Werkzeuge.

**6** *So könnte dein fertiger Tagesbericht aussehen:*
Jakob Mesimeris, Klasse 8 b
**Tagesbericht zum Praktikum als Maler**
Um 7:00 Uhr half ich dabei, im Betrieb die Werkzeuge, Geräte und Materialien ins Auto zu laden, und eine halbe Stunde später half ich dabei, sie beim Kunden auszuladen. Dort legte ich mit den anderen Mitarbeitern zuerst die Folie im Zimmer aus und befestigte sie sorgfältig mit Kreppband. Anschließend rührte ich den Tapetenlöser vorsichtig in einem Eimer mit einem Rühr-stock an. Danach fing ich zusammen mit meinen Kollegen um 8:00 Uhr an, die alte Tapete mit Pinseln und Spachteln gründ-lich zu lösen. Um 9:00 Uhr machten wir alle 20 Minuten Früh-stückspause. Danach stopfte ich die alte Tapete in Müllbeutel und brachte sie ins Auto. Um 9:50 Uhr baute ich mit den Malern die Tapeziermaschine auf und rührte den Kleber an. Dann half ich beim Tapezieren. Dazu benutzte ich einen Tapetenroller. Mit dem Tapetenroller rollt man vorsichtig über die Tapete, um sie ganz glatt zu machen. Um 12:20 Uhr brachte ich die Werkzeuge ins Auto. Danach machten die anderen Mitarbeiter Mittagspause und ich hatte Feierabend.

**7** *So könnte deine Checkliste aussehen:*

| Checkliste: Einen Tagesbericht schreiben | ja | nein |
|---|---|---|
| Habe ich alle Materialien und Werkzeuge genannt? | | |
| Habe ich genau und sachlich geschrieben? | | |
| Ist der Bericht knapp, einfach und klar? | | |
| Habe ich W-Fragen beantwortet? | | |
| Habe ich das Präteritum verwendet? | | |
| Habe ich wertende Aussagen vermieden? | | |
| Habe ich genaue Zeitangaben verwendet? | | |
| Sind meine Sätze abwechslungsreich? | | |

## Seite 24 – Das kann ich!

**1** Ich soll Nicoles Bewerbung überarbeiten. Ich soll für das Bewerbungsschreiben das heutige Datum verwenden. Ich soll dabei die Arbeitstechnik „Einen offiziellen Brief schreiben" berücksichtigen. Ich soll an der passenden Stelle auf den bei-gefügten Lebenslauf verweisen. Außerdem soll ich einen tabel-larischen Lebenslauf für Nicole schreiben.

**3** *Diese Stichworte solltest du aufgeschrieben haben:*
Adresse des Empfängers an falscher Stelle, Betreff fehlt, ungeeignete Anrede, Unterschrift fehlt, Hinweis auf die Anlage fehlt

**4** *So sollten das überarbeitete Bewerbungsschreiben und der Lebenslauf aussehen:*

Nicole Arnold                      Neustadt, 04.05.2011
Querallee 23
45678 Neustadt
Tel.: 06543/210987

An die
Fixe Schere
Arndtstraße 5
45678 Neustadt

**Betreff:** Bewerbung um einen Praktikumsplatz

Sehr geehrte Damen und Herren,

mit diesem Schreiben möchte ich mich für ein Schulpraktikum in Ihrem Friseursalon in der Zeit vom 01.10. bis 20.10. dieses Jahres bewerben. Ich habe mit viel Spaß und Freude meinen Freundinnen die Haare gewaschen und geföhnt, deshalb möchte ich mehr über den Beruf einer Friseurin erfahren. Ich besuche zurzeit die 8. Klasse der Martin-von-Tours-Schule und werde die Schule voraussichtlich in zwei Jahren mit dem Realschulabschluss verlassen.
Meine Bewerbungsunterlagen habe ich diesem Schreiben beigefügt.
Ich würde mich über eine Zusage sehr freuen.

Mit freundlichen Grüßen

*Nicole Arnold*

Anlage: Lebenslauf

---

Nicole Arnold
Querallee 23
45678 Neustadt
Tel.: 06543/210987

**Lebenslauf**

**Persönliche Daten**
Name: Arnold
Vorname: Nicole
Geburtsdatum: 12.02.1997
Geburtsort: Schwalmstadt/Treysa
Staatsangehörigkeit: deutsch
Mutter: Stefanie Arnold
Vater: Sven Arnold

**Schulbildung**
2003–2007 Grundschule Neustadt
2007–2011 Realschule Martin-von-Tours-Schule
Voraussichtlicher Abschluss:
Realschulabschluss

**Besondere Kenntnisse und Interessen**
Sprachkenntnisse: Englisch (fortgeschritten)
Lieblingsfächer: Deutsch, Erdkunde und Kunst
Hobbys: Lesen, Radfahren, Kino

Neustadt, (Datum)

*Nicole Arnold*

| Das kann ich! – Auswertung | |
|---|---|
| 48–65 Punkte | Du hast schon viel gelernt. Weiter so! |
| 29–47 Punkte | Du kannst es sicher noch besser. Übe weiter. |
| 0–28 Punkte | Arbeite die Seiten 18 bis 21 noch einmal durch. |

**1** *Diesen Fehler hast du sicher aufgeschrieben:*
Sie schreibt im Präsens.

**2** *So hast du sicher die Checkfragen beantwortet:*
Gibt es abwechslungsreiche Satzanfänge? – nein. Wird über das Geschehen in der richtigen Reihenfolge berichtet? – ja. Wird auf die Wiedergabe persönlicher Meinung verzichtet? – nein. Wird die Beschreibung des Tagesablaufs mit Zeitangaben gegliedert? – ja.

**3** **a.** *Diese Satzanfänge hast du sicher markiert:* Dann

**b.** *Diese Satzanfänge könntest du notiert haben:*
Um 8:00 Uhr, Von 8:30 Uhr bis 9:00 Uhr, Gegen 12:00 Uhr, Kurz nach 9:00 Uhr, Eine halbe Stunde später

**4** *Diese Wiederholungen solltest du markiert haben:*
Dann, Ich helfe, Ich muss

**5** *So könnte dein überarbeiteter Bericht aussehen:*
Ayse Schmidt, Klasse 8 b
**Tagesbericht zum Praktikum im Kaufhaus**
Mein Praktikumstag fing um 8:00 Uhr an. Zuerst musste ich im Kaufhaus die Regale überprüfen und teilweise auffüllen. Ich achtete darauf, pünktlich um 8:30 Uhr damit fertig zu sein, da um diese Zeit das Kaufhaus öffnet. Von 8:30 bis 12:00 Uhr war ich dann in der Damenabteilung eingesetzt. Ich half an der Kasse, die gekaufte Ware in Tüten zu legen. Außerdem packte ich Waren als Geschenk ein. Im Anschluss beriet ich zusammen mit einer Verkäuferin die Kunden. Danach brachte ich die anprobierten Kleidungsstücke wieder zu den dafür vorgesehenen Kleiderständern. Dort sortierte ich die Kleider nach den verschiedenen Größen. Gegen 12:00 Uhr half ich dabei, neue Ware am Lieferanteneingang auszuladen. Ich trug diese Ware ins Lager und brachte vorsichtig Preisschilder an. Danach sortierte ich auch diese neuen Kleidungsstücke und hängte sie sorgfältig in die entsprechenden Kleiderständer. Zum Schluss half ich noch einmal beim Einpacken an der Kasse. Um 12:30 Uhr hatte ich Feierabend.

| Das kann ich! – Auswertung | |
|---|---|
| 33–45 Punkte | Du hast schon viel gelernt. Weiter so! |
| 20–32 Punkte | Du kannst es sicher noch besser. Übe weiter. |
| 0–19 Punkte | Arbeite die Seiten 22 und 23 noch einmal durch. |

**2** *Diesen Satz könntest du geschrieben haben:*
In dem Text wird für und gegen einen Schülerreinigungsdienst argumentiert.

**3** *So solltest du deinen Arbeitsauftrag beschrieben haben:*
Ich soll eine Stellungnahme in Briefform schreiben. Zuerst soll ich mich für einen Standpunkt entscheiden und diesen dann mit mindestens drei Argumenten begründen. Jedes Argument soll ich mit einem Beispiel veranschaulichen. Ein Gegenargument soll ich entkräften. Für die Stellungnahme soll ich den Text auf Seite 26 nutzen. Den Brief adressiere ich an die Schulkonferenz meiner Schule.

**4** a. und **6** b.

*Die hier markierten Argumente solltest du grün und die unter-
kringelten rot markiert haben. Die Beispiele sind unterstrichen:*

**Besen statt Mathebuch und Geodreieck**

In einigen Schulen müssen die Schülerinnen und Schüler ihre
Klassenräume neuerdings selbst fegen. Damit die Städte und
Gemeinden Geld sparen, kommen die Putzkräfte statt an fünf
beispielsweise nur noch an zwei Tagen in der Woche. An den
übrigen Tagen bekommen die Schüler Besen und Schaufel in
die Hand gedrückt. Auch die Mülleimer sollen sie selbst leeren.
Viele Eltern sind empört, denn ihrer Meinung nach sollten die
Schüler ihre Zeit lieber zum Lernen nutzen als zum Putzen.
Beispielsweise sei es doch viel sinnvoller, in den Freistunden
Vokabeln zu wiederholen, als den Fußboden zu wischen.
Als Erziehungsmaßnahme sei das Tafelwischen ja noch zu
verstehen, aber nicht um Geld zu sparen. In der Folge würden
auch einige Reinigungskräfte ihre Arbeit verlieren. Hubert K.
vom Landeselternausschuss wehrt sich ebenfalls gegen die
Maßnahme: „Kinder sind nun einmal verpflichtet, die Schule
zu besuchen. Dann müssen die Städte und Gemeinden auch
für die Sauberkeit in den Schulen sorgen. Man verlangt ja zum
Beispiel auch nicht von einem Finanzbeamten, dass er nach
Dienstschluss sein Büro putzt. Schüler sind nur billiger als die
Reinigungskräfte und können sich nicht wehren." Auch einige
Schulleiter protestieren gegen diese Maßnahme, denn sie
müssten Lehrer verpflichten, die Schülerinnen und Schüler
beim Putzen zu beaufsichtigen. Andere Eltern und Lehrkräfte
können diese Aufregung nicht verstehen. Margarete K., Lehrerin an einer Schule in Hildesheim, meint: „Es geht auch
darum, Verantwortung für den Klassenraum zu übernehmen,
ihn in einen angenehmen Ort zu verwandeln. Wenn ein Schüler
den Raum selbst gefegt hat, wirft er beispielsweise danach
nicht so schnell sein Papier oder anderen Müll auf den Boden.
Alle Schüler gehen sorgsamer mit dem um, was sie selbst
gestaltet und gereinigt haben. Außerdem leistet so ein Reinigungsdienst einen wichtigen Beitrag zum sozialen Lernen,
zum Beispiel, indem die Schüler andere von unnötigen Verschmutzungen abhalten." (...) „Das dauert nicht besonders
lange und hält wirklich niemanden vom Lernen ab. Den Hof-
und Mensadienst zum Beispiel muss jede Klasse nur eine
Woche lang im Schulhalbjahr übernehmen. Wenn man den
Dienst allerdings nicht sorgfältig versieht, kann das einen
negativen Einfluss auf die Bewertung im Bereich ‚Zuverlässigkeit und Sorgfalt' haben." Und sein Mitschüler Kerim S. erklärt:
„Unsere Klassenräume sind viel sauberer, seit wir uns selbst
darum kümmern. Früher lag zum Beispiel oft schon nach der
zweiten Stunde der Boden voller Papierkugeln oder Brotpapier.
Jetzt passen wir gemeinsam auf, dass niemand die Räume
unnötig verschmutzt, oder fegen dann halt nach der Stunde
kurz durch. Ich finde das prima, denn es stärkt die Klassengemeinschaft."

**4** b. *Diese Argumente könntest du aufgeschrieben haben:*
**Pro:** Ein Schülerreinigungsdienst ist sinnvoll, 1) weil die
Städte und Gemeinden Geld sparen; 2) weil die Schüler
dadurch Verantwortung für einen Klassenraum übernehmen; 3) weil er einen wichtigen Beitrag zum sozialen
Lernen leistet.
**Kontra**: Ein Schülerreinigungsdienst ist nicht gut, 1) ... weil
man in der Schule die Zeit zum Lernen braucht; 2) weil einige
Reinigungsdienste dadurch ihre Arbeit verlieren würden;
3) weil Schüler nur billiger sind als Reinigungskräfte und
sich nicht wehren können.

**5** *So hast du sicher unterstrichen:*
Damit die Städte und Gemeinden Geld sparen, kommen die
Putzkräfte statt an fünf nur noch an zwei Tagen in der Woche
in die Schule.

**6** a. *Die Lösungen findest du unter Aufgabe 5.*

**b.** *Diese Argumente und Beispiele könntest du gefunden haben:*
Ein Schülerreinigungsdienst ist sinnvoll, weil die Städte und
Gemeinden Geld sparen. Unsere Schule spart zum Beispiel
an drei Tagen das Geld für den Reinigungsdienst.
Ein Schülerreinigungsdienst ist nicht gut, weil man in der
Schule Zeit zum Lernen braucht. Wenn man zum Beispiel
ein schwieriges Thema im Unterricht behandelt, kann man
es in den Pausen oder Freistunden noch einmal mit den
Lehrern oder den Mitschülern besprechen.

## Seite 28

**1** bis **5**
*Die Lösung dieser Aufgaben findest du in der Lösung zu
Aufgabe 6.*

**6** *So könnte deine Stellungnahme in Briefform aussehen, wenn du
dich gegen einen Schülerreinigungsdienst entschieden hast:*

---

*(Deine Adresse)*                    *(Datum)*

*(Adresse deiner Schule)*

**Betreff:** Einführung eines Schülerreinigungsdienstes

Liebe Teilnehmerinnen und Teilnehmer der Schulkonferenz,

ich habe erfahren, dass überlegt wird, in unserer Schule einen
Schülerreinigungsdienst einzuführen.
Bei der nächsten Schulkonferenz wird darüber diskutiert, ob die
Schüler in Zukunft selbst für die Sauberkeit ihrer Klassenräume
verantwortlich sein sollen.
Ich bin gegen einen Schülerreinigungsdienst an unserer Schule.
Zum einen würden einige Reinigungsdienste dadurch ihre Arbeit
verlieren. Wenn die Putzkräfte zum Beispiel nur noch an zwei statt
an fünf Tagen in der Woche benötigt werden, gibt es weniger
Arbeit für diese Personen. Zum anderen sind Kinder nun einmal
verpflichtet, die Schule zu besuchen, und die Städte und Gemein-
den müssen deshalb auch für die Sauberkeit in den Schulen sorgen.
Zum Beispiel verlangt man ja auch nicht von einem Finanzbeamten, dass er nach Dienstschluss sein Büro putzt. Ein weiteres Argument ist, dass man in der Schule die Zeit zum Lernen braucht.
Beispielsweise ist es viel sinnvoller, in den Freistunden Vokabeln
zu wiederholen, als den Fußboden zu wischen.
Man könnte zwar einwenden, dass die Städte und Gemeinden
Geld sparen, wenn sie einen Schülerreinigungsdienst einführen.
Aber Kinder sind zum Lernen und nicht zum Putzen in der Schule
und an der Bildung sollte nicht gespart werden.
Zum Schluss möchte ich festhalten, dass die Einführung eines
Schülerreinigungsdienstes keine gute Idee ist, da die Kinder in
der Schule lernen und nicht putzen sollen.

Viele Grüße

*(Deine Unterschrift)*

---

## Seite 29

**1** *Diese fehlenden Angaben hast du sicher gefunden:*
Es fehlen: das Datum, der Ort, der Empfänger, der Betreff, die
Grußformel

**2** *Die hier markierten Argumente solltest du rot markiert haben,
das Gegenargument ist unterstrichen:*
Hey, Leute,
ich finde den Schülerreinigungsdienst super. Wenn dann alle
bei der Putzerei mitmachen, kann man sich in dem Laden endlich wieder wohlfühlen. Dann liegen auch nicht mehr ständig
Essensreste rum. Dann kann die Schulkonfi das gesparte Geld
für wichtigere Dinge nehmen. Man kann zwar einwenden, dass
die Schüler und Schülerinnen die Zeit besser zum Lernen nutzen
sollten. Aber dann hätten wenigstens alle eine gute Ausrede,
wenn sie die Hausaufgaben nicht gemacht haben.

**3** und **4**

*So könnte dein überarbeiteter Brief aussehen. Die überarbeitete Sprache ist markiert, das ergänzte Beispiel unterstrichen und das ergänzte Argument unterkringelt:*

---

Ina Huber                                      Meerbusch, 08. 12. 2010
Klasse 8 a der Gesamtschule Meerbusch
Hauptstr. 21
40667 Meerbusch

Gesamtschule Meerbusch
Bahnhofstraße 18
40667 Meerbusch

Betreff: Schülerreinigungsdienst

Liebe Teilnehmerinnen und Teilnehmer der Schulkonferenz,

ich finde den Schülerreinigungsdienst gut. Wenn sich alle Schüler
an einem Reinigungsdienst beteiligen, kann man sich in der
Schule wieder wohlfühlen. Es liegen auch nicht mehr ständig
Essensreste in den Klassenräumen. Die Schulkonferenz kann
das gesparte Geld für wichtigere Dinge verwenden, zum Beispiel
könnte man einen tollen Klassenausflug machen. Man könnte
zwar einwenden, dass die Schüler und Schülerinnen die Zeit besser zum Lernen nutzen sollten. Aber wenn alle mithelfen, geht
das Putzen schnell und man hat trotzdem genug Zeit zum Lernen.
Es muss also jeder mit anpacken, das fördert auch den Zusam-
menhalt in der Klasse.

Viele Grüße

*Ina*

---

**Seite 31 – Das kann ich!**

**2** *Diesen Satz könntest du geschrieben haben:*
In dem Text wird für und gegen die Toilettengebühr in Schulen
argumentiert.

**3** **Pro-Agumente:**
„In Zeiten von Schweinegrippe und anderen Infektionskrankheiten befürchten viele, dass die Schultoiletten zur Ursache von
Krankheiten werden. Das kann man nur durch mehr Hygiene
vermeiden. Außerdem haben sich viele Eltern beklagt, weil sich
ihre Kinder vor den schmutzigen Schultoiletten geekelt haben."

„Die Toilettengebühr ist so gering, dass sie sich alle Schüler
leisten können."

**Kontra-Argumente:**
„Die Kinder lernen damit, dass alles übers Geld geregelt wird.
Wer nicht zahlen kann, geht auf die kostenlose schmutzige
Toilette."

„Die Kinder unterliegen der Schulpflicht und haben daher ein
Recht auf kostenlose Toiletten, die in Ordnung sind."

„Ich würde die Gebühr ja zahlen, wenn die Toiletten zwischen
den Pausen gereinigt würden. Aber unsere Toilettenfrau zum
Beispiel bewacht nur die WCs, damit niemand Unsinn macht."

„Die Gebühr ist keine gute Lösung. Man könnte auch einfach
für mehr Sauberkeit werben, [...]"

*Die folgenden Aufgaben könntest du so gelöst haben, wenn du
dich gegen die Gebühr entschieden hast.*

**4** *So könntest du deinen Standpunkt aufgeschrieben haben:*

Ich bin gegen eine Einführung der Toilettengebühr an meiner
Schule.

**5** **a.** und **6**
*Diese Argumente und Beispiele könntest du gefunden haben:*
1) Die Kinder unterliegen der Schulpflicht und haben daher ein
   Recht auf kostenlose Toiletten, die in Ordnung sind. Beispiel:
   Kein Mensch käme zum Beispiel auf die Idee, im Finanzamt
   eine Toilettengebühr abzukassieren.
2) Die Kinder lernen damit, dass alles übers Geld geregelt wird.
   Wer nicht zahlen kann, geht auf die kostenlose schmutzige
   Toilette. Beispiel: Man möchte sich ein Päckchen Kaugummi
   kaufen, muss deshalb auf die schmutzige Toilette und wird
   von den anderen dafür ausgelacht.
3) Die Gebühr ist keine gute Lösung. Man könnte auch einfach
   für mehr Sauberkeit werben.
   Beispiel: Durch einen Projekttag könnte man die Schüler
   über die Bedeutung von Hygiene aufklären.

**5** **b.** *Dieses Argument könntest du ergänzt haben:*
Durch zu viel Service lernen die Schülerinnen und Schüler
nicht, auf Sauberkeit zu achten. Manche z. B. würden dann
die Klobürste nicht mehr benutzen, weil sie ja für die Dienst-
leistung zahlen.

**7** *So könntest du eines der Argumente entkräftet haben:*
Zwar befürchten viele in Zeiten von Schweinegrippe und anderen Infektionskrankheiten, dass die Schultoiletten zur Ursache
von Krankheiten werden. Das kann man aber nur durch mehr
Hygiene vermeiden: Gerade weil Hygiene überall und nicht nur
in der Schule so wichtig ist, sollten die Schüler lernen, auf Sauberkeit zu achten.

**8** *So könnte deine Stellungnahme in Briefform aussehen:*

---

(Deine Adresse)                                      (Datum)

(Adresse deiner Schülervertretung)

**Betreff:** Einführung der Toilettengebühr

Liebe Teilnehmerinnen und Teilnehmer der Schulkonferenz,
ich habe erfahren, dass in unserer Schule eine Toilettengebühr
eingeführt werden soll.
Ich finde diese Idee nicht gut, denn wir Kinder unterliegen der
Schulpflicht und haben damit ein Recht auf kostenlose Toiletten.
Kein Mensch käme zum Beispiel auf die Idee, im Finanzamt eine
Toilettengebühr zu verlangen. Ich bin auch dagegen, weil Kinder
damit lernen, dass alles über das Geld geregelt wird. Wer nicht
zahlen kann, geht auf die kostenlose schmutzige Toilette. Das
kann sich auch negativ auf das Schulklima auswirken, wenn z. B.
Schüler ausgelacht werden, weil sie auf die kostenlosen Toiletten
gehen. Außerdem denke ich, es wäre besser, für mehr Sauberkeit
zu werben. Durch einen Projekttag beispielsweise könnte man
die Schüler über die Bedeutung von Hygiene aufklären. Mancher
wendet zwar ein, dass in Zeiten von Schweinegrippe und anderen
Infektionskrankheiten die Schultoiletten zur Ursache von Krankheiten werden können. Aber gerade weil Hygiene überall und
nicht nur in der Schule so wichtig ist, sollte man die Schüler zu
mehr Sauberkeit erziehen.
Die Einführung einer Toilettengebühr ist also keine gute Lösung
für unsere Schule.

Viele Grüße

(Deine Unterschrift)

---

**9** *Diese fehlenden Angaben hast du sicher gefunden:*
Es fehlen: das Datum, der Ort, der Empfänger, der Betreff

**10** **a.** *Die hier markierten Argumente solltest du rot markiert haben,
das Gegenargument ist unterstrichen:*
Hallihallo,
ich bin gegen eine fette Toilettengebühr. Richtig bäh sind
unsere Toiletten gar nicht. Ein Gegenargument ist, dass
die Toiletten dann sauberer wären. Aber man kann auch
zu Hause vor der Schule auf die Toilette gehen.

**10 b. und 11**

*So könnte dein überarbeiteter Brief aussehen:*

Alessandro Battaglini          Hamm, 08.12.2010
Klasse 8 b der Gesamtschule Hamm
Lindenstr. 15
59071 Hamm

Gesamtschule Hamm
Bahnhofstraße 18
59071 Hamm

**Betreff:** Einführung einer Toilettengebühr

Liebe Teilnehmerinnen und Teilnehmer der Schulkonferenz,

ich bin gegen eine hohe Toilettengebühr. Ich finde unsere Toiletten gar nicht so schmutzig. Zum einen finde ich es nicht gut, dass wir dann Geld bezahlen müssen, um auf Toilette zu gehen. Wenn ich mir zum Beispiel lieber Kaugummis von dem Geld kaufen möchte, muss ich deswegen die schmutzigen Toiletten benutzen. Zum anderen könnte man auch für mehr Sauberkeit werben. Beispielsweise könnten die Schüler sich gegenseitig zur Ordnung rufen, wenn jemand die Toilette sehr schmutzig hinterlässt. Ein Gegenargument ist, dass die Toiletten dann sauberer wären. Aber ich denke, wir könnten auch alle ein bisschen mehr drauf achten, die Toiletten sauber zu halten. Die Einführung einer Toilettengebühr ist für mich jedenfalls keine gute Lösung des Problems.

Viele Grüße

*Alessandro*

| Das kann ich! – Auswertung | |
|---|---|
| 62–85 Punkte | Du hast schon viel gelernt. Weiter so! |
| 38–61 Punkte | Du kannst es sicher noch besser. Übe weiter. |
| 0–37 Punkte | Arbeite die Seiten 26 bis 29 noch einmal durch. |

## Seite 32

**1** b. *Diese Sätze könntest du geschrieben haben:*
In der Geschichte geht es um Sandra und ihren Freund Stefan, die an einem Schüleraustausch in Frankreich teilnehmen. Ihre Beziehung wird dabei auf die Probe gestellt.

## Seite 34

**2** a. *Diese Aufforderungsverben solltest du markiert haben:*
untersuche, schreibe, berücksichtige, erkläre, belege, verfasse

  b. *So solltest du deine Aufgaben umformuliert haben:*
Ich untersuche die Kurzgeschichte „Schüleraustausch" von Annette Weber. Danach schreibe ich eine Inhaltsangabe und berücksichtige dabei die Erzählerperspektive. Ich erkläre fünf Merkmale von Kurzgeschichten anhand des Textes und belege meine Aussagen mit Textstellen oder Zitaten. Zusätzlich verfasse ich einen inneren Monolog über Jean-Pascals Gedanken und Gefühle.

## Seite 35

**1** a. *Diese Fragen solltest du aufgeschrieben haben:*
Wer ist mit der Situation am Anfang unzufrieden?
Wer hat den Wunsch, etwas zu erreichen?
Wer stößt dabei auf Schwierigkeiten?
Wer versucht, die Schwierigkeiten zu überwinden?
Wer erreicht am Ende sein Ziel?

  c. *Diese Person solltest du angekreuzt haben:*
✗ Sandra

**2** *Diese Hinweise könntest du markiert haben:*
„Stefan, der schon im Jahr zuvor in Frankreich gewesen war" (Z. 5), „zwischen diesem französisch sprechenden Gewusel" (Z. 6–7), „die schwarzhaarige Französin" (Z. 20–21), „Die Französin rannte auf ihn zu" (Z. 28), „französischen Kaff" (Z. 41), „Wir sind hier in Frankreich, weißt du." (Z. 131)
**Französische Namen und Wörter:** Sens (Z. 2), Chantal Deneuve, 15 rue Bonaparte (Z. 15), „Allo!" (Z. 44), Jean-Pascal (Z. 47), „Bonjour", „Je suis Jean-Pascal Lebrun. Tu as mon adresse!" (Z. 47–48), Bistro (Z. 127)
**Französischer Akzent:** z. B. „Du 'ast überhaupt nischt zugehört, was der Reiseleiter erzählt 'at." (Z. 80)

**3** *Diese Angaben könnte deine Tabelle enthalten:*
**Hauptperson und Situation:** Wer ist die Hauptperson? Wann und wo spielt die Handlung? Wie ist die Situation am Anfang? – Sandra, vermutlich zwischen 13 und 16 Jahre alt (Z. 4–13, 19–20, 23–24, 34–35, 40–42, 59–66), Schüleraustausch in Frankreich (Z. 2, 4–5, 14–15), Sandras Freund Stefan lässt sie sitzen (Z. 33–34, 37–39)
**Wunsch:** Was möchte Sandra erreichen? – möchte ihren Freund nicht verlieren, die Beziehung mit Stefan fortsetzen (Z. 88–90)
**Hindernis:** Auf welche Schwierigkeiten trifft sie? – Stefan flirtet mit Chantal, wendet sich von Sandra ab (Z. 55–59, 101)
**Reaktion:** Wie versucht Sandra, die Schwierigkeiten zu überwinden? – bezieht Jean-Pascal ein, will Stefan eifersüchtig machen (Z. 101–102)
**Ende:** Wie geht die Geschichte aus? – Sandra verliebt sich in Jean-Pascal (Z. 122–123), lässt Stefan abblitzen (Z. 130–133)

**4** c. In „Schüleraustausch" liegt die Erzählerperspektive der Er-/Sie-Form vor.

  d. *Du kannst viele Textstellen in der Er-/Sie-Form zitieren, hier ein Beispiel:*
„Sandra überlegte, ihm nachzulaufen, doch wenn sie ehrlich war, hatte sie keine Lust dazu."
(Z. 110–111)

**5** *So könnte deine fertige Inhaltsangabe aussehen:*
Die Kurzgeschichte „Schüleraustausch" von Annette Weber handelt von einem jugendlichen Liebespaar, dessen Beziehung bei einem Schüleraustausch in Frankreich auf eine Probe gestellt wird.
Die Geschichte wird in der Er-/Sie-Form erzählt. Sandra und ihr Freund Stefan nehmen an einem Schüleraustausch teil und verbringen einige Tage in der französischen Stadt Sens. Gleich nach der Ankunft vertauscht Stefan die Adressen der Gastschüler. Er möchte nämlich lieber bei der hübschen Französin Chantal wohnen. Mit einem Hinweis auf offene Beziehungen lässt er die fassungslose Sandra am Bahnhof stehen. Sandra hat dann Jean-Pascal als Austauschpartner. Als Stefan und Chantal während einer Besichtigung heftig miteinander flirten, wird Sandra traurig und Jean-Pascal tröstet sie. Er erklärt Sandra, sie brauche gar nicht eifersüchtig zu sein, weil Chantal nämlich jedem den Kopf verdrehe. Er verspricht, Sandra zu helfen, indem er Chantal während einer Party Stefan ausspannen will. Der Plan geht auf, denn Stefan verlässt zornig den Raum, als Chantal und Jean-Pascal miteinander tanzen. Sandra kann sich aber nicht darüber freuen und auch Jean-Pascal nicht. Beide stellen fest, dass sie sich zueinander hingezogen fühlen. Am Ende will Sandra Stefan nicht mehr zurückgewinnen.

## Seite 36

**1** b. *Diese Merkmale solltest du notiert haben:*
kurzer Ausschnitt, alltägliches Geschehen, entscheidenden Moment, unvermittelter Anfang, offenes Ende

**2** *So solltest du die Art des Textes für jeden Textanfang angekreuzt haben:*
**A** – Roman, **B** – Kurzgeschichte, **C** – Märchen, **D** – Ballade

**3** **b.** *Diese Besonderheiten hast du sicher aufgeschrieben:*
unvermittelter Anfang, mitten im Geschehen, ohne Einleitung oder Vorstellung der Hauptpersonen und Situation

**4** **a.** *Diese Stichworte könntest du aufgeschrieben haben:*
Schüleraustausch, Beziehungsproblem, Enttäuschung, Jugendliche

**b.** *So könntest du begründet haben, warum das Geschehen alltäglich ist:*
Unter Jugendlichen gibt es viele Flirts und Beziehungen gehen häufig schnell zu Ende.

**Seite 37**

**5** *So sollte deine fertige Tabelle aussehen:*

| Zeitraum | Geschehen und Zeilenangaben |
|---|---|
| 1. Tag | Ankunft und Begrüßung der deutschen Schülerinnen und Schüler in Sens (Z. 1–51) |
| Tag X | Besichtigung der Kathedrale, Sandra und Jean-Pascal gehen lieber in ein Straßencafé (Z. 52–99) |
| Tag X + 1 | die Fete, Jean-Pascal nimmt Stefan Chantal weg (Z. 98–123) Zitat: „Die Fete war schon im vollen Gang" (Z. 98) |
| Tag X + 3 | Stefan und Sandra sehen sich zufällig in der Stadt wieder (Z. 124–133) Zitat: „Drei Tage später traf sie Stefan in der Stadt." (Z. 124) |

**6** *Diese Stellen solltest du markiert haben:*
„Sandra musterte ihn verwundert. Es schien etwas zu geben, das er ihr nicht sagen mochte.", „Einen Moment lang tat es Sandra leid, dass sie ihn gedrängt hatte.", „für einen Moment spürte Sandra einen Stich in der Magengegend", „Sandra überlegte, ihm nachzulaufen, doch wenn sie ehrlich war, hatte sie keine Lust dazu.", „Sandra rannte ihm nach.", „Sandra wurde ganz warm.", „Da legte Sandra ihre Arme um seinen Hals und küsste ihn."

**7** *So könntest du den Wendepunkt beschrieben haben:*
Der Wendepunkt ist der Moment, als Sandra merkt, dass sie sich in Jean-Pascal verliebt hat, und ihn küsst (Z. 127–128).

**8** *So könnte deine Untersuchung des Endes aussehen:*
Der letzte Absatz lässt offen, ob Stefan und Sandra am Ende der Geschichte noch zusammen sind. Sandra hat ein Rendezvous mit Jean-Pascal, worüber Stefan sehr verdutzt ist. Sie lässt Stefan einfach stehen (Z. 138). Der Leser erfährt nicht mehr, wie Stefan reagiert, und deshalb auch nicht, wie die Geschichte ausgeht.

**9** *So könnte deine fertige Tabelle aussehen:*

| Merkmale | Begründung, warum das Merkmal zutrifft | Textstellen und/oder Zitate |
|---|---|---|
| unvermittelter Anfang | Trifft zu, weil das Geschehen beginnt, ohne dass die Hauptpersonen und die Situation vorgestellt werden. | wörtliche Rede in Zeile 1: „Attention! Ici Sens, gare du nord!" |
| alltägliches Geschehen | Es geht um die Liebesbeziehung zwischen zwei Jugendlichen. | Z. 88–89: „Weißt du, ich bin seit drei Wochen mit Stefan zusammen und habe mich so furchtbar auf die Zeit mit ihm gefreut." |
| kurzer Ausschnitt | Nur wenige Tage vergehen in der Geschichte. | Z. 124: „Drei Tage später traf sie Stefan in der Stadt." |
| Wendepunkt | Sandra ist plötzlich mehr an Jean-Pascal interessiert als an Stefan und küsst ihn. | Z. 123: „Da legte Sandra ihre Arme um seinen Hals und küsste ihn." |
| offenes Ende | Der Leser erfährt am Ende nicht, wie Stefan auf Sandras Abfuhr reagiert. | Z. 133: Und dann ließ sie den verdutzten Stefan einfach stehen. |

**Seite 38**

**10** *Diese Beispiele könntest du gefunden haben:*
„Sandra, guck mal" (Z. 3), „Keine Panik" (Z. 9), „Guck mal, die mit den schwarzen Haaren! Oder die da hinten. Wow! Echt super!" (Z. 16–17), „Mensch, Stefan!" (Z. 24–25), „Guck doch nicht so sauer!" (Z. 33), „Offene Beziehungen sind hier total in." (Z. 39), „Er riss sich los und verdrückte sich schnell." (Z. 40), „Sandra hätte sich in den Hintern treten können, weil sie nicht den Mut fand, ihm hier auf dem Bahnsteig, in diesem verdammten, kleinen, französischen Kaff den Hals umzudrehen." (Z. 41–43)

**11** *So solltest du die zweite Aufgabe gelöst haben:*
Die Geschichte beginnt mit einem unvermittelten Anfang. Als Leser befindet man sich sofort mitten im Geschehen. Die Hauptpersonen und die Situation werden nicht vorgestellt. Es handelt sich hier um ein alltägliches Geschehen. Es geht um die Liebesbeziehung von zwei Jugendlichen und die Enttäuschungen, die dabei auftreten.
In der Geschichte wird ein kurzer Ausschnitt aus dem Leben der beteiligten Personen dargestellt. Es geschieht alles in einem Zeitraum von nur wenigen Tagen.
Es gibt einen Wendepunkt in der Geschichte. Der Moment, als Sandra merkt, dass sie Jean-Pascal wirklich mag, und sie ihn küsst, ist entscheidend.
Das Ende bleibt offen, denn der Leser weiß nicht, ob Sandra und Stefan noch zusammen sind. Stefans Reaktion auf Sandras Abfuhr wird dem Leser nicht mehr mitgeteilt.

**13** *So könnte dein überarbeiteter Text aussehen:*
Der Text „Schüleraustausch" von Annette Weber ist eine Kurzgeschichte, weil sie nur einen kurzen Ausschnitt aus dem Leben der beteiligten Personen zeigt. Das Geschehen ist alltäglich, denn es geht um eine Liebesbeziehung zwischen zwei Jugendlichen, Sandra und Stefan. Die Geschichte beginnt mit einem unvermittelten Anfang auf dem Bahnhof, der erste Satz ist eine wörtliche Rede (Z. 1). Weder die Personen noch die Situation werden vorgestellt. Es gibt auch einen Wendepunkt in der Geschichte. Der Moment, in dem Sandra merkt, dass sie Jean-Pascal wirklich mag, ist der entscheidende. Die Geschichte hat ein offenes Ende. Sandra lässt Stefan abblitzen, weil sie sich lieber mit Jean-Pascal trifft. Der Leser erfährt nicht, wie Stefan auf diese Abfuhr reagiert (Z. 133).

**1** **a** *Diese Pronomen solltest du markiert haben:*
mich, mein, mir, ich

**b.** ✗ Präteritum ✗ Präsens ✗ Perfekt

**c.** ✗ Die Sätze sind einfach.
✗ Es gibt viele Fragen und Ausrufe.
✗ Die Sätze sind oft unvollständig.

**d.** *So könntest du deine Meinung begründet haben:*
Sandra unterbricht sich in Gedanken selbst.

**2** *Diese Zeilen könntest du angegeben haben:*
„Jetzt war also Chantal an der Reihe." (Z. 62–63), „Eine Träne
lief Sandra über das Gesicht." (Z. 63)

**3** **b.** *So solltest du die Fragen beantwortet haben:*
– Jean-Pascal tanzt mit Chantal, damit Stefan eifersüchtig
wird und wieder zu Sandra zurückgeht.
– Jean-Pascal läuft von der Tanzfläche nach draußen, weil er
während des Tanzens an Sandra denken musste.
– Jean-Pascal findet Chantal doof. Sandra mag er sehr.

**4** *Diese Stelle solltest du in Zeile 113 markiert haben:*
„Chantal schmiegte sich eng an Jean-Pascal. Der dagegen hatte
immer noch dieses unglückliche Gesicht. Als der Tanz beendet
war, riss er sich plötzlich los und lief aus dem Raum."

**Seite 41 – Das kann ich!**

**1** *So solltest du deinen Arbeitsauftrag bearbeitet haben:*
In der Kurzgeschichte „Sonntag" von Max Bolliger geht es
um ein Mädchen, das unter der Scheidung seiner Eltern leidet.
Die Geschichte wird in der Er-/Sie-Form erzählt. Daniela ver-
bringt wieder einmal den Sonntag mit ihrem Vater. Doch der
scheint sich gar nicht für sie zu interessieren. Er weiß zum
Beispiel noch nicht einmal, wie alt seine Tochter genau ist
(Z. 36–40), schaut dauernd auf seine Uhr und hat noch eine
andere Verabredung (Z. 46–50). Auch Danielas Mutter scheint
sich nicht besonders um die Gefühle ihrer Tochter zu kümmern
und interessiert sich nur dafür, ob Daniela von ihrem Vater
einen Wintermantel bekommen wird (Z. 61–62). Später trifft
Daniela heimlich ihren Freund Heinz. Er fragt sie, ob sie den
Sonntag gut überstanden habe (Z. 81). Sie meint, es sei wie
immer gewesen. Heinz tröstet sie und zusammen nehmen
sie sich vor, als Erwachsene alles besser zu machen.
Es handelt sich bei diesem Text um eine Kurzgeschichte, da
die Handlung nur an einem Tag passiert. Das Geschehen ist
alltäglich, da es viele Kinder gibt, die unter der Scheidung ihrer
Eltern leiden. Die Geschichte beginnt mit einem unvermittelten
Anfang im Restaurant. Der erste Satz ist eine wörtliche Rede
(Z. 1). Weder die Personen noch die Situation werden vorgestellt. Das Ende der Geschichte bleibt offen. Der Leser erfährt
nicht, wie es mit Daniela weitergeht und ob sie als Erwachsene
wirklich alles anders macht.

*Lösung zur Zusatzaufgabe des Arbeitsauftrags:*
Ich hoffe, dass ich niemals so werde, … Warum können
sie sich denn nicht … die merken gar nicht, wie ich leide.
Ich will … nur mit beiden gut verstehen, aber sie hören mir
ja gar nicht zu, … denken nur an ihr eigenes Leben … Dabei
bin ich doch ihre Tochter! … Ich werde später nicht so sein. …
Heinz und ich werden das ganz anders machen.

| Das kann ich! – Auswertung | |
| --- | --- |
| 59–80 Punkte | Du hast schon viel gelernt. Weiter so! |
| 37–58 Punkte | Du kannst es sicher noch besser. Übe weiter. |
| 0–36 Punkte | Arbeite die Seiten 32 bis 39 noch einmal durch. |

**1** *Diese Sätze könntest du geschrieben haben:*
In der Ballade geht es um drei Goldgräber, die nach langem
Suchen endlich Gold finden. Weil jeder der drei so gierig ist
und das gefundene Gold nur für sich haben will, töten sie sich
am Ende alle gegenseitig.

**2** *So solltest du die Fragen beantwortet haben:*
**a)** In der Ballade gibt es die drei Hauptfiguren Tom (Z. 21), Will
(Z. 23) und Sam (Z. 31).
**b)** Die drei Hauptfiguren sind Freunde, die gemeinsam nach
Gold suchen.
**c)** „Nach Glück und Gold stand ihr Begehr" (Z. 2).
**d)** Die Gier der Männer zerstört ihr Glück.
**e)** Keiner der Männer bekommt das Gold, weil alle drei sterben.

**3** *So solltest du den Dialog aufgeschrieben haben:*
**Will:** „Das Gold ist fein; nur schade, dass wir es teilen zu drein!"
**Tom:** „Du meinst?"
**Will:** „Je nun, ich meine nur so. Zwei würden des Schatzes bes-
ser froh."
**Tom:** „Doch wenn –"
**Will:** „Wenn was?"
**Tom:** „Nun, nehmen wir an, Sam wäre nicht da."
**Will:** „Ja, freilich, dann – "
**Tom:** „Siehst du die Schlucht dort unten?"
**Will:** „Warum?"
**Tom:** „Ihr Schatten ist tief und die Felsen sind stumm."
**Will:** „Versteh ich dich recht?"
**Tom:** „Was fragst du noch viel! Wir dachten es beide und
führen 's ans Ziel. Ein tüchtiger Stoß und ein Grab im Gestein,
so ist es getan und wir teilen allein."

**4** *So könntest du die Wirkung der Dialoge begründet haben:*
Die Strophen mit Dialogen wirken sehr lebendig, weil man sich
dabei verschiedene Personen in einem Gespräch vorstellen
kann.

**5** **a.** *So solltest du die unterschiedlichen Reime bezeichnet haben:*
Strophe 1: aabb; Strophe 2: ccdd; Strophe 3: eeff;
Strophe 4: gghh; Strophe 5: iijj; Strophe 6: kkll;
Strophe 7: mmcc; Strophe 8: nnll; Strophe 9: oopp;
Strophe 10: qqrr; Strophe 11: ssll; Strophe 12: ttuu;
Strophe 13: vvww; Strophe 14: aaxx; Strophe 15: yyzz;
Strophe 16: ääll

**b.** Das Reimschema der Ballade ist ein Paarreim.

**6** *So solltest du die Überschrift zerlegt und diese passenden
Wörter gefunden haben:*
Goldgräber = das Gold + der Gräber
den Preis (Z. 10) die Grube (Z. 6)
glüht (Z. 11) gegraben (Z. 5)
das blanke Metall (Z. 18) das Grab (Z. 43)
das Erz (Z. 30)
des Schatzes (Z. 34) /
den Schatz (Z. 63)

**Z 7** *Diese zwei Bedeutungen solltest du gefunden haben:*
1. Leute, die nach Gold graben.
2. die Gräber der Toten, die durch die Goldsuche entstanden

**1** a. *Diese Aufforderungsverben solltest du markiert haben:*
untersuche, schreibe, berücksichtige, bewerte, schreibe

b. *So solltest du die Aufgaben beschrieben haben:*
Ich untersuche die Ballade „Die Goldgräber" von Emanuel Geibel. Dafür schreibe ich eine Inhaltsangabe und berücksichtige dabei die Form der Ballade. Abschließend bewerte ich das Verhalten der Figuren. Zusätzlich schreibe ich einen Zeitungsartikel über eine Begebenheit des Jahres 1868, die der Ballade zugrunde liegen könnte.

**2** *So könntest du die Einleitung geschrieben haben:*
In der Ballade „Die Goldgräber" von Emanuel Geibel geht es um drei Männer, die gemeinsam nach Gold suchen. Als sie welches finden, streiten sie sich darum und töten sich gegenseitig.

**3** *So könntest du den Inhalt wiedergegeben haben:*
Die drei befreundeten Goldgräber Tom, Will und Sam suchen gemeinsam nach Gold. Nach monatelangem Suchen finden sie endlich Gold. Aus Freude wollen sie ein Fest feiern. Als Sam sich aufmacht, Speisen und Wein zu besorgen, schmieden die anderen beiden einen Plan. Um das Gold nur für sich zu bekommen, wollen sie Sam die Schlucht hinunterstürzen. Als Sam mit dem Wein zurückkommt, trinken sie davon und erstechen ihn dann. Doch Sam hatte zuvor den Wein vergiftet und so sterben alle drei.

**4** a. *Sieh dir die Lösungen der Aufgaben 3 bis 4 an.*

b. *So könntest du das Verhalten der Figuren bewertet haben:*
Das gierige Verhalten der drei Goldgräber hat am Ende dazu geführt, dass alle tot sind und keiner etwas von dem Gold hat. Hätten sie sich geeinigt, das Gold zu teilen, wären sicher alle reich und glücklich geworden, aber so wurden die drei für ihre Gier bestraft. Gerade unter Freunden sollte man bereit sein zu teilen.

**5** *So solltest du die Form und Merkmale der Ballade beschrieben haben:*
Die Ballade besteht aus 16 Strophen mit jeweils vier Zeilen. Das Reimschema ist der Paarreim. Leitmotive sind das Gold und die Gräber, die bereits in der Überschrift vorkommen. Es gibt mehrere Dialoge, zum Beispiel in den Zeilen 31–44 und 51–56.

**Seite 45 – Das kann ich!**

**1** *So könnte deine Lösungen aussehen:*
In der Ballade „Der Erlkönig" von Johann Wolfgang von Goethe geht es um einen Vater und seinen Sohn, die durch Nacht und Sturm reiten.
Der Vater hält seinen kranken Sohn im Arm und will mit ihm zum nächsten Hof reiten. Im Fieberwahn sieht sein Sohn eine gespenstische Gestalt in der Dunkelheit und in den Bäumen. Es ist der Erlkönig, der ihn zu sich locken will und ihm damit Angst macht. Die Versuche vom Vater, natürliche Erklärungen für die Halluzinationen zu geben, scheitern. Er reitet so schnell wie möglich zum nächsten Hof, doch sein Sohn stirbt.
Der Erlkönig ist eigentlich ein Bild für den Tod, der das Kind zu sich holt. Das Kind sieht den Tod als magische Gestalt, als Figur seiner Fieberträume.
Die Ballade besteht aus acht Strophen mit jeweils vier Zeilen. Das Reimschema ist der Paarreim.

| Das kann ich! – Auswertung | |
|---|---|
| 37–50 Punkte | Du hast schon viel gelernt. Weiter so! |
| 23–36 Punkte | Du kannst es sicher noch besser. Übe weiter. |
| 0–22 Punkte | Arbeite die Seiten 42 bis 44 noch einmal durch. |

**1** a. das Prak | ti | kum, ir | gend | et | was, der Prak | ti | kums | ar | beits | tag, hin | ü | ber | ge | hen, die Bus | hal | te | stel | le, die Fahr | gäs | te, höchst | wahr | schein | lich, hin | un | ter | lau | fen, das Brü | der | kran | ken | haus, das Be | triebs | prak | ti | kum, er | klär | li | cher | wei | se, er | war | te | te, ir | gend | wann, ver | spä | tet

b. *So solltest du die Wörter in die Tabelle eingeordnet haben:*
**drei Silben:** Praktikum, Fahrgäste, irgendwann, verspätet
**vier Silben:** irgendetwas, Haltestelle, höchstwahrscheinlich, erwartete
**fünf Silben:** hinübergehen, hinunterlaufen, Brüderkrankenhaus, Betriebspraktikum
**sechs Silben:** Praktikumsarbeitstag, erklärlicherweise

**3** kennen – also: er kennt, liegen – also: sie liegt, summen – also: sie summt, lieben – also: er liebt

**Seite 47**

**4** die Herde – also: der Herd; lieber – also: lieb;
die Verträge – also: der Vertrag; die Fabriken – also: die Fabrik;
ruhiger – also: ruhig; die Wände – also: die Wand;
die Burgen – also: die Burg; milder – also: mild;
härter – also: hart; die Schübe – also: der Schub;
die Kriege – also: der Krieg; die Lieder – also: das Lied;
die Stäbe – also: der Stab; fähiger – also: fähig;
spannender – also: spannend

**5** *Diese verwandten Wörter könntest du gefunden haben:*
der Verdacht – also: verdächtig; außen – also: äußerlich;
der Tag – also täglich; die Kraft – also: kräftig;
der Haufen – also: häufig; kaufen – also: käuflich;
packen – also: Gepäck; der Raum – also: aufräumen;
bauen – also: das Gebäude; die Macht – also: mächtig

**6** *Diese verwandten Wörter könntest du gefunden haben:*
die Sprache – also: das Gespräch; klar – also: erklärt;
glauben – also: ungläubig; das Maß – also: mittelmäßig;
der Raum – also: räumliches; fallen – also: fällt;
stark – also: die Stärken; der Vortrag – also die Vorträge;
verkaufen – also: die Verkäuferin; schlagen – also: schlägt

**Seite 48**

**1** *So solltest du die Wörter den Wortfamilien zugeordnet haben.*
*Die unterstrichenen Wörter könntest du ergänzt haben:*
**halten:** haltbar, die Haltestelle, die Haltbarkeit, der Haltegriff, das Halteverbot, das Verhalten, haltlos, ungehalten, die Haltung, abhalten, die Gehaltsabrechnung, anhalten, der Behälter, abhalten
**stürzen:** der Sturzflug, überstürzt, der Absturz, eingestürzt, der Umsturzversuch, losstürzen, herunterstürzen, umstürzen, der Sturzhelm, bestürzt, der Sturzregen, umstürzen
**kommen:** verkommen, das Abkommen, unterkommen, der Emporkömmling, näherkommen, willkommen, das Handelsabkommen, dazukommen, das Entkommen, das Einkommen, ankommen, bekommen

**2** *So solltest du die Wörter den Wortfamilien zugeordnet haben.*
*Die unterstrichenen Wörter könntest du ergänzt haben:*
**nehmen:** einnehmende, das Benehmen, annehmen, die Vernehmung, wegnehmen, annehmbar
**binden:** die Verbindung, verbindliche, die Bindung, einbinden, zubinden, die Anbindung
**stellen:** eingestellt, das Vorstellungsgespräch, die Stelle, die Angestellten, die Abstellkammer, die Bestellung, aufstellen

**3** *So solltest du die Wortstämme markiert und die Wörter in deine Tabelle eingeordnet haben:*
**-brech-:** das Verbrechen, das Gebrechen, die Lichtbrechung, umbrechen, losbrechen, auseinanderbrechen, das Brecheisen
**-brach-:** es gebrach, er unterbrach, es zerbrach, sie durchbrach, ausbrach
**-bruch (-brüch-):** das Bruchstück, die Bruchbude, der Abbruch, der Deichbruch, die Epochenumbrüche, die Steinbrüche, die Einbrüche
**-broch-:** das Zerbrochene, gebrochen, eingebrochen, unterbrochen, durchgebrochen, zusammengebrochen

### Seite 49 – Das kann ich!

**1** die Erfolge – also: der Erfolg; sie summt – also: summen; die Schilder – also: das Schild; klirren – also: es klirrt

**2** der Raum – also: abräumen, das Maß – also: regelmäßig, sauer – also: die Säure, packen – also: das Gepäck

**3** *So solltest die Rechtschreibhilfen zugeordnet haben:*
es brennt – **B**, der Rand – **C**, der Verkäufer – **A**

**4** *So solltest du die Wortstämme markiert und die Wörter in die Tabelle eingeordnet haben:*
Wortfamilie **binden**: unverbindlich, die Anbindung, ungebunden, das Maßband, verbinden
Wortfamilie **nehmen**: die Annahme, vernehmen, benommen (sein), das Unternehmen, entnehmen

**5** **a. ziehen**, er *zog*, hat *gezogen*; **laufen**, er *lief*, ist *gelaufen*

**c.** langgezogenen, die Laufbahn, der Staffellauf, anziehen, umgezogen, die Läuferin, belief, zog

| Das kann ich! – Auswertung | |
|---|---|
| 33–45 Punkte | Du hast schon viel gelernt. Weiter so! |
| 20–32 Punkte | Du kannst es sicher noch besser. Übe weiter. |
| 0–19 Punkte | Arbeite die Seiten 46 bis 48 noch einmal durch. |

### Seite 50

**1** *So könntest du die Sätze ergänzt haben:*
Ich wünsche dir zum Geburtstag *alles Gute*. Im Fernsehen kommt heute Abend *etwas Interessantes*. In der Boutique fand Karla *nichts Schönes*. In der Zeitung stand *wenig Neues*. Unsere Nachbarin erzählte mir *alles Wichtige*. In der Welt geschieht leider *viel Erschreckendes*. Er möchte beim Sport *etwas Bequemes* tragen. Es gibt schon *genug Schlimmes* zu berichten.

**3** *Diese Tageszeiten solltest du markiert haben:*
gestern Abend, gestern Nachmittag, gestern Abend, heute Morgen, morgen Nachmittag, heute Abend, heute Nachmittag, morgen Abend

### Seite 51

**4** *So solltest du die Zeitangaben im Text geschrieben haben:*
heute Mittag, am Mittwochabend, gestern Nachmittag, heute Abend, morgen Mittag, früh am Abend, am Montagmorgen, morgen Nachmittag

**5** *Diese Nomen solltest du gebildet haben:*
**-ung:** die Erzählung, die Wohnung, die Verletzung, die Übung, die Bemerkung, die Beschreibung (nominalisierte *Verben*)
**-heit:** die Freiheit, die Krankheit, die Wahrheit, die Klugheit, die Gesundheit (nominalisierte *Adjektive*)
**-keit:** die Sparsamkeit, die Flüssigkeit, die Sauberkeit (nominalisierte *Adjektive*)
**-nis:** das Ärgernis, das Verhältnis, das Erlebnis, das Ergebnis (nominalisierte *Verben*)

**6** *So solltest du die nominalisierten Verben mit ihren Begleitern markiert haben:*
Meine Sneakers trage ich beim Skaten, beim Tanzen und beim Einkaufen. Zum Arbeiten, zum Wandern und zum Laufen ziehe ich lieber feste Stiefel an. Ich will schließlich vom Gehen, vom Laufen und vom Rennen keine kaputten Füße bekommen.

**7** *So solltest du die großgedruckten Wörter aus dem Text geschrieben haben:*
das Stöbern, macht, beim Durchsehen, entdecken, auskennt, beim Arbeiten, zum Vorbereiten, gehe, suche, das Lesen, im Stehen, im Sitzen, verbringen

### Seite 52 – Das kann ich!

**1** Wörter mit den Suffixen *-ung*, *-heit*, *-keit* und *-nis* sind Nomen. Sie werden *groß*geschrieben. Aus *Adjektiven* können Nomen werden. Die starken Wörter **alles**, **nichts**, **allerlei**, **etwas**, **genug**, **viel** und **wenig** machen 's! Aus *Verben* können Nomen werden. Der Artikel *das* und die starken Wörter **beim**, **zum**, **im**, **am** und **vom** machen 's! Nach **gestern**, *heute* und *morgen* werden Tageszeiten großgeschrieben.

**2** Peters *Beschreibung* des Unfalls war spannend. Als die *Flüssigkeit* aus dem umgestürzten Tank lief, war die *Gesundheit* der Insassen durch ätzende Gase gefährdet. Es war wohl ein schlimmes *Erlebnis*.

**3** *So solltest du den Text ergänzt, diese nominalisierten Verben markiert und diese starken Wörter unterstrichen haben:*
Gestern *Abend* bin ich beim *Lesen* fast eingeschlafen. Das *Aufstehen* heute *Morgen* war qualvoll. Zum *Essen* gab es heute *Mittag* auch nichts Leckeres. Aber am *Mittwochmittag* gibt es meine Lieblingsspeise: Spagetti! Etwas *Köstlicheres* kann ich mir gar nicht vorstellen.

**4** Bei dem Unfall ist *nichts Schlimmes* vorgefallen. In letzter Zeit ist mir *viel Gutes* passiert. Bei dem Praktikum lernt man *allerlei Nützliches*. Sie möchten *etwas Hübsches* zum Anziehen kaufen.

| Das kann ich! – Auswertung | |
|---|---|
| 26–35 Punkte | Du hast schon viel gelernt. Weiter so! |
| 16–25 Punkte | Du kannst es sicher noch besser. Übe weiter. |
| 0–15 Punkte | Arbeite die Seiten 50 und 51 noch einmal durch. |

### Seite 53

**2** *So solltest du die Fremdwörter in die Tabelle eingetragen haben. Die unterstrichenen Wörter könntest du ergänzt haben:*
**Nomen auf -ie**: die Chemie, die Theorie, die Energie, die Demokratie, die Biologie, die Fantasie, die Regie, die Industrie
**Nomen auf -ität**: die Qualität, die Universität, die Spezialität, die Aktivität, die Realität, die Kriminalität, die Nervosität
**Nomen auf -ik**: die Physik, die Musik, die Statik, die Ethik, die Logik, die Dynamik
**Nomen auf -or**: der Sensor, der Katalysator, der Motor, der Faktor, der Autor, der Tresor
**Adjektive auf -(i)ell**: offiziell, industriell, speziell, generell, finanziell, aktuell, tendenziell, funktionell
**Adjektive auf -iv**: instruktiv, aktiv, relativ, passiv, sensitiv, intuitiv, produktiv, massiv, offensiv

**3** *So könntest du die Fremdwörter erklärt haben:*
der Sensor – ein Messfühler, die Theorie – ein Entwurf, generell – allgemein, die Realität – die Wirklichkeit, intuitiv – auf einer Eingebung beruhend, die Statik – die Lehre vom Gleichgewicht der Kräfte

**5** *Diese Antwort könntest du geschrieben haben:*
Die Verbraucher sollten beim Kauf von Erzeugnissen aus Massenherstellung besonders auf die Beschaffenheit der Waren und den Preis achten.

**Seite 54**

**7** *So solltest du die Fremdwörter den Erklärungen zugeordnet haben:*
jemand, der pflanzliche Kost isst – der Vegetarier, Pflanzenwuchs – die Vegetation, Fahrzeug – das Vehikel, Fantasiewesen – der Vampir, ein zum Herzen führendes Blutgefäß – die Vene, eine Absperrvorrichtung – das Ventil, überdachter Vorbau – die Veranda, Zeitwort – das Verb, Gerät zum Bewegen der Luft – der Ventilator, Erscheinung – die Vision, Nahrungsbestandteil – das Vitamin, Krankheitserreger – das Virus, feuerspeiender Berg – Vulkan, Gewürz – Vanille, luftleerer Raum – Vakuum, Selbstlaut– der Vokal, Rauminhalt – das Volumen, ungestüm – vehement, veränderlich – variabel

**8** *Diese Fremdwörter solltest du in dieser Reihenfolge in den Sätzen ergänzt haben:*
Vegetation – Vulkan – Ventilator – Ventil – Vitamine – Volumen – Vene – variabel – Verb – Vakuum

**Seite 55**

**10** produzieren – die Produktion, organisieren – die Organisation, riskieren – das Risiko, fabrizieren – die Fabrik, reagieren – die Reaktion, funktionieren – die Funktion, dokumentieren – das Dokument, terminieren – der Termin, programmieren – das Programm, diskutieren – die Diskussion, interpretieren – die Interpretation, motorisieren – der Motor, reparieren – die Reparatur, rationieren – die Ration, kritisieren – die Kritik, tolerieren – die Toleranz, informieren – die Information, fantasieren – die Fantasie, musizieren – die Musik, alkoholisieren – der Alkohol, protestieren – der Protest

**11** Berufsberater *informieren* uns regelmäßig in der Schule. Andere Meinungen seiner Mitmenschen sollte man *tolerieren*. Diesen Computer solltest du neu *programmieren* und danach würde er vermutlich wieder viel besser *funktionieren*. Fehlentscheidungen sollte man *kritisieren* – aber bitte sachlich.

**Seite 55 – Das kann ich!**

**1** Viele Fremdwörter, die **Nomen** sind, haben die Suffixe -*ie*, -*ität*, -*ik* oder -*or*. Viele Fremdwörter, die **Adjektive** sind, haben die Suffixe -**(i)ell** oder -*iv*. Viele von Fremdwörtern abgeleitete **Verben** enden auf -*ieren*.

**2** aktiv – aktivieren, die Funktion – funktionieren, das Motiv – motivieren, die Addition – addieren, das Ventil – ventilieren, die Vulkanisation – vulkanisieren

**3** rationieren – die Ration, informieren – die Information, reagieren – die Reaktion, kritisieren – die Kritik

**4** Rauminhalt – das Volumen, luftleerer Raum – das Vakuum

| Das kann ich! – Auswertung | |
|---|---|
| 15–19 Punkte | Du hast schon viel gelernt. Weiter so! |
| 9–14 Punkte | Du kannst es sicher noch besser. Übe weiter. |
| 0–8 Punkte | Arbeite die Seiten 53 bis 55 noch einmal durch. |

**Seite 56**

**1** und **2**
*Die markierten Verben solltest du im Text markiert haben. So hast du die Getrenntschreibungen aus dem Text und aus Aufgabe 3 sicher geordnet:*
**Nomen + Verb:** Rad fahren, Folge leisten, Schlange stehen, Auto fahren, Maß halten, Not leiden
**Verb + Verb:** spazieren gehen, stehen bleiben, kennen lernen, stehen bleiben, laufen lassen, hängen bleiben
**Adjektiv + Verb:** falsch machen, ruhig bleiben, lustig machen, übrig bleiben, richtig machen
**weitere Wortgruppen:** zu Ende, aus Versehen, darüber hinaus, auf einmal, vor allem, noch einmal

**Seite 57**

**5** Bald wird die Schulzeit *beendet sein* und damit die Kindheit endgültig *vorbei sein*. Dann werde ich zum ersten Mal richtig *frei sein* und verreisen, also einige Zeit *weg sein*. Aber danach werde ich wieder *hier sein*. In der Ausbildung will ich möglichst *gut sein*, damit ich später erfolgreich im Berufsleben *dabei sein* kann. Eines Tages sollen meine Eltern auf mich *stolz sein*. Meine private Zukunft wird wohl noch eine Weile *offen sein*. Ich kann zwar sehr *nett sein*, aber ich bin schüchtern. Werde ich noch lange *allein sein*? Ich möchte gerne mit jemandem *zusammen sein*. Sobald ich eine eigene Familie habe, werde ich jedenfalls *zufrieden sein*.

**Seite 57 – Das kann ich!**

**1** Wortgruppen aus zwei *Verben*, Wortgruppen aus **Nomen** + *Verb* und *Adjektiv* + **Verb** sowie Wortgruppen **mit** *sein* schreibt man meist getrennt.

**2** *Diese Wortgruppen solltest du markiert haben:*
**Nomen + Verb:** Ski laufen, Schlange stehen, Schlitten fahren
**Verb + Verb:** stehen bleiben, spazieren gehen, kennen lernen

**3** A Du solltest in der Prüfung *ruhig bleiben* und nicht vor Aufregung *nervös werden* – dann wirst du bestimmt alles *richtig machen*.
B Tagsüber soll das Licht nicht *an sein*, sondern es muss *aus sein*. Merkt euch das, weil es mit der billigen Energie bald *vorbei sein* wird.
C Ich sage es *nur einmal*: Seid im Theater *vor allem* leise.

| Das kann ich! – Auswertung | |
|---|---|
| 14–18 Punkte | Du hast schon viel gelernt. Weiter so! |
| 9–13 Punkte | Du kannst es sicher noch besser. Übe weiter. |
| 0–8 Punkte | Arbeite die Seiten 56 und 57 noch einmal durch. |

**Seite 58**

**1** und **3**
*So solltest du das h markiert und die Wörter so in die Tabelle eingeordnet haben:*
**vor l:** allmählich, bezahlen, erzählen, der Fehler, fühlen, das Gefühl, stehlen, der Stuhl, wählen, wohl, die Zahl, zählen
**vor m:** berühmt, ihm, nehmen, zahm
**vor n:** die Bahn, belohnen, ihn, ohne, wohnen, die Wohnung, der Zahn, zehn
**vor r:** ehrlich, fahren, das Fahrrad, die Gefahr, ihr, das Jahr, die Lehrerin, mehr, sehr, das Ohr, die Uhr, ungefähr, der Verkehr, wahr, während, wahrscheinlich

**5** Vor der Bewerbung solltest du Folgendes in *Erfahrung* bringen:

**A** Wo befindet sich der Praktikumsplatz? Muss ich weit *fahren*? Wie komme ich hin, mit öffentlichen *Verkehrsmitteln*, mit dem *Fahrrad* oder zu Fuß?

**B** Was wird von mir verlangt? Bei einem *Zahnarzt* wirst du nicht *bohren* dürfen, bei einem *Uhrmacher* nicht gleich verkaufen.

**C** Mit welchen Arbeitsmitteln oder Werkzeugen werde ich arbeiten? *Wahrscheinlich* kann ich Geräte noch gar nicht bedienen.

**D** Welche Bedingungen finde ich vor? Muss ich *sehr* viel arbeiten? Also, sich besser vorher informieren als sich später ärgern!

**1** Bei einigen Wörtern steht nach einem *lang* gesprochenen Vokal oder Umlaut ein **h**. Allerdings nur vor den Konsonanten **l**, *m*, *n* und *r*.

**2** *So solltest du den Text ergänzt und ein Wort markiert haben:*
Kevin Müller, 18 Jahre, erstes Lehrjahr, erzählt: Nach der Realschule habe ich mit dem *Berufsgrundschuljahr* begonnen, weil mein *Lehrer* meinte, ich solle alles genau überlegen. Ich bin auch zu Hause ausgezogen und habe für meine erste *Wohnung* Möbel gesucht. Weil die *sehr* teuer waren, habe ich selber welche gebaut. Das hat mir *unwahrscheinlich* gut gefallen und ich habe den Beruf des Tischlers *gewählt*.

| Das kann ich! – Auswertung | |
| --- | --- |
| 9–11 Punkte | Du hast schon viel gelernt. Weiter so! |
| 5–8 Punkte | Du kannst es sicher noch besser. Übe weiter. |
| 0–4 Punkte | Arbeite die Seiten 58 bis 59 noch einmal durch. |

**1** *So solltest du die Wörter markiert und geordnet haben:*
**Nomen**: die Widerrede, der Widersacher, der Widerstand, der Widerspruch, das Widerwort, die Erwiderung, die Widerstandskraft, der Widerwille, der Widerruf, der Widersinn
**Verben**: widerfahren, widerlegen, widerstehen, widersprechen, widerrufen, widersetzen, erwidern, widerstreben, widerhallen, anwidern
**Adjektive**: widerlich, widerwillig, widerstandsfähig, widerwärtig, widerstandslos, widersprüchlich, widerspruchslos, widerspenstig, widerrechtlich, unwiderstehlich

**2** *So hast du die Wörter sicher den Worterklärungen zugeordnet:*
die Gegenrede: die Widerrede, die Abscheu: der Widerwille, abscheulich: widerlich, kampflos: widerstandslos, zustoßen: widerfahren, störrisch: widerspenstig, entgegnen: erwidern, gegensätzlich: widersprüchlich, der Gegner: der Widersacher, gegen das Gesetz: widerrechtlich, der Gegensinn: der Widersinn, das Gegenteil beweisen: widerlegen

**4** Gestern ist mir eine komische Geschichte *widerfahren*. Eine maskierte Mickymaus sprang mir in den Weg und rief: „Hände hoch! Jeder *Widerstand* ist zwecklos." Sie hielt eine Banane in der Hand und ihre *widerspenstigen* Haare flogen im Wind. Zuerst war ich etwas überrumpelt, aber dann konnte ich nicht *widerstehen* und biss in die Banane. … *Widerwillig* überließ mir die Mickymaus schließlich die Banane. Offensichtlich frustriert verschwand mein *Widersacher* daraufhin sofort, und so hatte ich keine Gelegenheit mehr, etwas zum Dank zu *erwidern*.

**1** Das Wort **wider** hat die Bedeutung „*gegen*", „*dagegen*", „*entgegen*".

**2** die Gegenrede: die Widerrede, kampflos: widerstandslos, antworten: erwidern, störrisch: widerspenstig

**3** **A** Der Verbrecher ließ sich *widerstandslos* festnehmen. Er hatte erkannt, dass jeder *Widerstand* sinnlos war.

**B** „Da muss ich dir aber *widersprechen*", sagte Alessandro, der anderer Meinung war.

**C** „Ich weiß nicht, was ich darauf *erwidern* soll. Ich bin sprachlos", sagte sie überrascht.

**D** „Du glaubst nicht, was mir heute *widerfahren* ist, als ich in den Bus steigen wollte!", erzählte er seiner Kollegin.

**E** „Na gut, wenn es unbedingt sein muss", sagte sie *widerwillig*.

**F** „Der Kuchen sah so lecker aus, da ich konnte ich einfach nicht *widerstehen*", sagte er mit schuldbewusstem Gesicht.

| Das kann ich! – Auswertung | |
| --- | --- |
| 11–14 Punkte | Du hast schon viel gelernt. Weiter so! |
| 7–10 Punkte | Du kannst es sicher noch besser. Übe weiter. |
| 0–6 Punkte | Arbeite die Seiten 60 und 61 noch einmal durch. |

**1** **A** (Als) sie mit den Hausaufgaben fertig war, lief Sophie zu ihrer Freundin.

**B** Kevin ist meistens schon von selbst aufgewacht, (wenn) der Wecker klingelt.

**C** (Obwohl) ihre Mutter viel arbeitet, möchte Maria Industriekauffrau werden.

**D** Ich weiß selbst, (dass) ich heute nicht gut Fußball gespielt habe.

**2** **Irinas erster Tag im Praktikum**
(Weil) sie pünktlich um 7:30 Uhr im städtischen Kindergarten sein muss, steht Irina am Montagmorgen sehr früh auf. … (Als) sie im Kindergarten ankommt, wird sie von der Leiterin freundlich begrüßt. … Dort ist es sehr laut, (obwohl) Irina den Kindern eine Geschichte vorliest. … (Nachdem) Irina den Rat befolgt hat, wird es ganz leise im Raum. … Sie weiß heute schon, dass dies der richtige Beruf für sie ist. Wenn sie den Schulabschluss geschafft hat, möchte sie Erzieherin werden.

**1** *So solltest du die Kommas gesetzt und die Aufzählungen unterstrichen haben:*
Kartoffeln , Reis , Nudeln und Brot sind Nahrungsmittel. Am liebsten esse ich Bohnen , Linsen , Artischocken und Möhren. Am liebsten trage ich Jeans , Karohemd und Sneakers oder Shorts , T-Shirt und Flip-Flops.

**2** Für meine Reise packe ich vier T-Shirts , zwei Hosen , einen Pullover , sechs Unterhosen , fünf Paar Socken und ein Paar Schuhe ein.
Montags haben wir um acht Uhr Englisch , um neun Uhr dreißig Mathe , um zehn eine Doppelstunde Deutsch und um Viertel vor zwölf Chemie.

**3** *So solltest du die Kommas gesetzt, die Aufzählungen unterstrichen und die Zeitangaben markiert haben:*
In den Ferien schwamm ich jeden Morgen im Meer , nachmittags spielte ich mit meinen Freunden am Strand Fußball und abends trafen wir uns in einer Disko. Nachmittags fahre ich oft alleine und sehr schnell Fahrrad , manchmal basteln wir auch in der Werkstatt meines Vaters Holzspielzeug für die kleinen Cousins , gelegentlich gehe ich mit Freunden Eis essen und langweilen tue ich mich nie.

**4** *So solltest du die Kommas in der Aufzählung gesetzt haben:*
Sie wird den kranken Kindern tagsüber Geschichten erzählen **,** mit ihnen Spiele machen **,** zwischendurch beim Essen helfen **,** abends eine „Gutenachtgeschichte" vorlesen und dabei immer freundlich sein.

## Seite 64

**1** Die Lehrerin sagt, (dass) die Berufsberaterin bald komme. (Dass) die Klasse Beratungsbedarf habe **,** meint sie. Wir sollen das Klassenzimmer dafür aufräumen. (Dass) die Berufsberaterin erkrankt ist **,** erfahren wir tags darauf. Die Schülerinnen und Schüler sind enttäuscht, (dass) die Beratung ausfällt. (Dass) dafür Unterricht stattfindet **,** erfahren sie am Schwarzen Brett.

**3** **a.** *So solltest du die dass-Sätze ergänzt haben:*
Irina meint, dass Sascha und Mahmut ihren Müll nicht auf den Boden werfen sollen. Sascha erwidert, dass sie ruhig bleiben solle, weil sie ihn später aufsammeln würden. Mahmut ergänzt, dass der Aufräumdienst ohne Müll nicht sinnvoll ist. Ira sagt, dass die zwei ihren Strafdienst immerhin mit Humor nähmen.

### Seite 65 – Das kann ich!

**1** Ein Satz, der aus einem *Hauptsatz* (HS) und einem *Nebensatz* (NS) besteht, heißt **Satzgefüge**. Der NS wird durch ein *Komma* vom HS abgetrennt. Die Teile einer *Aufzählung*, die nicht durch **und/oder** verbunden sind, werden durch *Komma* voneinander getrennt. Nach Verben des Sagens, Denkens und Meinens folgen oft *Kommas*.

**2** Weil es im Sommer sehr heiß war **,** bekamen die Schüler an manchen Tagen hitzefrei.

**3** Zum Abendessen gab es Brot **,** Käse **,** Aufschnitt und Tee. Gestern Morgen war ich in der Schule **,** nachmittags ging ich zum Schwimmen ins Freibad und abends traf ich mich mit meiner Clique. Ich kaufe für das Mittagessen eine Packung Nudeln **,** ein Pfund Gehacktes **,** eine Zwiebel **,** ein Stück Parmesankäse und ein Glas Bolognese.

**4** Ich will dir gern glauben **,** dass du für den Test gelernt hast. Bist du mir noch böse **,** dass ich das neue Buch verloren habe? Unser Lehrer meint **,** dass du heute in Hochform bist. Dass er dabei gezwinkert hat **,** war zu dumm.

**5** *So hast du sicher die Kommas gesetzt, „dass" markiert, Konjunktionen eingekreist und Aufzählungen unterstrichen:*
**Die Erfindung des Heißluftballons**
Die Gebrüder Montgolfier aus Frankreich sind die Erfinder des Heißluftballons. Nicht viele Menschen wissen heute **,** dass die ersten Passagiere eines Ballons ein Hammel **,** eine Ente und ein Hahn waren. (Nachdem) die Tiere das Experiment überlebt hatten **,** erlaubte der König Ludwig XVI. einen Aufstieg mit Menschen. (Als) dann der Ballon am 21. November 1783 in die Luft stieg **,** brachen alle anwesenden Personen in Jubel aus. Der Ballon wurde mit ölgetränktem Holz **,** Papier **,** feuchtem Stroh und Stoff befeuert. Damals dachte man nämlich fälschlicherweise **,** dass der Rauch für den Auftrieb sorgte. Also verbrannte man stark rauchendes Material. Wenig später entdeckte man jedoch **,** dass die heiße Luft den Ballon aufsteigen lässt. Heute ist das Fliegen selbstverständlich **,** (denn) die Menschen wollen ohne großen Zeitverlust riesige Entfernungen überwinden.

| Das kann ich! – Auswertung | |
|---|---|
| 33–45 Punkte | Du hast schon viel gelernt. Weiter so! |
| 20–32 Punkte | Du kannst es sicher noch besser. Übe weiter. |
| 0–19 Punkte | Arbeite die Seiten 62 bis 64 noch einmal durch. |

## Seite 66

**1** **c.** *Deine Markierungen solltest du durch die unterkringelten Pronomen ersetzt haben:*
**Ferien an der Nordsee**
Marvin kann in diesem Sommer nicht mit seinen Eltern verreisen, weil sie sich um seine Oma kümmern müssen. So haben sie Marvin erlaubt, dass er zusammen mit seiner Cousine Vanessa und ihren Eltern in die Ferien fährt. Vanessa und ihre Eltern wollen die Ferien in ihrem Ferienhaus an der Nordsee verbringen und viel Fahrrad fahren. Vanessa hat von ihren Eltern ein neues Fahrrad zum Geburtstag bekommen. Das neue Fahrrad ist viel leichter und hat eine bessere Gangschaltung als ihr altes Rad. Marvin möchte auch sein Fahrrad mit in die Ferien nehmen. Allerdings muss er es zuvor noch in Ordnung bringen. Marvins Onkel schlägt ihm vor, dass er und sein Onkel das Fahrrad gemeinsam reparieren.

**2** **a. + b.**
*Die hier unterstrichenen Wörter solltest du gelb und die markierten Wörter blau markiert haben:*
Marvin und sein Onkel schauen sich gemeinsam das Fahrrad an. Dieses ist noch nicht alt, aber es hat oft draußen gestanden. Marvin entfernt den Rost am Lenker und an den Speichen. Sie sind teilweise schon etwas verbogen. Sein Onkel überprüft die Bremsen. Diese funktionieren nicht mehr gut und ihre Bremsbeläge sind schon abgefahren. Deshalb tauscht er sie aus. Das Licht und die Gangschaltung funktionieren gut. An ihnen muss nichts repariert werden. Marvins Onkel überprüft auch die Reifen und pumpt sie auf. Marvin ist sehr dankbar, und sein Onkel freut sich, dass er ihm helfen konnte.

**c.** *Diese Pronomen und Nomen hast du sicher aufgeschrieben:*
sein – Marvin, dieses – das Fahrrad, es – das Fahrrad, sie – die Speichen, sein – Marvin, diese – die Bremsen, ihre – die Bremsen, sie – die Bremsen, ihnen – das Licht und die Gangschaltung, sie – die Reifen, sein – Marvin, ihm – Marvin

## Seite 67

**1** **b.** *So solltest du die Verben aus dem Text den Zeitformen zugeordnet haben:*
Präteritum: entdeckte, erkannte; Plusquamperfekt: hatte gegeben, hatte berücksichtigt; Futur: wird gewinnen

**2** *Diese Zeitformen solltest du so ergänzt haben:*
**Geschichte und Zukunft der Solarenergie – Teil 2**
Man *begann* erst im 20. Jahrhundert, Solarzellen aus Silizium herzustellen, obwohl Wissenschaftler das Prinzip der Solarzellen schon im 19. Jahrhundert *entdeckt hatten*. Im Laufe des 20. Jahrhunderts *entwickelte* man die Technik zwar immer weiter, aber lange Zeit *fanden* die Solarzellen kaum Verbreitung, weil andere Energieträger damals noch günstig *waren*. Als jedoch mit der Ölkrise das Erdöl immer teurer *wurde, interessierte* man sich allmählich für Solarenergie. Heute nimmt man an, dass die Solarenergie bis zum Jahr 2030 etwa 10 Prozent des weltweiten Strombedarfs *decken wird*. Dann *werden* 6,5 Millionen Menschen im Bereich der Solarenergie *arbeiten*. Besondere Vorteile *wird* diese Entwicklung für solche Gegenden der Welt mit sich *bringen*, die bisher nicht an ein Stromnetz angeschlossen sind. Mit der Nutzung von Solarenergie *wird* man auch den Ausstoß des klimaschädlichen Kohlendioxids mit der Zeit deutlich reduzieren *können*.

**1** a. *Diese Verbformen hast du sicher markiert:*

**Vandalismus am Südbahnhof**

In der Nacht von Samstag auf Sonntag wurden am Südkreuz mehrere Bahnwaggons stark beschädigt. Die Karosserien wurden mit großen Graffitis beschmiert und die Innenräume wurden zum Teil verwüstet. Allem Anschein nach wurde dort gefeiert, denn es wurden leere Flaschen und Pappbecher gefunden. Der Schaden wurde am frühen Morgen entdeckt. Nachdem die Polizei eingetroffen war, wurde der Schaden sofort untersucht. Ein Polizeisprecher informierte: „Es werden leider häufig Waggons zerstört. Viele Täter werden aber irgendwann verurteilt, denn alle Graffitis werden von uns fotografiert. Oft werden sie ähnlich gestaltet oder sogar mit einem Kürzel signiert, sodass dann mehrere Graffitis einem Täter zugeordnet werden." Für Hinweise, die zum Täter führen, wurde eine Belohnung ausgesetzt.

b. *So solltest du die Verbformen geordnet haben:*

**Präsens Passiv:** werden zerstört, werden verurteilt, werden fotografiert, werden gestaltet, werden signiert, werden zugeordnet

**Präteritum Passiv:** wurden beschädigt, wurden beschmiert, wurden verwüstet, wurde gefeiert, wurden gefunden, wurde entdeckt, wurde untersucht, wurde ausgesetzt

**2** a. *Diese Verben hast du sicher markiert:*

zauberten, strickten, dekorierten, verschonten, bestrickten, zerstören, machen

b. *So solltest du die Sätze im Passiv geschrieben haben:*

Plötzlich wurde ihnen ein Lächeln ins Gesicht gezaubert. Kleine Mützen und Schals wurden gestrickt. Die Stadt wurde damit dekoriert. Nichts wurde verschont: Fahrradständer, Laternen, Straßenzäune – alles wurde bestrickt. Es wird dabei nichts zerstört, sondern die Stadt wird bunter gemacht.

**1** b. *So sollte deine fertige Versuchsbeschreibung aussehen. Die Passivformen sind markiert:*

**Überschrift:** Wie kann man die Wärmestrahlung der Sonne nutzen?

**Einleitung:** In diesem Versuch soll untersucht werden, wie die Wärmestrahlung der Sonne genutzt werden kann.

**Material:** Für den Versuch werden ein silberner und ein schwarzer Erlenmeyerkolben, zwei lange Thermometer und Wasser benötigt.

**Versuchsaufbau:** Zuerst werden die beiden Erlenmeyerkolben mit Wasser gefüllt. Dann wird in jeden der beiden Erlenmeyerkolben ein Thermometer gestellt.

**Versuchsdurchführung:** Danach werden die Erlenmeyerkolben in die Sonne gestellt. Nach 30 Minuten werden die Thermometer abgelesen und es wird festgestellt, dass die Temperatur des Wassers im schwarzen Kolben höher ist als die im silbernen Kolben.

**Ergebnis:** Das Wasser wird in dem schwarzen Kolben stärker erhitzt als in dem silbernen.

**Erklärung:** Licht und Wärme werden von der silbernen Oberfläche reflektiert , die schwarze Oberfläche absorbiert Licht und Wärme. Das Wasser im schwarzen Kolben wird daher durch die Sonne erwärmt.

**1** *So hast du die Sätze sicher ergänzt:*

Das *Passiv* beschreibt, wenn etwas mit einer Person oder einem *Gegenstand* getan wird. Die *Tätigkeit* ist wichtig, nicht, wer sie ausführt. Deshalb wird die handelnde *Person* im Passiv in der Regel nicht genannt. Das Passiv wird mit einer Form von *werden* und dem **Partizip Perfekt** gebildet.

**2** *So solltest du das Passiv gebildet und diese Zeitformen angekreuzt haben:*

Die Zutaten werden gemischt. (Präsens)

Die Zutaten wurden gemischt. (Präteritum)

**3** a. *Diese Verbformen hast du sicher markiert:*

**Der Helioflex**

Im Jahr 1999 wurde der Helioflex erfunden. Der Berliner Christoph Keller kam auf die Idee, weil er in einer dunklen Hinterhauswohnung lebte, in die kein Licht drang. Auf diese Erfindung wurde er durch Sonnenblumen gebracht, die ihre Köpfe immer in Richtung Sonne drehen. Für einen Helioflex wird eine verspiegelte Plexiglasscheibe auf eine Satellitenschüssel montiert. Die Scheibe wird dann durch Schrauben gekrümmt. Die Spiegelfläche wird durch eine Mechanik mit der Sonne gedreht. Nachts wird der Spiegel automatisch gen Osten gerichtet und wartet dann auf die aufgehende Sonne.

Der Helioflex wurde so auf dem Dach aufgestellt, dass das Sonnenlicht eingefangen und in die Fenster von Kellers Wohnung reflektiert wurde.

b. *So solltest du die Verbformen den Zeitformen zugeordnet haben:*

**Präsens Passiv:** wird montiert, wird gekrümmt, wird gedreht, wird gerichtet

**Präteritum Passiv:** wurde erfunden, wurde gebracht, wurde aufgestellt, wurde eingefangen, wurde reflektiert

**4** *Diese Sätze solltest du geschrieben haben:*

Durch den Helioflex wird das Sonnenlicht umgelenkt. Zum Bau des Helioflex werden Teile von Satellitenanlagen verwendet. Durch eine Mechanik wird die Spiegelfläche mit der Sonne gedreht. Der Helioflex wird auf Hausdächern aufgestellt. Dunkle Wohnungen werden mit dem Helioflex beleuchtet.

| Das kann ich! – Auswertung | |
|---|---|
| 33–45 Punkte | Du hast schon viel gelernt. Weiter so! |
| 20–32 Punkte | Du kannst es sicher noch besser. Übe weiter. |
| 0–19 Punkte | Arbeite die Seiten 66 bis 69 noch einmal durch. |

**1** *Diese Verben solltest du markiert und diese Pronomen einge-kreist haben:*

„Lange nicht gesehen", sagte er. „Kommst (du) heute Abend ins Bistro?" Dabei hatte er dieses weltmännische Gesicht. „Tut (mir) leid", lächelte Sandra. „(Ich) habe heute ein Rendez-vous." „Was soll das denn heißen", fuhr Stefan sie an und sah plötzlich gar nicht mehr cool aus. „(Ich) denke, (du) gehst mit mir!" „Oh, klar", grinste Sandra. „(Ich) finde nur, dass (unsere) Beziehung in der letzten Zeit etwas eng geworden ist. (Wir) sind hier in Frankreich, [das] weißt du. Offene Beziehungen sind hier mega-in." Und dann ließ sie den verdutzten Stefan einfach stehen.

**2** *So solltest du das Gespräch in der indirekten Rede aufgeschrieben, diese Konjunktive markiert und diese veränderten Wörter unterstrichen haben:*

Stefan sagt, er habe Sandra lange nicht gesehen, und fragt sie, ob sie an diesem Abend ins Bistro komme. Dabei hat er dieses weltmännische Gesicht. Sandra antwortet darauf lächelnd, es tue ihr leid, aber sie habe schon ein Rendezvous an diesem Abend. Empört ruft Stefan daraufhin, was das heißen solle, und sieht gar nicht mehr so cool aus. Er fügt hinzu, dass er denke, Sandra gehe mit ihm. Sie meint nur, das sei klar, sie finde nur, dass ihre Beziehung in der letzten Zeit etwas eng geworden sei. Sie seien in Frankreich, dass wisse er, und dort seien offene Beziehungen mega-in. Dann lässt sie den verdutzten Stefan einfach stehen.

**3** *So solltest du das Gespräch in indirekter Rede aufgeschrieben haben:*

Herr K. wird gefragt, was er tue, wenn er einen Menschen liebe. Er antwortet, dass er einen Entwurf von ihm mache und dafür sorge, dass er ihm ähnlich werde. Daraufhin wird er gefragt, ob er den Entwurf meine. Er erwidert, dass er den Menschen meine.

**1** **a.** *Diese Verben hast du sicher markiert:*

Herr Schwarz: „Wir müssen uns noch etwas für den Wander-tag überlegen." Tim: „Wir können bowlen gehen. Das macht immer viel Spaß." Sybel: „Nein, das haben wir schon zwei-mal gemacht." Tom: „Dann sehen wir uns im Kino einen Film an!" Hussein: „Ich finde das Sportzentrum am besten!" Tim: „Da kann man auch Beach-Volleyball spielen." Sybel: „Aber Beate und ich dürfen dann wohl auch Squash spielen." Herr Schwarz: „Dann werden wir für Mittwoch beim Sport-zentrum anfragen."

**1** **b.**, **2** und **3**

*So solltest du die Tabelle ergänzt und diese Verbformen markiert haben:*

| Indikativ | Konjunktiv I | Konjunktiv II |
|---|---|---|
| wir *müssen* | sie *müssen* | sie *müssten* |
| wir *können* | sie *können* | sie *könnten* |
| es *macht* | es **mache** | es *machte* |
| wir *haben* gemacht | sie *haben* gemacht | sie *hätten* gemacht |
| wir *sehen an* | sie *sehen an* | sie *sähen an* |
| ich *finde* | er **finde** | er *fände* |
| man *kann* | man **könne** | man *könnte* |
| wir *dürfen* | sie *dürfen* | sie *dürften* |
| wir *werden* | sie *werden* | sie *würden* |

Achtung! Für alle Aufgaben zur Verwendung des Konjunktivs in der indirekten Rede gilt: In dass-Sätzen **kann** der Konjunktiv verwendet werden, **muss aber nicht**.

**4** *So könntest du die indirekte Rede gebildet haben:*

Herr Schwarz erklärt der Klasse, sie müssten sich noch was für den nächsten Wandertag überlegen. Tim schlägt vor, sie könnten bowlen gehen, und fügt hinzu, dass das immer viel Spaß mache. Sybel erwidert, das hätten sie schon zweimal gemacht. Tom sagt, dann sähen sie sich eben einen Film im Kino an. Hussein meint, er fände das Sportzentrum am besten. Tim ist einverstanden, weil man da Beach-Volleyball spielen könne. Sybel fügt hinzu, Beate und sie könnten dann auch Squash spielen. Am Ende beschließt Herr Schwarz, sie würden für Mittwoch beim Sportzentrum anfragen.

**1** **b.** *So könntest du den Brief höflicher formuliert haben:*

Sehr geehrte Frau Meissner,
Ihr Betrieb beschäftigt sich mit Kläranlagen und Wasser-wirtschaft. Da ich für die Schule zu diesem Thema ein Referat vorbereite, bräuchte ich gutes Informationsmaterial. Könnten Sie mir möglicherweise Prospekte Ihres Betriebes zuschicken? Ich wüsste auch gern, ob ich mir vielleicht Teile Ihres Betriebes anschauen dürfte. Könnten Sie mir bitte diese Information geben und möglichst bis Freitag antworten?
Mit freundlichen Grüßen
Tom Schmidt

**2** *So könntest du die Aufforderungen höflicher formuliert haben:*

Könntest du mir bitte helfen? Würdest du mir bitte dein Buch geben? Könnten Sie mich vielleicht vorbeilassen? Ich würde gerne wissen, wann wir uns morgen treffen. Würden Sie mir bitte den Schlüssel geben? Hättest du möglicherweise ein Blatt Papier für mich? Ich würde gern eine Pizza haben. Könntest du bitte das Fenster zumachen? Dürfte ich mir vielleicht deine Lösungen ansehen?

**1** *Diese Wörter hast du sicher markiert:*

**TOP 3: Pausenregelung (Mittagspause)**
Unser Schulsprecher Kajo F. sagte, dass die Mittagspause von 45 Minuten viel zu lang sein würde. Gerade viele Schüler der unteren Jahrgänge würden sich in dieser Zeit langweilen. Wir würden zwar auch Freizeitangebote bekommen, aber oft würden einige Aktivitäten ausfallen. Die Klassensprecher der 8 b sagten, dass sie noch eine Umfrage in der Klasse machen würden. Aber viele würden sich jetzt schon beschweren, weil sie durch die lange Mittagspause so spät nach Hause kommen würden. Es würde ihnen kaum noch Zeit bleiben, um nachmit-tags Freunde zu treffen. Dagegen meinten die Klassensprecher der 8 d, die Schüler würden nun endlich genug Zeit haben, um in der Mensa zu essen. Nach dem Essen würden sie noch Tischtennis oder Basketball spielen. Sie würden also ganz zufrieden mit der neuen Regelung sein.

**2** *So solltest du die Verbformen aufgeschrieben und diese Konjunktive I und II ergänzt haben:*

er würde sein – er sei (Konjunktiv I), sie würden sich lang-weilen – sie langweilen sich (Konjunktiv I) – sie langweilten sich (Konjunktiv II), wir würden bekommen – wir bekommen (Konjunktiv I) – wir bekämen (Konjunktiv II), sie würden ausfal-len – sie fallen aus (Konjunktiv I) – sie fielen aus (Konjunktiv II), sie würden machen – sie machen (Konjunktiv I) – sie machten (Konjunktiv II), sie würden sich beschweren – sie beschweren sich (Konjunktiv I) – sie beschwerten sich (Konjunktiv II), sie würden kommen – sie kommen (Konjunktiv I) – sie kämen (Konjunktiv II), es würde bleiben – es bleibe (Konjunktiv I), sie würden haben – sie haben (Konjunktiv I) – sie hätten (Konjunktiv II), sie würden spielen – sie spielen (Konjunktiv I) – sie spielten (Konjunktiv II), sie würden sein – sie seien (Konjunktiv I)

**3** *So sollte deine Überarbeitung aussehen:*
Unser Schulsprecher Kajo F. sagte, dass die Mittagspause von 45 Minuten viel zu lang sei. Gerade viele Schüler der unteren Jahrgänge würden sich in dieser Zeit langweilen. Wir bekämen zwar auch Freizeitangebote, aber oft würden einige Aktivitäten ausfallen. Die Klassensprecher der 8 b sagten, dass sie noch eine Umfrage in der Klasse machen würden. Aber viele würden sich jetzt schon beschweren, weil sie durch die lange Mittagspause so spät nach Hause kämen. Es würde ihnen kaum noch Zeit bleiben, um nachmittags Freunde zu treffen. Dagegen meinten die Klassensprecher der 8 d, die Schüler hätten nun endlich genug Zeit, um in der Mensa zu essen. Nach dem Essen würden sie noch Tischtennis oder Basketball spielen. Sie seien also ganz zufrieden mit der neuen Regelung.

### Seite 75 – Das kann ich!

**1** *So hast du die Merksätze sicher ergänzt:*
Den Konjunktiv 1 in der *indirekten* Rede verwendet man zum Beispiel, wenn man eine Inhaltsangabe oder ein Protokoll schreibt. Wenn sich der *Konjunktiv I* nicht vom Indikativ unterscheidet, verwendet man den *Konjunktiv II*. Wenn der Konjunktiv II ungewöhnlich klingt, verwendet man die Ersatzform mit *würde*.

**2** *So solltest du die Konjunktive I und II ergänzt und diesen Konjunktiv I durchgestrichen haben:*
sein: er (ist) – sei – wäre; sie (sind) – seien – wären
haben: sie (hat) – habe – hätte; sie haben – ~~haben~~ – hätten

**4** *So solltest du das Interview in die indirekte Rede gesetzt haben:*
Der Reporter fragt Herrn K., was ein Helioflex sei. Er antwortet, es sei ein Spiegel, der die Sonnenstrahlen umleite. Dunkle Wohnungen würden dadurch heller. Daraufhin fragt der Reporter, wie das funktionieren würde, und Herr K. erklärt, auf eine Satellitenschüssel montiere man eine verspiegelte Plexiglasscheibe. Schrauben würden die Scheibe krümmen und eine Mechanik drehe die Spiegelfläche nach dem Lauf der Sonne. Wie man auf so eine Idee komme, möchte der Reporter dann wissen, und Herr K. antwortet, dass viele Leute in dunklen Wohnungen leben müssten. Der Erfinder habe Sonnenblumen beobachtet, die ihre Köpfe immer in Richtung Sonne drehten.

**5** *So könntest du die Aufforderungen höflicher formuliert haben:*
Würden Sie mich bitte durchlassen? Könntest du vielleicht meine Tasche nehmen? Ich hätte gerne eine Eintrittskarte. Würdest du mir bitte den Stift geben? Könnten Sie mir möglicherweise helfen?

| Das kann ich! – Auswertung | |
|---|---|
| 33–45 Punkte | Du hast schon viel gelernt. Weiter so! |
| 20–32 Punkte | Du kannst es sicher noch besser. Übe weiter. |
| 0–19 Punkte | Arbeite die Seiten 71 bis 74 noch einmal durch. |

### Seite 76

**1** *So sollest du die Begründungen zugeordnet haben:*
A – d; B – f; C – c; D – b; E – e; F – a

**2** *So könntest du die Sätze geschrieben haben:*
A Das Praktikum macht ihm viel Spaß, denn es ist sehr abwechslungsreich. (Satzreihe)
B Er macht sein Praktikum in einer Bäckerei, denn er möchte später Bäcker werden. (Satzreihe)
C Die Bäcker beginnen sehr früh mit der Arbeit, weil die Bäckerei schon um 6:30 Uhr öffnet. (Satzgefüge)

D Patrick fängt aber erst um 8 Uhr zu arbeiten an, denn Praktikanten dürfen nicht früher arbeiten. (Satzreihe)
E Er achtet darauf, immer pünktlich zu sein, weil er einen guten Eindruck machen will. (Satzgefüge)
F In der Pause notiert er sich, was er getan hat, weil er einen Praktikumsbericht schreiben muss. (Satzgefüge)

**3** *Diese Wörter hast du sicher markiert und die Sätze so ergänzt:*
Patrick kommt morgens pünktlich zur Arbeit, *obwohl* er lange fahren muss (*Satzgefüge*). Einmal verschläft er, *aber* zum Glück weckt ihn sein Bruder (*Satzreihe*). *Obwohl* er noch müde ist, fängt er gleich mit der Arbeit an (*Satzgefüge*). Er hilft beim Kuchenbacken, *aber* die Torten darf er nicht dekorieren (*Satzreihe*). Patrick würde gerne wichtigere und schwierigere Arbeiten übernehmen, *aber* man lässt ihn nicht (*Satzreihe*). Solche Arbeiten erledigen nur die Auszubildenden, *obwohl* Patrick sie auch schon bewältigen könnte (*Satzgefüge*).

### Seite 77

**1** *So könntest du die Sätze ergänzt haben:*
A Ein Praktikum ist sehr sinnvoll, weil man die Berufswirklichkeit kennen lernt. B *Obwohl es eine Abwechslung zum Schulalltag ist*, mögen einige Schüler das Praktikum nicht. C Aber den meisten macht es Spaß, *weil sie eine praktische Tätigkeit ausüben können*. D *Damit man auch wirklich in seinen Traumberuf hineinschnuppern kann*, sollte man sich jedoch früh um einen Praktikumsplatz bewerben.

**2** *So solltest du die Konjunktionen und Nebensätze zugeordnet haben:*
Mein Praktikum im Blumenfachgeschäft – von Sarah Haras
Vom 31. Mai bis zum 18. Juni machte ich mein Praktikum im Blumenfachgeschäft „Flora", *weil (A)*. Ich durfte bald eigenständig Sträuße binden, *obwohl (E)*.
Die Chefin lobte meine Arbeit regelmäßig, *sodass (D)*.
Ich fotografierte die Blumensträuße, *damit (F)*. Ich konnte mich an die Kollegen wenden, *wenn (B)*.
Sie schenkte mir noch einen kleinen Blumenstrauß, *als (C)*.

**3** *So könntest du den Bericht neu geschrieben und die Verben und Konjunktionen so markiert haben:*
Vom 31. Mai bis zum 18. Juni machte ich mein Praktikum im Blumenfachgeschäft „Flora", weil ich mich gerne mit Blumen und Dekoration beschäftige. Obwohl ich ganz neu war, durfte ich bald eigenständig Sträuße binden. Die Chefin lobte meine Arbeit regelmäßig, sodass ich motiviert arbeitete. Damit ich die Fotos für meinen Bericht verwenden konnte, fotografierte ich die Blumensträuße. Ich konnte mich an die Kollegen wenden, wenn ich eine Frage hatte. Als ich mich verabschiedete, schenkte sie mir noch einen kleinen Blumenstrauß.

### Seite 78

**5** *So hast du sicher die Verben markiert und die Konjunktionen ergänzt:*
Mitternacht war schon längst vorüber.
*als* + Sibel wälzte sich im Bett hin und her.
*weil* + Sie konnte nicht einschlafen.
*obwohl* + Sie musste am nächsten Morgen früh aufstehen.

Sie stand schließlich auf.
*weil* + Sie wollte sich ein Glas Wasser holen.

**6** *Diese zwei Satzgefüge solltest du aufgeschrieben haben:*
Mitternacht war schon längst vorüber, als Sibel sich im Bett hin und her wälzte, weil sie nicht einschlafen konnte. Obwohl sie am nächsten Morgen früh aufstehen musste, stand sie schließlich auf, weil sie sich ein Glas Wasser holen wollte.

**8** *So könntest du die Sätze verbunden haben:*
In den letzten Jahren hat sich gezeigt, **dass** der kleine tägliche Ärger Stress verursachen **kann**.
**Sobald** es in der Schule oder zu Hause Ärger oder schlechte Stimmung **gibt**, leidet man bald an Stress.
**Wenn** man seine eigene Situation **kennt**, kann man Stress gezielt bewältigen.
**Wenn** man das eigene Verhalten **versteht**, dann kann man gezielt neue Handlungsweisen einüben.

## Seite 79

**1 a.** *Diese Wörter hast du sicher markiert:*
Marc bittet Jessica, **dass** sie ihm bei der Bewerbung **hilft**. Jessica empfiehlt ihm, **dass** er den Text noch einmal überarbeitet. Marc hofft, **dass** er den Praktikumsplatz bekommt. Er fürchtet, **dass** er nicht der einzige Bewerber ist. Aber er glaubt auch, **dass** er gute Chancen hat.

**b.** + **c.**
*So hast du die Sätze sicher umgeschrieben:*
Marc bittet Jessica, ihm bei der Bewerbung **zu helfen**. Jessica empfiehlt ihm, den Text noch einmal **zu überarbeiten**. Marc hofft, den Praktikumsplatz **zu bekommen**. Er fürchtet, nicht der einzige Bewerber **zu sein**. Aber er glaubt auch, gute Chancen **zu haben**.

**2** *Diese Infinitivsätze solltest du geschrieben, die Infinitive und das „zu" markiert haben:*
Ich glaube, *Spaß am Praktikum* **zu haben**. Ich hoffe, *einen Praktikumsbetrieb* **zu finden**.
Ich wünsche mir, *mich gut* **zurechtzufinden**.

**3** *Diese Infinitivsätze solltest du geschrieben haben:*
Ich bitte dich, mir zu helfen. Sie bittet uns, sie zu unterstützen. Er bittet sie, ihm zu raten. Wir bitten euch, aufmerksam zu sein.

**4** *Diese Infinitivsätze hast du sicher gebildet:*
Ich hoffe, fahren zu können. Ich freue mich, gesund zu sein.

## Seite 80

**1 a.** *So solltest du die Erklärungen zugeordnet haben:*
*A* Sonnenstrahlen umleitet, *E* man aus organischen Substanzen gewinnen kann, *D* vor der Küste im Meer aufgestellt werden, *F* sich die Natur zum Vorbild nimmt, *B* man aus der Sonne gewinnt, *C* sich mit der lebendigen Natur beschäftigt

**b.** bis **d.**
*So hast du die Sätze sicher ergänzt, die Relativpronomen eingekreist und diese Nomen markiert:*
Ein Helioflex ist ein Spiegel, (der) Sonnenstrahlen umleitet. Solarenergie ist eine Energieform, (die) man aus der Sonne gewinnt. Biologie ist ein Schulfach, (das) sich mit der lebendigen Natur beschäftigt. Ein Offshore-Windpark besteht aus Windturbinen, (die) vor der Küste im Meer aufgestellt werden. Biomasse ist eine Energiequelle, (die) man aus organischen Substanzen gewinnen kann. Bionik ist eine Wissenschaft, (die) sich die Natur zum Vorbild nimmt.

**2** *So solltest du die Sätze geschrieben, die Relativpronomen eingekreist und diese Nomen markiert haben:*
**A** Windturbinen sind Maschinen, (die) Wind in Energie verwandeln. **B** Methan ist ein Gas, (das) in Biogasanlagen produziert wird. **C** Die Sonne gibt Energie ab, (die) von Solaranlagen genutzt wird.

**Z 3** *Diese Sätze könntest du gebildet haben:*
Die Lyrik ist die Gattung der Literatur, zu (der) Gedichte gehören. Das Passiv ist eine Verbform, bei (der) etwas mit einer Person oder mit einem Gegenstand getan wird. Die Inhaltsangabe ist eine Textform, in (der) die wichtigsten Geschehnisse zusammengefasst werden. Die Chemie ist eine Wissenschaft, mit (der) man Medikamente entwickeln kann.

## Seite 81 – Das kann ich!

**1** *So hast du die Merksätze sicher ergänzt:*
Eine **Satzreihe** besteht aus mindestens zwei *Hauptsätzen*.
Ein **Satzgefüge** besteht aus einem *Hauptsatz* und mindestens einem *Nebensatz*. Im **Nebensatz** steht die gebeugte Verbform am *Ende*. **Konjunktionalsätze** sind Nebensätze, die mit *Konjunktionen* eingeleitet werden. **Infinitivsätze** kannst du oft statt eines *dass*-Satzes bilden. **Relativsätze** werden mit *Relativpronomen* eingeleitet.

**2** *So solltest du die Lücken ergänzt und die Verben markiert haben. Was du angekreuzt haben solltest, steht in Klammern hinter jedem Satz:*
Die Menschheit nutzt seit langer Zeit fossile Brennstoffe, *aber* diese Energieträger **reichen** nur noch für einige Jahrzehnte. (Satzreihe) Viele setzen heute auf erneuerbare Energien, *weil* sie die Umwelt **schonen**. (Satzgefüge) Braunkohle verschmutzt die Umwelt hingegen sehr, *denn* sie **enthält** viel Schwefel. (Satzreihe) *Obwohl* fossile Brennstoffe umweltschädlich **sind**, kann man noch nicht auf sie verzichten. (Satzgefüge) Man braucht sie noch, *obwohl* es ausreichend Energie **gibt**. (Satzgefüge) Die Sonne liefert eigentlich mehr als genug Energie, *aber* noch **fehlen** Solaranlagen und Speichermöglichkeiten. (Satzreihe)

**3** *Diese Satzgefüge solltest du geschrieben haben:*
**A** Öl verschmutzt die Umwelt, obwohl es sauberer als Kohle verbrennt. **B** Öl ist keine Zukunftsenergie, weil die Vorräte begrenzt sind. **C** Solarenergie und Windenergie werden gebraucht, damit wir auch in der Zukunft genug Energie haben.

**4** *Diesen Satz hast du sicher geschrieben:*
Wissenschaftler bemühen sich, neue Energieträger zu erforschen.

**5 b.** *Diese Satzgefüge (Relativsätze) solltest du gebildet haben:*
**A** Ein fossiler Brennstoff ist ein Stoff, der in der Erde lagert. **B** Kohle ist ein Gestein, das überwiegend aus Kohlenstoff besteht. **C** Erneuerbare Energien sind solche Energien, die sich nicht erschöpfen oder sich selbst erneuern.

| Das kann ich! – Auswertung | |
| --- | --- |
| 33–45 Punkte | Du hast schon viel gelernt. Weiter so! |
| 20–32 Punkte | Du kannst es sicher noch besser. Übe weiter. |
| 0–19 Punkte | Arbeite die Seiten 76 bis 80 noch einmal durch. |

## Seite 82

**1 a.** + **b.**
*Diese Fragen, Antworten und Fälle hast du sicher aufgeschrieben:*
**A** Wovon erzählt sie? – von dem Buch (Präpositionalobjekt im Dativ); **B** Worauf wartet er? – auf einen Freund (Präpositionalobjekt im Akkusativ); **C** Worum kümmert sie sich? – um die Pflanzen (PO im Akkusativ); **D** Wogegen verstößt er? – gegen die Regeln (PO im Akkusativ)

**c.** *So solltest du die Objekte markiert und die Präpositionen eingekreist haben:*
**A** Sie erzählt gern (von) dem Buch. **B** Er wartet (auf) einen Freund. **C** Sie kümmert sich (um) die Pflanzen. **D** Er verstößt (gegen) die Regeln.

**2** *So solltest du die Objekte bestimmt haben:*
Vom 12. bis zum 30. April nahm ich an einem Betriebspraktikum teil. – PO (Dativ)
Ich absolvierte das Praktikum im Schuhgeschäft „Wesel". – AO
Zuerst unterstützte ich den Mitarbeiter im Lager. – AO
Dort half ich beim Einsortieren der Schuhkartons. – PO (Dativ)
Später durfte ich auch die Kundinnen beraten. – AO
Wegen des schönen Wetters fragten sie oft nach Sommerschuhen. – PO (Dativ)
Ich empfahl den Kundinnen immer Schuhe, die zu ihrer Kleidung passten. – DO
Meistens entschieden sie sich für die Schuhe, die ich ihnen empfohlen hatte. – PO (Akkusativ)

**3** *Diese Sätze könntest du gebildet haben:*
Er spielt wirklich gut, aber warum muss er mit seinem Können ständig angeben? (PO – Dativ)
Laura würde gern am Volleyball-Turnier teilnehmen. (PO – Dativ)
Ich muss mich bei ihr für ihre Hilfe bedanken. (PO – Akkusativ)
Sie sollte sicherheitshalber noch einmal nach dem Weg fragen. (PO – Dativ)
Gestern musste ich mich wieder über meine kleine Schwester aufregen. (PO – Akkusativ)

**1** a. *Diese adverbialen Bestimmungen hast du sicher unterkringelt:*

> Rheinheim, 12.03.2011
>
> **Bewerbung für ein Praktikum** (2.–20. Mai 2011)
>
> Sehr geehrte Frau Dahler,
>
> aufgrund Ihrer Anzeige im Tagesblatt möchte ich mich für ein Praktikum vom 2. bis zum 20. Mai in Ihrem Blumenladen bewerben. Ich bin seit einem Jahr in der Schulgarten-AG und arbeite dort sorgfältig und zuverlässig. Wegen meiner Fähigkeiten im Gestalten schmücke ich Räume bei Feiern mit Erfolg und wurde dafür einmal ausgezeichnet. Durch das Praktikum bei Ihnen möchte ich herausfinden, ob ich für den Beruf des Floristen wirklich geeignet bin.
>
> Mit freundlichen Grüßen
>
> *Jakob Mühlbach*

b. *So solltest du die adverbialen Bestimmungen geordnet haben:*
**Adverbiale Bestimmungen des Ortes (Wo?):** im Tagesblatt, in Ihrem Blumenladen, in der Schulgarten-AG, bei Feiern, bei Ihnen
**Adverbiale Bestimmungen der Zeit (Wann?):** vom 2. bis zum 20. Mai, seit einem Jahr
**Adverbiale Bestimmungen der Art und Weise (Wie?):** gerne, sorgfältig, zuverlässig, mit Erfolg, durch das Praktikum, wirklich, freundlich
**Adverbiale Bestimmungen des Grundes (Warum?):** aufgrund Ihrer Anzeige, wegen meiner Fähigkeiten im Gestalten

**2** *So solltest du die Sätze erweitert und die adverbialen Bestimmungen markiert haben:*
Michaela möchte in zwei Monaten ihr Praktikum in einer Autowerkstatt absolvieren. Wegen ihrer Kenntnisse repariert sie immer die Fahrräder ihrer Familie. Auch schwierige Defekte repariert sie sehr sorgfältig und mit ruhiger Hand.

**1** a. *Diese Attribute hast du sicher markiert:*
**Liebeslieder lassen junge Frauen schwach werden**
Französische Wissenschaftler haben die Wirkung der Liebeslieder auf junge Frauen untersucht. Dazu mussten die Frauen in einem Wartezimmer Lieder der unterschiedlichsten Art hören. Im Testraum unterhielten sie sich anschließend mit jungen Männern. In einer Pause fragte der Mann dann nach der Telefonnummer der Frau. 52 Prozent der Frauen, die zuvor ein Liebeslied gehört hatten, rückten ihre Nummer heraus. Nur 28 Prozent der Frauen, die zuvor neutrale Musik gehört hatten, gaben ihre Nummer weiter. Aber nicht nur das Verhalten des weiblichen Geschlechts wird von Liebesliedern beeinflusst: Die französischen Forscher konnten auch zeigen, dass Männer, die in einem Blumenladen Liebeslieder hören, mehr Geld für Sträuße ausgeben.

b. *So hast du die Attribute sicher geordnet:*
**Genitivattribute:** der Liebeslieder, der unterschiedlichsten Art, der Frau, der Frauen, der Frauen, des weiblichen Geschlechts
**Adjektivische Attribute:** junge, französische, junge, jungen, neutrale, französische
**Relativsätze:** die zuvor ein Liebeslied gehört hatten, die zuvor neutrale Musik gehört hatten, die in einem Blumenladen Liebeslieder hören

**1** *So hast du die Merksätze sicher ergänzt:*
Das **Präpositionalobjekt** ist ein Satzglied, das aus einer *Präposition* und einer Wortgruppe im Dativ oder im *Akkusativ* besteht. Es gibt **adverbiale Bestimmungen** *der Zeit*, **des Ortes**, *der Art und Weise* und **des Grundes**. **Attribute** geben zusätzliche Informationen **zu einem** *Nomen*. Es gibt *Genitiv*attribute und *adjektivische* **Attribute**. Auch *Relativ*sätze sind **Attribute**.

**2** *Diese Fragen und Antworten hast du sicher aufgeschrieben:*
**A** Akkusativobjekt: Wen fragte sie? – die Zeitungsverkäuferin; Präpositionalobjekt: Wonach fragte sie? – nach dem Weg.
**B** Dativobjekt: Wem dankte er? – ihr; Präpositionalobjekt: Wofür dankte er? – für diese Information

**3** *So solltest du die Sätze erweitert haben:*
**A** Sie macht ihr Praktikum im nächsten Monat bei der Firma Sachs.
**B** Er arbeitet sorgfältig und schnell.
**C** Sie hat gestern ein Lob wegen ihrer guten Leistungen bekommen.
**D** Er geht montags gerne ins Kino.
**E** Aufgrund einer Krankheit fuhr sie nicht mit nach Bonn.

**4** *Diese Attribute solltest du markiert haben:*
Auf großem Fuß lebt jemand, der viel Geld ausgibt. Diese Redensart bezieht sich auf den Grafen von Anjou, der in Frankreich lebte. Er war ein reicher und angesehener Mann, hatte aber ein Problem: eine hässliche, dicke Geschwulst, die an seinem Fuß prangte. Deshalb passten ihm die Schuhe der damaligen Mode nicht und er ließ sich große Schuhe anfertigen. Darin konnte er die Geschwulst des Fußes verstecken. Weil er einer der bedeutendsten Bürger der Stadt war, wollten die Mitbürger seiner Heimat das nachahmen. Doch nur die reichen Leute konnten sich die großen Treter leisten – und deshalb auf großem Fuß leben.

**5** *Diese Zahlen solltest du jeweils angekreuzt haben:*
Genitivattribute: 4, adjektivische Attribute: 10, Relativsätze: 2

| Das kann ich! – Auswertung | |
|---|---|
| 33–45 Punkte | Du hast schon viel gelernt. Weiter so! |
| 20–32 Punkte | Du kannst es sicher noch besser. Übe weiter. |
| 0–19 Punkte | Arbeite die Seiten 82 bis 84 noch einmal durch. |

**Der Kompetenztest**

**Seite 88 – Sachtexte und Grafiken erschließen**

**2** *Diese Überschriften könntest du geschrieben haben:*
**2** Fossile Brennstoffe, **3** Erneuerbare Energien, **4** Energie aus Biomasse, **5** Elektrizität, **6** Wärme, **7** Deutschlands Bioenergiedörfer

**3** *Diese Antworten könntest du geschrieben haben:*
**A** Ein Bioenergiedorf ist ein Dorf, das mindestens die Hälfte seines Stroms und seiner Wärme selbst erzeugt. (Z. 9–10)
**B** Das Besondere am Bioenergiedorf Jühnde ist, dass es seinen gesamten Energiebedarf mit einer Bioenergieanlage produziert. (Z. 55–56)

**4** bis **6**
*Diese Aussagen solltest du angekreuzt haben:*
4 d), 5 b), 6 b)

**7** *Diese Begriffe solltest du aufgeschrieben haben:*
Pflanzen, tierische Rückstände, Bioabfall (Z. 24–25)

**8** **a.** *Die Zeilen 31–38 solltest du markiert haben:*
„Dafür gibt es in Jühnde eine Bioenergieanlage. […] Bakterien zersetzen dort die organischen Stoffe zu dem Biogas Methan, das in das benachbarte Blockheizkraftwerk weitergeleitet wird."

**b.** *So könnte deine Antwort aussehen:*
In einer Bioenergieanlage wird die Biomasse durch Bakterien zu Methan zersetzt. Es wird in ein Blockheizkraftwerk weitergeleitet und produziert dort Energie.

**9** *So solltest du die Sätze ergänzt haben:*
**A** Das Holzhackschnitzelheizwerk produziert *Wärme*.
**B** Das Methan wird in der *Biogasanlage* produziert.
**C** Im Blockheizkraftwerk wird *Methan* verbrannt.

**Seite 89**

**10** **a.** *Du solltest den Bereich mit den grünen, blauen und roten Linien und den Wörtern „Grüner Strom", „Strom" und „Wärme" eingekreist haben.*

**b.** *Diese beiden Textstellen solltest du markiert haben:*
„Dort wird das Methan in einem Gasmotor verbrannt, wodurch Elektrizität produziert wird." (Z. 38–39); „Die bei der Stromerzeugung frei werdende Wärme kann außerdem direkt von den Einwohnern verbraucht werden." (Z. 48–49)

**c.** *So sollte deine Antwort aussehen:*
In einem Blockheizkraftwerk wird Energie in Form von Strom und Wärme produziert.

**12** und **13**
*Diese Aussagen solltest du angekreuzt haben:*
12 c), 13 b)

**14** *So könnte deine Antwort aussehen:*
Wenn dafür Wald abgeholzt wird, ist der Anbau von Energiepflanzen schädlich für das Klima.

**15** *So könnte deine Antwort aussehen:*
Man bräuchte dafür eine Fläche, die größer ist als Deutschland. Energiepflanzen kann man nicht in unendlichen Mengen anbauen.

**16** *So könnte deine Antwort aussehen:*
Das Nahwärmenetzwerk ist im Schaubild mit roten Linien eingezeichnet, die zu den Häusern gehen.

**17** *So solltest du das Diagramm vervollständigt haben:*

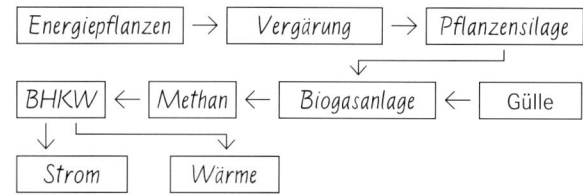

| Sachtexte und Grafiken erschließen – Auswertung | |
|---|---|
| 48–65 Punkte | Du hast schon viel gelernt. Weiter so! |
| 29–47 Punkte | Du kannst es sicher noch besser. Übe weiter. |
| 0–28 Punkte | Arbeite die Seiten 4 bis 11 noch einmal durch. |

**Seite 90 – Rechtschreiben**

**1** schwingen – also: sie schwingt, brummen – also: es brummt, die Betriebe – also: der Betrieb, milde – also: mild

**2** der Schaum – also: schäumt, die Kraft – also: kräftig

**3** *So solltest du die Wortstämme markiert, diese Wörter durchgestrichen und diese Artikel ergänzt haben:*
ange**nomm**en, die Ver**nehm**ung, ab**nehm**en, die Maß**nahme**, ~~Name~~, ein**nehm**en, die Ein**nahme**n, die Ab**nahme**, die Unter**nehm**ung, das Unter**nehm**en, zu**nehm**en, die Über**nahme**, zu**nehm**end, ~~Nachname~~, teilge**nomm**en, heraus**nehm**en, entgegen**nehm**en, die Fest**nahme**, ~~Nomen~~

**4** **a.** Wörter mit den Suffixen **-ung**, **-nis**, *-heit* und *-keit* sind Nomen. Sie werden *groß*geschrieben.

**b.** die Kreuzung, das Erlebnis, die Schönheit, die Krankheit, die Sauberkeit

**5** **a.** + **b.**
Durch den Musikwettbewerb wurde er über Nacht berühmt. Schon am Morgen standen die Fans vor seiner Wohnung. Davor war er immer mit der Bahn in die Stadt gefahren, doch jetzt nahm er ein Taxi. Am Anfang fühlte er sich geschmeichelt, dass ihn die Mädchen unwiderstehlich fanden. Aber jetzt gibt er nur noch widerwillig Autogramme und Briefe erwidert er schon lange nicht mehr. Den ganzen Trubel findet er inzwischen widerwärtig.

**c.** unwiderstehlich

| Das kann ich! – Auswertung | |
|---|---|
| 44–60 Punkte | Du hast schon viel gelernt. Weiter so! |
| 27–43 Punkte | Du kannst es sicher noch besser. Übe weiter. |
| 0–26 Punkte | Arbeite die Seiten 46 bis 65 noch einmal durch. |

**1** **a. + b.**
*Diese Passivformen solltest du markiert, das Passiv im Präteritum zusätzlich unterstrichen haben:*
Der von allen lang ersehnte Skatepark wird nun endlich gebaut! Gestern wurden sämtliche Erdarbeiten erledigt. Und heute werden schon die Schalbretter ausgelegt. Sobald der Beton geliefert wird, kann mit dem Bau der Curbs begonnen werden. Dann wird alles betoniert. Ob Quaterpipe, Minirampe oder Zuschauertribüne – hier wird nicht gespart. Die großzügigen Sponsoren wurden schon jetzt sehr gelobt.

**c.** *So solltest du den Satz im Passiv geschrieben haben:*
Durch diese Anlage wird ein tolles Freizeitangebot für Skatebegeisterte geschaffen.

**2** und **3**
*Diese Konjunktive I solltest du markiert, diesen Konjunktiv II unterstrichen und diese Pronomen eingekreist haben:*
Nach der ersten Begegnung mit ihrem Austauschpartner sagte Sandra, sie habe leider nicht alles verstanden. Jean-Pascal spreche etwas zu schnell. Sie will ihm das noch sagen, doch jetzt muss sie sich erst einmal ausruhen. Die französische Art der Begrüßung sei ihr zwar noch fremd, sie werde sich aber sicher noch daran gewöhnen. Zwei Wochen später meinte Sandra, sie könne sich gar nicht vorstellen, wieder nach Hause zu fahren. Wer hätte das gedacht?

**4** *So solltest du den Satz in indirekter Rede aufgeschrieben haben:*
Sie wolle ihm das noch sagen, doch jetzt müsse sie sich erst einmal ausruhen.

**5** *So sollten deine erweiterten Sätze aussehen:*
**A** Er beginnt sein Praktikum in einem Monat in einem Elektrogeschäft. **B** Sie lernt jeden Tag fleißig für die Klassenarbeit.

**6** *So solltest du die Sätze verbunden haben:*
Sie geht heute nicht in den Skatepark, obwohl (es) schönes Wetter ist.

| Grammatik – Auswertung | |
|---|---|
| 33–45 Punkte | Du hast schon viel gelernt. Weiter so! |
| 20–32 Punkte | Du kannst es sicher noch besser. Übe weiter. |
| 0–19 Punkte | Arbeite die Seiten 66 bis 85 noch einmal durch. |

**1** *Die falsche Zeitangabe „heute" solltest du gestrichen und dafür am Rand notiert haben:*
Im Jahr 2010

**2** **a.** *Diese Angaben solltest du markiert haben:*
2. Pflanzensilage, 3. Biogasanlage, 5. Vergärung, 6. BHKW, 7. Methan

**b.** *So solltest du die richtigen Angaben mit den Nummern aufgeschrieben haben:*
2. Vergärung, 3. Pflanzensilage, 5. Biogasanlage, 6. Methan, 7. BHKW

**3** *So könntest du den Satz richtig geschrieben haben:*
Darum ist es nicht ganz verständlich, warum Bioenergiedörfer vom BMELV prämiert werden.

**4** *Diese Auflösungen solltest du aufgeschrieben haben:*
BHKW: Blockheizkraftwerk; BMELV: Bundesministerium für Ernährung, Landwirtschaft und Verbraucherschutz

**5** *So könnte deine Überschrift aussehen:*
Vor- und Nachteile der Energie aus Biomasse

**7** *So könnte dein überarbeiteter Text aussehen. Das richtige Schaubild findest du unter der Lösung zu Seite 89, Aufgabe 17.*
**Die Vor- und Nachteile der Biomasse**
Auf dem Land kann man mehr und mehr auf fossile Brennstoffe verzichten, weil dort erneuerbare Energien wie Wind, Sonne und Biomasse genutzt werden können. Mithilfe einer Bioenergieanlage kann man umweltfreundlich Strom und Wärme erzeugen. Dörfer, die mindestens die Hälfte ihrer Energie selbst produzieren, heißen Bioenergiedörfer. Im Jahr 2010 gab es bereits 60 Bioenergiedörfer in Deutschland.
Biomasse ist verlässlich, weil sie nicht von Sonne und Wind abhängt. Aber es gibt nicht genug Anbauflächen für Energiepflanzen, daher kann nicht die gesamte Energie aus Biomasse gewonnen werden. Weitere Nachteile sind, dass durch den Anbau von Energiepflanzen in manchen Ländern die Preise für Nahrungsmittel steigen und Wald abgeholzt wird. Auch durch Monokulturen kann Biomasse schädlich sein. Daher werden nicht alle Bioenergiedörfer vom BMELV prämiert.

| Einen informierenden Text überarbeiten – Auswertung | |
|---|---|
| 37–50 Punkte | Du hast schon viel gelernt. Weiter so! |
| 23–36 Punkte | Du kannst es sicher noch besser. Übe weiter. |
| 0–22 Punkte | Arbeite die Seiten 8 bis 17 noch einmal durch. |

**1** *Diese Stichworte könntest du geschrieben haben:*
Jugendliche, Erwachsene, Kultur

**2** **a.** *Diese Stellen könntest du markiert haben:*
„Die hereinstürmende Jugend war unordentlich gekleidet, teils mit Getränken in der Hand und vor allem furchtbar laut." (Z. 5–7); „Plötzlich umgab uns der Lärm dieser Jugendlichen und ihrer ‚Musik'." (Z. 7–8); „Was ich dabei nicht verstehe, ist, wie die sich die Karten leisten können." (Z. 9); „Diese Musik wird ja zum Glück nicht mit öffentlichen Mitteln subventioniert." (Z. 10–11); „Wann wird nur endlich etwas für die Kultur der Jugend getan?" (Z. 15)

**b.** *Du solltest c) angekreuzt haben.*

**3** *Diese Stichworte könntest du geschrieben haben:*
Oper, klassische Musik, Theater

**4** *Diesen Satz solltest du markiert und diese Begründung unterstrichen haben:*
Diese Musik wird ja zum Glück nicht mit öffentlichen Mitteln subventioniert. Da bin ich froh, dass bei der Kulturförderung noch nach Qualität unterschieden wird.

| Eine Kleinanzeige schreiben – Auswertung | |
|---|---|
| 37–50 Punkte | Du hast schon viel gelernt. Weiter so! |
| 23–36 Punkte | Du kannst es sicher noch besser. Übe weiter. |
| 0–22 Punkte | Arbeite die Seiten 26 bis 31 noch einmal durch. |

| Der Kompetenztest – Gesamtauswertung | |
|---|---|
| 199–270 Punkte | Du hast schon viel gelernt. Weiter so! |
| 122–198 Punkte | Du kannst es sicher noch besser. Übe weiter. |
| 0–121 Punkte | Probiere es noch einmal. |

## Grammatik

Arbeitstechniken findest du in den Klappen
und auf der vorderen inneren Umschlagseite.

[Z] Hier findest du zusätzliche Aufgaben
zum Weiterarbeiten.

# Sachtexte erschließen

Du liest einen Text und entnimmst ihm wichtige Informationen.
Im Anschluss schreibst du eine kurze Zusammenfassung.

Bilder und Überschriften sagen dir schon viel, bevor du
mit dem Lesen beginnst.

**1** Schreibe in einem Satz auf, worum es in dem Text vermutlich geht.
Begründe deine Vermutung. Schreibe in dein Heft.

Textknacker Schritt 1:
**Vor dem Lesen**
– Bilder
– Überschrift
– Form

Du überfliegst den Text.

**2** **a.** Überfliege den Text.
Du kannst dabei mit Bleistift eine Schlangenlinie einzeichnen.
**b.** Decke den Text ab.
Woran erinnerst du dich? Was kennst du schon?
Schreibe diese Wörter und Wortgruppen in dein Heft.

Textknacker Schritt 2:
**Den Text überfliegen**
– Was fällt dir auf?
– Was kennst du schon?

### Energie aus dem Meer – Ulrich Grünewald

**Die gewaltige Energie, die hinter der Kraft des Meeres steckt, ist schon so
manchem Küstenbewohner zum Verhängnis geworden. Doch diese Energie
ist nicht nur zerstörerisch, sie kann auch genutzt werden, zum Beispiel
zur Stromgewinnung. Strom aus dem Meer – gewonnen aus der Kraft**
5 **der Gezeiten und Wellen. Experten sehen darin ein großes Potenzial.**

#### Gezeitenkraftwerk

Bereits im 11. Jahrhundert wurde die Kraft des Tidenhubs[1] in Gezeitenmühlen
in England und Frankreich genutzt. Und im Jahr 1897 wurde in Frankreich
das erste Mal elektrischer Strom mithilfe von Turbinen[2] und Generatoren[3]
gewonnen, angetrieben durch Ebbe und Flut.
10 Rund 20 Jahre später entstanden die Pläne für ein erstes Gezeitenkraftwerk
an der Mündung des französischen Flusses Rance bei St. Malo in der Normandie.
Die Bucht ist mit einem Tidenhub von bis zu zwölf Metern besonders geeignet.
Es dauerte allerdings noch bis Dezember 1967, bis das erste Gezeitenkraftwerk
der Welt in Betrieb ging. Das Prinzip ist einfach. Ein 750 Meter langer Damm
15 trennt die Bucht vom offenen Meer ab. Das Wasser kann nur durch 24 Rohrturbinen auf die andere Seite gelangen. Die Turbinen erzeugen den Strom
sowohl beim Einlaufen des Wassers (Flut) als auch beim Auslaufen (Ebbe).
Je nach Strombedarf kann das Ablaufen leicht verzögert werden. Insgesamt
erzeugt das Kraftwerk eine Leistung von 240 Megawatt[4]. Weltweit gibt es
20 nur einige wenige, meist kleinere Anlagen mit rund einem Megawatt.

Der Damm bei St. Malo mit
dem Gezeitenkraftwerk
rechts im Bild

1 der Tidenhub: der Unterschied in der Höhe zwischen Hoch- und Niedrigwasser
2 die Turbine: Eine Turbine wandelt Fließenergie in Drehenergie um.
3 der Generator: wandelt die Drehenergie, z. B. einer Turbine, in elektrische Energie um
4 Ein Megawatt (MW) entspricht 1000 Kilowatt (KW) oder 1 000 000 Watt.

## Meeresströmungskraftwerk

Energie lässt sich jedoch nicht nur durch die Nutzung des Tidenhubs gewinnen. Denn dass das Meer bei Flut höher steht, bedeutet nicht, dass es dort angehoben wird, jedenfalls nicht in dem Sinne, wie man einen Eimer Wasser vom Boden anheben würde. Das Wasser des Meeres wird durch die Gezeitenkräfte von
25 einem Ort zu einem anderen gezogen. Dort, wo es wegfließt, herrscht Ebbe, dort, wo es hinfließt, Flut. Es entstehen Strömungen. Und diese können ebenso zur Stromgewinnung genutzt werden. Vor der Küste Großbritanniens entstand das erste Meeresströmungskraftwerk der Welt. Das deutsch-britische Pilotprojekt trägt den Namen „Seaflow". Es sieht aus wie eine Windkraftanlage unter Wasser
30 und funktioniert auch fast genauso. Der Unterschied: Statt des Windes, also der Strömung der Luft, wird die Gezeitenströmung des Wassers genutzt. Seit der Inbetriebnahme 2003 musste „Seaflow" ständig verbessert werden. Zum Beispiel war die Meeresströmung geringer als erhofft. Auch stellte der Unterwasserbetrieb extreme Anforderungen an die Materialien.
35 Im Jahr 2008 ging „Seaflows" Nachfolger „Seagen" vor der Küste Nordirlands in Betrieb. Mit seinen zwei Turbinen produziert das Meeresströmungskraftwerk, anders als sein Vorgänger, tatsächlich Strom. Die Leistung beträgt 1,2 Megawatt, womit gut 1000 Haushalte versorgt werden können.

Ein Meeresströmungskraftwerk

## Wellenenergie

Das Wetter ist zwar ein unvorhersehbarer Faktor, es ist jedoch entscheidend
40 bei einer weiteren Form des Energietransports im Meer: der Wellenenergie. Um diese Energie zu nutzen, gibt es verschiedene Ansätze. Einer der ältesten ist das Prinzip der schwingenden Wassersäule. Das ständige Auf und Ab des Wassers treibt dabei in einer Art Kamin eine Luftsäule an. Wie in einer Luftpumpe wird bei ansteigendem Wasser die Luft nach oben durch
45 eine Turbine gedrückt. Beim Absinken des Wassers wird die Luft durch die Turbine angesogen. Eine ausgeklügelte Technik sorgt dafür, dass sich die Turbine in beiden Fällen immer in dieselbe Richtung dreht. Dadurch werden Reibungsverluste vermieden. Der erste Prototyp eines Wellenkraftwerks ist im November 2000 an der Westküste Schottlands in Betrieb gegangen und liefert
50 eine Spitzenleistung von 500 Kilowatt.

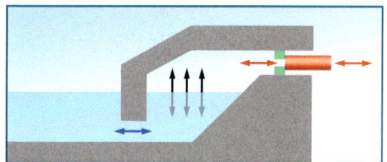

Funktionsweise des Wellenkraftwerks Limpet

## Lösung des weltweiten Energieproblems?

Der Energievorrat, der in den Gezeiten steckt, ist zwar riesig, lässt sich jedoch nur selten wirtschaftlich nutzen. Um zum Beispiel ein Gezeitenkraft betreiben zu können, benötigt man mindestens einen Tidenhub von fünf Metern sowie eine geeignete Bucht. Weltweit gibt es schätzungsweise nur wenige Dutzend
55 solcher Stellen. Insgesamt ließen sich rein rechnerisch zwölf Gigawatt (ein Gigawatt = eine Milliarde Watt) Strom erzeugen. Damit könnten gerade mal zehn Kohlekraftwerke ersetzt werden.
Außerdem steht die Energie nicht kontinuierlich zur Verfügung, die Spitzenlast verschiebt sich ebenso wie die Hoch- und Niedrigwasser von Tag zu Tag. Es
60 müssten daher Möglichkeiten zur Speicherung der Energie geschaffen werden. Das Problem der kontinuierlichen Energiegewinnung tritt bei den Wellenkraftwerken noch verstärkt auf, da bei diesen das Wetter eine entscheidende Rolle spielt. Lediglich ein Strömungskraftwerk liefert jederzeit gleich viel Energie und ist unabhängig vom Wetter. Allerdings gibt es erst wenige Pilotanlagen.
65 In der Kombination verschiedener Meereskraftwerke sehen die Experten gleichwohl einen wichtigen Beitrag zur Versorgung mit erneuerbaren Energien. Im Vergleich zu Wind, Sonne und Biomasse steht die Nutzung der Energie aus dem Meer aber noch am Anfang.

**Beim genauen Lesen erkennst du wichtige Informationen.**

**3**  **a.** Lies die einzelnen Absätze des Textes genau.
    **b.** Welches gemeinsame Thema haben die drei mittleren Absätze?
       Schreibe einen Satz auf.

_____

_____

**4**  Was ist jeweils das Besondere am ersten und am letzten Absatz?
   Schreibe jeweils einen ganzen Satz auf die Linie.
   **Tipp:** Die Besonderheiten dieser beiden Absätze findest du in vielen Texten.

_____

_____

_____

**5**  Schreibe Erklärungen für die folgenden Wörter in dein Heft.
   – Manche Wörter kannst du dir aus dem Textzusammenhang erklären.
   – Nutze auch die Fußnoten im Text oder schlage die Wörter nach.

> Tidenhub (Z. 6), Gigawatt (Z. 55), Turbine (Z. 36), Generator (Z. 8),
> Prototyp (Z. 48), kontinuierlich (Z. 61), Pilotanlage (Z. 64), Kombination (Z. 65)

**Starthilfe**
Tidenhub nennt man den Höhenunterschied ...

**6**  **a.** Sieh dir die Bilder zum Text genau an und lies die Bildunterschriften.
    **b.** Erkläre die drei Kraftwerkstypen. Schreibe in dein Heft.

**7**  **a.** Markiere Schlüsselwörter im Text.
    **b.** Worum geht es? Schreibe zu jedem Absatz Stichworte in dein Heft.

**Mithilfe von Fragen kannst du dein Textverständnis überprüfen.**

**8**  **a.** Schreibe zu jedem Absatz des Textes zwei eigene Fragen in dein Heft.
    **b.** Beantworte deine eigenen Fragen schriftlich.

**9**  Beantworte die folgenden Fragen in ganzen Sätzen. Schreibe in dein Heft.
   **a)** Warum ist die Mündung des Flusses Rance besonders gut
      für die Errichtung eines Gezeitenkraftwerkes geeignet?
   **b)** Warum sieht das Meeresströmungskraftwerk „Seaflow" aus
      wie eine „Windkraftanlage unter Wasser" (Zeile 29)? Erkläre das Zitat.
   **c)** Welche zwei Voraussetzungen für den Bau eines Gezeitenkraftwerks
      werden im Text genannt?
   **d)** Warum erzeugen Wellenkraftwerke nicht kontinuierlich gleich viel Energie?
   **e)** Welche drei anderen erneuerbaren Energien – außer Energie aus dem
      Meer – werden im Text genannt?

**Starthilfe**
Frage a) Die Mündung
der Rance ist für ein
Gezeitenkraftwerk
besonders gut geeignet,
weil ...

**In einer Zusammenfassung gibst du den Inhalt des Textes kurz wieder.**

**10**  Schreibe eine Zusammenfassung des Textes.

---

**Textknacker Schritt 3:**
**Beim genauen Lesen**
– Überschrift
– Absätze
– Schlüsselwörter
– Unbekannte Wörter

---

**Textknacker Schritt 4:**
**Nach dem Lesen**
Mit dem Inhalt arbeiten

## Ⓩ Weiterführendes: Ein Schaubild erschließen

Du erschließt ein Schaubild zu einem Gezeitenkraftwerk.

### Das Funktionsprinzip eines Gezeitenkraftwerkes

**Phase 1**
– Staubecken ist leer
– Flut steigt an
– Turbinenleitungen sind geschlossen

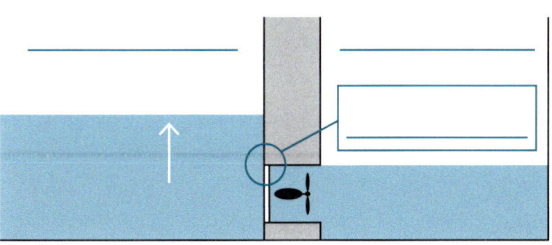

**Phase 2**
– Flut hat Maximum erreicht
– Turbinenleitungen werden geöffnet
– Wasser strömt ein
– Turbine wird angetrieben: **Strom wird erzeugt**

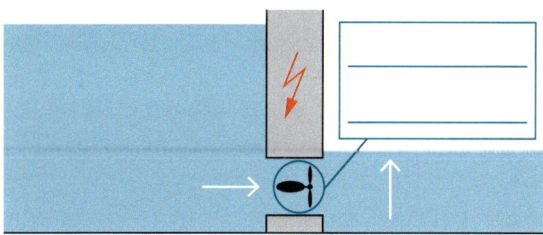

**Phase 3**
– Staubecken ist gefüllt
– Flut sinkt ab
– Turbinenleitungen sind geschlossen

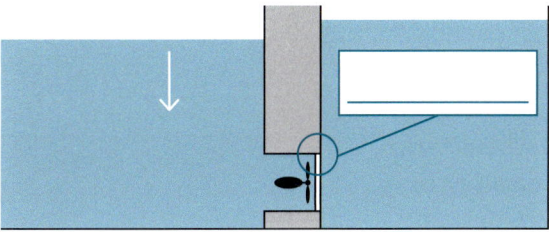

**Phase 4**
– Ebbe ist erreicht
– Turbinenleitungen werden geöffnet
– Wasser strömt aus
– Turbine wird angetrieben: **Strom wird erzeugt**

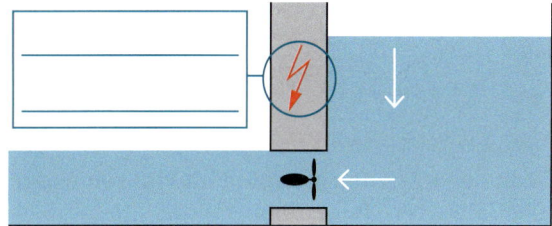

**1** a. Sieh dir das Schaubild an und lies die Stichworte zu den vier Phasen.
b. Beschrifte die Grafik an passenden Stellen mit den folgenden Wortgruppen.

> offenes Meer, Verschluss (2 x), das Kraftwerk, Staubecken, Turbine läuft

**2** Im Text auf Seite 5 gibt es zwei andere Wörter für **Flut** und **Ebbe**.
Schreibe diese beiden Wörter auf.

die Flut = _____     die Ebbe = _____

**3** Beantworte die Fragen mithilfe des Schaubilds.
a) Wodurch staut sich das Wasser auf einer Seite des Damms?

_____

b) Wann genau werden die Turbinenleitungen geöffnet?

_____

_____

**4** Wann genau werden die Turbinenleitungen geschlossen?
Das Schaubild beantwortet diese Frage nicht. Schreibe deine Vermutung auf.

_____

_____

**5** a. Beschreibe das Funktionsprinzip eines Gezeitenkraftwerks
in einem kurzen Sachtext.
b. Ist deine Beschreibung auch ohne das Schaubild verständlich?
Überprüfe deinen Text mithilfe einer Person, die das Schaubild nicht kennt.

> **Starthilfe**
>
> **So funktioniert ein Gezeitenkraftwerk**
> …

# Einen informativen Text schreiben

Mit den Materialien schreibst du einen **informativen Text** zum **Thema Windenergie**. Zuvor liest du die Materialien mithilfe des Textknackers.

➤ Die Arbeitstechnik „Der Textknacker" findest du in der vorderen Klappe.

Zuerst überlegst du, was du schon über das Thema weißt.

**vor dem Lesen**

**1** Was weißt du über die Windenergie? Schreibe Stichworte in dein Heft.

Du überfliegst die Materialien.

**das Material überfliegen**

**2** Überfliege die Materialien 1 bis 5 auf den Seiten 8-10. Worum geht es jeweils? Schreibe zu jedem Material einen Satz in dein Heft.

**3** Welche der drei Grafiken passt nicht zum Thema **Windenergie**? Begründe deine Antwort in einem Satz.

*Die Grafik* _____

_____

*Material 1*
### Energie der Zukunft: Watt aus dem Meer – Frank Dohmen

**Die Energieversorgung in Deutschland steht vor einer entscheidenden Wende. In den nächsten Monaten und Jahren werden vor den Küsten große Offshore-Windparks[1] entstehen, mit denen gewaltige Mengen Ökostrom[2] produziert werden sollen.**

5  Es ist nass, kalt und unwirtlich an diesem Morgen im ostfriesischen Städtchen Emden. Die Nebelschwaden beginnen nur langsam aufzureißen. Das Schlimmste aber ist die Windstille. „Hoffentlich laufen sie überhaupt", sagt Projektleiter Wilfried Hube mit einem besorgten Blick. Dann zieht er die Gurte seiner Schwimmweste fest und klettert in den Hubschrauber. Im Tiefflug geht es
10  Richtung Küste, vorbei an den Inseln Juist und Borkum direkt auf die Nordsee. Dort, mitten im Meer, liegt das Ziel des kurzen Flugs: Alpha Ventus, der erste und bislang einzige deutsche Offshore-Windpark. Winzig klein zunächst zeichnen sich die Konturen am Horizont ab. Doch mit jedem Kilometer, den man sich nähert, werden die gigantischen Ausmaße des Projekts deutlicher.
15  Auf einer Fläche von etwa vier Quadratkilometern – das entspricht der Größe von ungefähr 500 Fußballfeldern – ragen insgesamt zwölf Windturbinen aus dem eisigen Wasser. Jede einzelne ist mit rund 150 Metern so hoch wie der Kölner Dom und mit 1000 Tonnen so schwer wie 25 voll beladene Sattelschlepper.
20  Als der Hubschrauber sich langsam auf die nahe gelegene Versorgungsplattform senkt, drehen sich die Rotoren[3] aller Anlagen langsam im aufgefrischten Wind. Hube wirkt erleichtert. Und das nicht nur, weil ein Offshore-Park ohne Wind immer auch einen trostlosen Eindruck bei Besuchern hinterlässt. Fast unbemerkt von der Öffentlichkeit hat der Projektleiter vor wenigen Tagen
25  mithilfe von Tauchertrupps die letzten Unterwasserkabel anschließen können.

Der Windpark Alpha Ventus in der deutschen Nordsee

---

1 der Offshore-Windpark: ein Windpark, der im Meer liegt (offshore: englisch für „vor der Küste"). Ein Windpark ist eine Ansammlung von Windenergieanlagen, d. h. von Windturbinen.
2 der Ökostrom: elektrische Energie, die auf umweltfreundliche Art und Weise gewonnen wird
3 der Rotor: der sich drehende Teil einer Maschine (hier: die Windflügel)

Seitdem fließt mit jeder Rotorenbewegung Strom aus der Nordsee Richtung
Festland – und das in gewaltigen Mengen. Mindestens 220 Gigawattstunden[4]
Energie wird Alpha Ventus Jahr für Jahr in das Stromnetz einspeisen. Das reicht
aus, um 50 000 Haushalte zu versorgen.

30 In den kommenden Monaten und Jahren sollen vor den deutschen und
europäischen Küsten weitere riesige Offshore-Anlagen entstehen und
enorme Mengen Strom in die Netze auf dem Festland einspeisen. Es herrscht
Goldgräberstimmung. „In der Branche wird der Offshore-Windmarkt als
der wesentliche Wachstumsbereich bei den erneuerbaren Energien in
35 unseren Regionen angesehen", sagt Frank Mastiaux, der beim Stromriesen E.on
für das Aufgabenfeld zuständig ist.

Auch die Politik schöpft Hoffnung. Mit den Offshore-Windparks scheint
die Vision von einer umweltschonenderen Energieversorgung mit
geringerer Abhängigkeit von Kohle, Gas und Öl endlich greifbar.

*Material 2*
**Strommix in Deutschland:**
Bruttostromerzeugung nach Energieträgern 2009

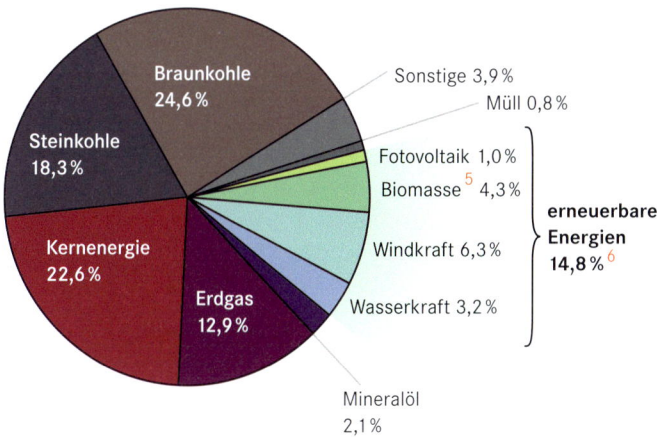

*Material 3*
**Prognose:**[7] Stromversorgung in Deutschland 2020
Gesamt 595 TWh[8]

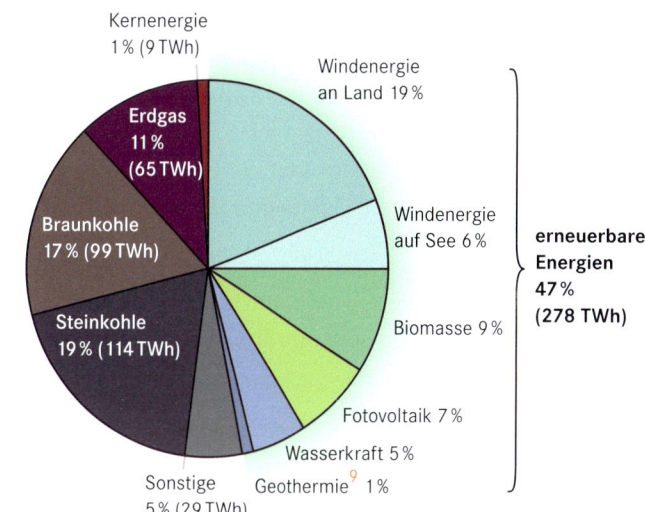

*Material 4*
**Moderne Solarkraftwerke:**
So funktioniert ein Parabolrinnenkraftwerk:

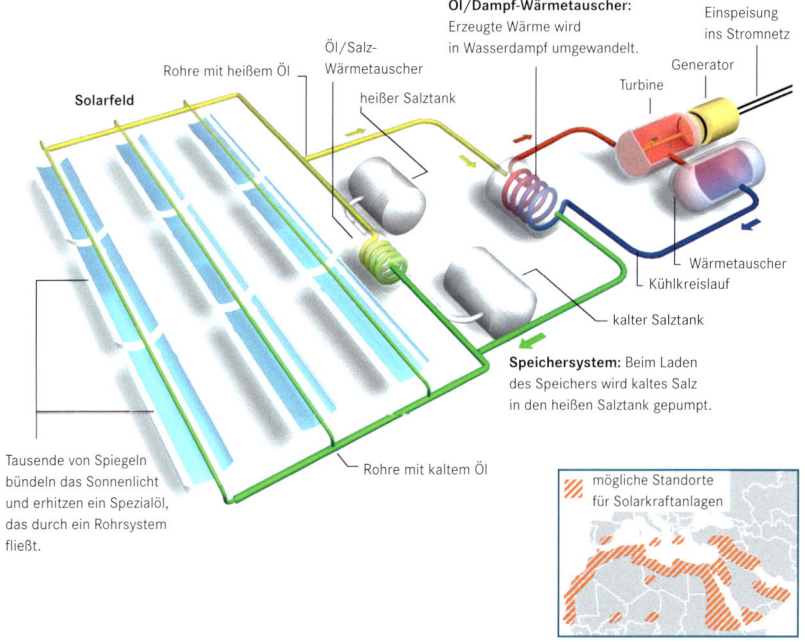

4 eine Gigawattstunde:
  1 Milliarde Wattstunden
5 die Biomasse: pflanzliche
  und tierische Produkte, die
  zur Energiegewinnung dienen,
  z. B. Holz oder Biogas
6 Für die erneuerbaren Energien
  wird oft auch ein Anteil von gut
  16 % angegeben. Dabei wird z. B.
  die Müllverbrennung mitgezählt.
7 die Prognose: die Voraussage
8 TWh: die Terawattstunde:
  1 Milliarde Kilowattstunden
  oder 1 Billion Wattstunden
9 die Geothermie: die in der Erde
  als Erdwärme gespeicherte
  Energie

*Material 5*

- Windenergieanlagen verändern Landschaftsbild
- kein Ausstoß von Schadstoffen ($CO_2$=Kohlendioxid, Stickoxide und Schwefeldioxid), anders als konventionelle Stromerzeugung in Kraftwerken
- Wind keine zuverlässige Energiequelle. Wind nicht immer am richtigen Ort in der richtigen Stärke
- Windenergie nicht speichern, vor Ort in elektrischen Strom umwandeln (transportfähig)
- keine andere Form der Energiegewinnung braucht so wenig Platz
- Windkraft billig, reichlich vorhanden, erneuerbar

### Dein Arbeitsauftrag

Schreibe für die Schülerzeitung einen informativen Text zum Thema „Windenergie" am Beispiel von Alpha Ventus. Stelle den Anteil der Windenergie am heutigen und am zukünftigen Energieverbrauch im Text dar.
– Verwende Informationen aus den Materialien von den Seiten 8 und 9.
– Erkläre in deinem Text schwierige Begriffe und Sachverhalte.
  Denke daran, dass auch Schüler der Klasse 5 die Schülerzeitung lesen.
– Nenne in deinem Text die Quellen der Informationen.
– Schreibe im Präsens und vermeide wörtliche Rede.

**4** **a.** Lies deinen Arbeitsauftrag.
   **b.** Was genau sollst du tun? Schreibe in dein Heft.

**Du liest die Materialien genau, bevor du den Arbeitsauftrag bearbeitest.**   beim genauen Lesen

**5** **a.** Lies die Texte und die Beschriftungen der Grafiken genau.
   **b.** Welche Wörter verstehst du nicht? Markiere sie.
   **c.** Erkläre die Wörter aus dem Textzusammenhang oder
      mithilfe eines Lexikons oder einer Suchmaschine.
      Schreibe die Bedeutungen in dein Heft.

**6** Schreibe zu den folgenden Wörtern Erklärungen auf die Linien.

offshore (Z. 3) *vor der Küste, auf offener See* _____

der Ökostrom (Z. 4) _____

die Rotoren (Z. 21) _____

die Gigawattstunde (Z. 27) _____

die Biomasse (Material 2) _____

die Prognose (Material 3) _____

die Geothermie (Material 3) _____

**7** Markiere im Text auf den Seiten 8 bis 9 Schlüsselwörter.

# Das Textverständnis überprüfen

Du überprüfst, ob du die Materialien genau gelesen und verstanden hast.

**1** Beantworte die Fragen in ganzen Sätzen.

A Wie heißt der erste deutsche Offshore-Windpark und wo liegt er?

_____

B Was soll an den deutschen und europäischen Küsten entstehen und wozu?

_____

_____

C Wer schöpft Hoffnung und warum?

_____

_____

**2** Ergänze wichtige Informationen in Zahlen zu Alpha Ventus.

Größe: _____     Anzahl der Turbinen: _____

Anzahl der mit der Energie versorgten Haushalte: _____

**3** Welche Energiequellen werden in den Materialien angegeben? Schreibe auf.

Erneuerbare Energien: _____

Nicht erneuerbare Energien: _____

**4** Kreuze die richtigen Aussagen an.

☐ a) Wind gibt es überall und zu jeder Zeit.
☐ b) Windenergie ist umweltfreundlich und erneuerbar.
☐ c) Die Erzeugung von Windenergie braucht weniger Platz am Boden
   als andere Formen der Energiegewinnung.
☐ d) Windenergieanlagen stoßen viele Schadstoffe aus.

**Die folgenden Aufgaben bearbeitest du in deinem Heft.**

**5** Beantworte die folgenden Fragen in ganzen Sätzen.

A Wie viel Prozent betrug der Anteil der erneuerbaren Energien an
   der Stromproduktion im Jahr 2009?
B Und wie groß war der Anteil der Windenergie an der Stromproduktion?
C Welchen Anteil soll die Windenergie an der Stromversorgung im Jahre 2020 betragen?
D Um was für eine Art von Grafik handelt es sich bei Material 2?
E Warum muss Windenergie vor Ort in Strom umgewandelt werden?

**6** Wie verändert sich der Anteil der erneuerbaren Energien von 2009 bis 2020?
Beschreibe die Steigerung des Prozentanteils in ganzen Sätzen.
Schreibe dazu, aus welchen Materialien du die Zahlenangaben hast.

**Z** **7** In **Material 1** findest du drei Größenvergleiche.
**a.** Markiere die Vergleiche und schreibe sie auf.
**b.** Wozu stehen diese Vergleiche im Text? Hätten die Zahlen nicht gereicht?
   Beantworte diese beiden Fragen in ganzen Sätzen.

# Den eigenen Text planen und schreiben

**Einen informativen Text schreiben**

– Sammle Informationen aus Sachtexten und Grafiken zu deinem Thema.
– Plane deinen Text. Gliedere dazu die Informationen in einer sinnvollen Reihenfolge. Verwende Fragen zum Gliedern der Informationen.
– Formuliere in der Einleitung das genaue Thema.
– Schreibe den Hauptteil sachlich und verständlich für deine Adressaten.
– Vermeide wörtliche Rede oder ersetze sie durch indirekte Rede.
– Gib die Quellen deiner Informationen an.
– Zum Schluss kannst du kurz deine eigene Meinung zum Thema äußern.

**Du planst deinen Text, indem du zum Beispiel Fragen aufschreibst.**

nach dem Lesen

**1** **a.** Stelle vier Fragen zum Thema, die dein Text beantworten soll.
  – Beachte dabei deinen Arbeitsauftrag auf Seite 10.
  – Die Wörter und Wortgruppen am Rand helfen dir.
**b.** Notiere zu jeder Frage Stichworte und Zahlen aus den Materialien 1 bis 5. Du kannst Schlüsselwörter aus dem Text verwenden.

> Windenergie,
> Alpha Ventus, heute,
> in Zukunft,
> Vorteile und Nachteile

**Frage 1:** _Was ist Windenergie?_

_erneuerbare Energie,_

**Frage 2:** _Was ist_

**Frage 3:**

**Frage 4:**

**Deinen Text schreibst du verständlich und nennst deine Quellen.**

Der Offshore-Windpark Alpha Ventus wird bei normalen Windbedingungen pro Jahr mindestens 220 Gigawattstunden Ökostrom für 50 000 Haushalte in das Stromnetz einspeisen.

**2** Der Satz über der Aufgabe enthält sehr viele Informationen.
  **a.** Welche vier Fachwörter könntest du in einzelnen Sätzen näher erklären? Markiere diese Fachwörter.
  **b.** Überarbeite den Satz. Schreibe mindestens vier Sätze in dein Heft. Erkläre in den Sätzen die markierten Fachwörter.

**3** Woher stammen die folgenden Informationen? Nenne am Rand die Materialien (die Quellen), in denen diese Aussagen stehen.

A Der Offshore-Windpark Alpha Ventus wird mindestens 220 Gigawattstunden Ökostrom pro Jahr produzieren.

B Windenergieanlagen stoßen kein Kohlendioxid aus.

C Der Anteil der Windenergie steigt voraussichtlich auf 25 %.

D Der Anteil der Windenergie lag nur bei 6,3 %.

A _Material 1_____

B _____

C _____

D _____

**4** Schreibe die Aussagen aus Aufgabe 3 neu in dein Heft. Nenne dabei die Quellenangaben mit den folgenden Satzanfängen.

> Aus … geht hervor, dass …
> Material … zeigt / beschreibt / erklärt / macht deutlich …

**Mithilfe deiner Fragen und Stichworte bearbeitest du deinen Arbeitsauftrag von Seite 10. Du schreibst in dein Heft.**

**5** **a.** Formuliere eine passende Überschrift.
  **b.** Schreibe eine Einleitung. Nenne darin das Thema.
     **Tipp:** Du kannst auch auf die Aktualität des Themas hinweisen.

**6** Schreibe den Hauptteil.
  – Beantworte jede Frage von Seite 12 in einem neuen Absatz.
  – Nenne die Quellen für deine Informationen.

> **Beispiel für eine Quellenangabe:**
> Material 1, Text: „Energie der Zukunft: Watt aus dem Meer" von Frank Dohmen.
> In: Doppel-Klick, Differenzierende Ausgabe, Das Arbeitsheft Plus – 8, Cornelsen Verlag,
> Berlin 2011, Seite 8–9.
> Material 2, Kreisdiagramm: „Strommix in Deutschland". Ebenda, Seite 9.

**7** Fasse in einem Schlusssatz wichtige Informationen zusammen.

**8** Überprüfe deinen Text mithilfe der Checkliste.

| Checkliste: Einen informativen Text schreiben | ja | nein |
| --- | --- | --- |
| Habe ich ausreichend viele wichtige Informationen gesammelt? | ☐ | ☐ |
| Habe ich die Informationen in einer sinnvollen Reihenfolge gegliedert? | ☐ | ☐ |
| Habe ich sachlich geschrieben? | ☐ | ☐ |
| Habe ich in der Einleitung das Thema meines Textes genannt? | ☐ | ☐ |
| Habe ich in Einleitung und Hauptteil jede persönliche Meinung vermieden? | ☐ | ☐ |
| Habe ich die wörtliche Rede vermieden? | ☐ | ☐ |
| Sind alle meine Zahlenangaben richtig? | ☐ | ☐ |
| Habe ich zum Schluss wichtige Informationen zusammengefasst? | ☐ | ☐ |

# Einen informativen Text überarbeiten

Du überarbeitest einen Text zum Thema **Windenergie**.

### Die Windenergie – unsere Chance für die Zukunft

Die Entwicklung der Windenergie geht ganz schön fix voran. Darüber und über einiges mehr informiert der Text. Ich denke, für den Ausbau der erneuerbaren Energien können wir auch mit einem veränderten Landschaftsbild leben. Windenergie ist – das weiß doch jeder, was das ist, oder? Das ist das mit
5 der erneuerbaren Energie und so weiter.
Aus dem Text von Frank geht hervor, dass die Produktion von Windenergie immer weiter ausgebaut wird. So wurde in der Nordsee gerade der erste deutsche Offshore-Windpark fertiggestellt, nämlich Alpha Ventus. Weitere Windparks an den Küsten Europas sollen folgen.
10 Die Ausmaße des Offshore-Windparks waren riesig: Auf einer Fläche von etwa vier Quadratkilometern standen neun Windturbinen. Aber am beeindruckendsten ist, dass der Windpark 50 000 Menschen mit Strom versorgen kann – natürlich nur, wenn der Wind bläst. Aber das tut er auf See sowieso die ganze Zeit. „In der Branche wird der Offshore-Windmarkt als der wesentliche Wachstums-
15 bereich bei den erneuerbaren Energien in unseren Regionen angesehen", sagt ein Unternehmen.
Der Ökostrom verdrängt so langsam die Brennstoffe Kohle, Öl und Wasser. Das ist gut für die Umwelt, denn die schädlichen Abgase der Kraftwerke wie Kohlendioxid, Stickoxide und Schwefeldioxid gelangten immer weniger
20 in die Luft. Der Anteil der Windkraft soll von 0,6 % im Jahr 2007 auf 25 % im Jahr 2020 steigen. Das belegen zwei Grafiken.
Die Windenergie hat aber auch Nachteile. So verändern die Windanlagen zum Beispiel das Landschaftsbild.

**1** **a.** Finde in der Einleitung eine persönliche Wertung. Kreise sie ein.
    **b.** Zeichne mit einem Pfeil am Rand ein, wo diese Wertung stehen sollte.

**2** Markiere in der Einleitung alle ungeeigneten Formulierungen.

**3** Welche Angaben zum Text von den Seiten 8 und 9 sind unvollständig?
Ergänze die fehlenden Informationen auf den Linien am Rand.

**4** **a.** Markiere falsche Zahlenangaben im Text.
    **b.** Schreibe die richtigen Angaben auf die Linien am Rand.

**5** **a.** Markiere drei weitere Angaben, die sachlich falsch sind.
    **b.** Schreibe die richtigen Angaben auf die Linien am Rand.

**6** **a.** Streiche drei falsche Zeitformen im Text durch.
    **b.** Schreibe dafür die passenden Präsensformen auf die Linien am Rand.

**7** Markiere die wörtliche Rede im Text.

**8** Prüfe, aus welchen Grafiken die Zahlenangaben stammen.

**9** **a.** Schreibe den Text überarbeitet in dein Heft.
    – Beschreibe in der Einleitung, worüber dein Text informiert.
    – Wandle die wörtliche Rede in indirekte Rede um.
       Gib dabei auch genau an, wer diese Aussage macht.
    – Ergänze die Angaben zu den Grafiken. Zitiere dabei ihre Überschriften.
    **b.** Überprüfe deinen Text mithilfe der Checkliste von Seite 13.

Achtung: Fehler!

*sind*

# ☑ Weiterführendes: Eine Grafik erstellen

**Strommix in Deutschland 2009**

| | |
|---|---|
| Braunkohle 24,6 % | Mineralölprodukte 2,1 % |
| Steinkohle 18,3 % | erneuerbare Energien 14,8 % |
| Kernenergie 22,6 % | Müll 0,8 % |
| Erdgas 12,9 % | sonstige Energieträger 39,0 % |

**1** a. Lies das Zahlenmaterial oben.

b. Beantworte die folgenden Fragen zu dem Zahlenmaterial in ganzen Sätzen. Schreibe in dein Heft.

A Bei welchem Energieträger ist der Prozentwert durch einen Kommafehler viel zu hoch? Wie lautet die Zahl vermutlich richtig?

B Wie viel Prozent betrug der Anteil **nicht** erneuerbarer Energien im Jahr 2009?

**2** Gestalte in der Vorlage unten ein Balkendiagramm mit den richtigen Zahlen.
– Ergänze die Prozentangaben unter der Grafik.
– Trage die Energieträger am linken Rand ein.
– Zeichne die Balken mit Bleistift und Lineal oder Geodreieck.
– Fülle die Balken in verschiedenen Farben aus.
  **Tipp:** Verwende möglichst Farben, die zu den Energieträgern passen.

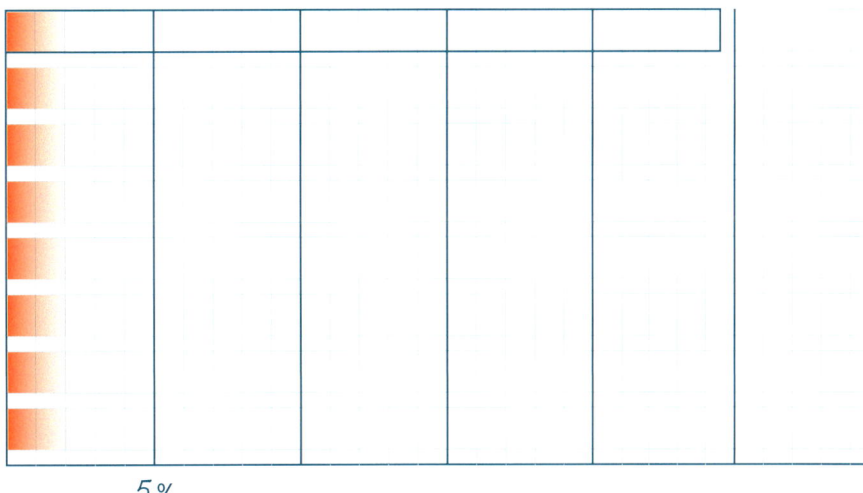

Energieträger  **Strommix in Deutschland (2009)**

Braunkohle

5 %

Anteil in Prozent

**☑ 3** Schreibe zu deiner Grafik einen informierenden Text.
– Berücksichtige dabei die Arbeitstechnik auf Seite 12.
– Achte auf abwechslungsreiche Satzanfänge.

**☑ 4** Wie sieht der Strommix in Deutschland heute aus?
Recherchiere die aktuellen Zahlen im Internet.

**☑ Wähle zu Aufgabe 4 eine der folgenden zwei Aufgaben aus.**

**5** Zeichne ein Balkendiagramm mit den aktuellen Zahlen.

**6** Zeichne mit Zirkel und Geodreieck ein Kreisdiagramm.
Die Winkelmaße erhältst du, wenn du die Prozentwerte mit 3,6
multiplizierst. Zum Beispiel entsprechen 25 % einem Kreiswinkel von 90°.

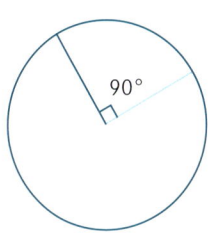

**Dein Arbeitsauftrag**

Schreibe einen informierenden Text zum Thema „Solarenergie" für die Schülerzeitung. Berücksichtige dabei besonders das marokkanische Solarkraftwerk Beni Mathar.
– Verwende für deinen Text die Materialien von Seite 16.
– Sammle zuerst Stichworte in deinem Heft.
– Schreibe den Text im Präsens und vermeide wörtliche Rede.

**1** **a.** Lies die Materialien auf Seite 16 und 17.
**b.** Wovon handeln die Materialien? Notiere Stichworte im Heft.
**c.** Schreibe zu jedem Material einen Satz in dein Heft.

/6 Punk

*Material 1*
## Marokko startet das Projekt Wüstenstrom – Daniel Wetzel

*Material 2*

Bereits am frühen Morgen zeigt das Thermometer 34 Grad Celsius. Nour Eddine Fetian lenkt den Jeep der staatlichen Elektrizitätsgesellschaft ONE hinter der Grenzstadt Oujda auf die N 17 Richtung Süden. Die schnurgerade Piste verliert sich am Horizont in gleißendem Licht. Auf beiden Seiten geht der Blick

5 in die endlose Leere des marokkanisch-algerischen Grenzlandes.
Das Geschäft des Projektmanagers dreht sich um die Energie von morgen und deren Quelle kommt nach einer Stunde Fahrt in Sicht: eine gleißende, 40 Hektar große Fläche aufgereihter Parabolspiegel[1] inmitten der Wüste – Beni Mathar, das modernste Solarkraftwerk der Welt. Fetian drosselt den Motor. Das Außen-

10 thermometer des Wagens zeigt jetzt 42 Grad.
Ain Beni Mathar – der Name der solaren Pilotanlage[2] ist selbst unter Energie-experten noch weitgehend unbekannt. Doch er könnte einmal in die Geschichte der europäischen Energiewirtschaft eingehen. Denn Beni Mathar steht nicht nur für den Beginn der marokkanischen Solarrevolution. Die Anlage ist Startpunkt

15 für eines der größten staatlichen Sonnenenergieprogramme der Welt, das schon bald zur Energieversorgung Europas beitragen könnte.
Aus den 40 Hektar des Solarfeldes sollen nach dem Willen König Mohammeds VI. innerhalb der nächsten zehn Jahre 10 000 Hektar Solarfläche werden, die sich auf fünf Standorte in ganz Marokko verteilen.

20 Was in der hiesigen Pilotanlage mit einer Leistung von 20 Megawatt getestet wird, will Mohammed bis zum Jahr 2020 auf mindestens 2000 Megawatt verhundertfachen – und damit so viel installierte Leistung bereitstellen wie zwei Atomkraftwerke.
Weitere 2000 Megawatt sollen Windkraftparks an der stürmischen Atlantikküste

25 Marokkos bringen – wegen der vorherrschenden Passatwinde einer der besten Windkraftstandorte. Neun Milliarden Dollar will die Regierung in Rabat allein für ihr Solarprojekt mobilisieren.
Die Kabel nach Europa liegen bereits: Zwei Leitungen durch die Meerenge von Gibraltar mit einer Kapazität von 1400 Megawatt verknüpfen Marokko mit

30 dem europäischen Verbundnetz. Der Import nordafrikanischer Solarenergie nach Europa rückt damit früher als erwartet in greifbare Nähe.

---

[1] der Parabolspiegel: eine Art Schüssel zur Erzeugung von Solarenergie. Ein Parabolspiegel sammelt das Sonnenlicht in einem Brennpunkt und erreicht dort sehr hohe Temperaturen.
[2] die Pilotanlage: eine Versuchsanlage, in der neue Erfindungen erprobt und verbessert werden

*Vorteile und Nachteile solarthermischer Kraftwerke:*
- *Sonnenlicht wird mit Parabolspiegeln auf eine horizontale Glasröhre konzentriert, in der Öl erhitzt wird. Über einen Wärmetauscher erzeugt das Öl Wasserdampf, der eine Turbine zur Stromgewinnung antreibt.*
- *$CO_2$-freie Art der Stromerzeugung*
- *Ein Teil der produzierten Wärme kann gespeichert und auch nach Sonnenuntergang zur Stromproduktion verwendet werden – ein Vorteil gegenüber der Fotovoltaik.*
- *Sonneneinstrahlung in Nord- und Mitteleuropa für diese Technik nicht intensiv genug*
- *neue Leitungsnetze erforderlich*
- *verwendete Wärmespeicher aus Salz komplett zerstört, falls sie zu stark abkühlen*

**2** Vergleiche die geplante Größe und die produzierte Energie der Solarkraftwerke in Marokko für die Jahre 2010 und 2020. Schreibe zwei Sätze auf.

/2 Punkte

**3** Wie wird der Strom von Marokko nach Europa transportiert? Beantworte die Frage in einem ganzen Satz.

/2 Punkte

**4** Erkläre folgende zwei Begriffe in eigenen Worten. Schreibe in dein Heft.
Parabolspiegel, Pilotanlage

/4 Punkte

**5** Was sind die Vorteile und Nachteile solarthermischer Kraftwerke? Beschreibe je drei Vorteile und Nachteile in ganzen Sätzen in deinem Heft.

/6 Punkte

**6** Welches Material der Seiten 8 bis 10 passt zu dem Thema „Wüstenstrom"? Begründe deine Antwort in einem Satz. Schreibe in dein Heft.

/2 Punkte

**7** **a.** Schreibe drei Fragen auf, die dein Text beantworten soll.
**b.** Schreibe zu jeder deiner Fragen vier Stichworte oder Zahlen auf.

/3 Punkte

/12 Punkte

| Fragen | Stichworte |
|--------|------------|
|        |            |
|        |            |
|        |            |

**8** Bearbeite deinen Arbeitsauftrag. Schreibe in dein Heft.
- Verwende deine Ergebnisse aus den Aufgaben 1 bis 7.
- Beantworte in deinem Text deine Fragen aus Aufgabe 7.
- Beginne für jede Antwort auf eine Frage einen neuen Absatz.
- Nenne deine Quellen.
- Überprüfe dein Ergebnis mit der Checkliste von Seite 13.

/33 Punkte

Gesamtpunktzahl:

/70 Punkte

# Bewerbungen und Berichte schreiben

## Ein Bewerbungsschreiben verfassen

Das Bewerbungsschreiben von Jakob muss überarbeitet werden.

Jakob Müller
Bahnhofstraße 25
56789 Musterhausen
Tel.: 0 91 01/12 13 14

Firma
Malerarbeiten-KG
Parkstraße 43
56789 Musterhausen

Musterhausen,

**Achtung: Fehler!**

Hallo,

mit diesem Schreiben möchte ich mich für ein Betriebspraktikum in Ihrer
Firma bewerben.
Ich habe in den letzten Ferien zusammen mit meinem Vater unser Haus
5  renoviert und Spaß am Tapezieren bekommen. Aus diesem Grund möchte ich
den Job des Malers und Lackierers näher kennen lernen.
Zurzeit besuche ich die 8. Klasse der Mustertaler Gesamtschule, die ich
voraussichtlich nach der 10. Klasse mit dem Realschulabschluss endlich hinter
mir haben werde.
10  Meinen Lebenslauf habe ich diesem Schreiben beigefügt.
Ich würde mich über eine Absage nicht freuen.

Ciao

*Jakob Müller*

**1** Überprüfe das Bewerbungsschreiben.
  **a.** Lies das Bewerbungsschreiben und die Arbeitstechnik.
  **b.** Welche Formulierungen oder Wörter sind ungeeignet? Markiere sie.
  **c.** Welche Angaben fehlen in dem Bewerbungsschreiben?
    Schreibe sie an den passenden Stellen am Rand auf.

**Arbeitstechnik**

**Ein Bewerbungsschreiben verfassen**
– Verfasse das Bewerbungsschreiben als **Brief**. Beachte dabei die
  Arbeitstechnik „Einen offiziellen Brief schreiben".
– Gib im **Betreff** an, worum es in deinem Brief geht (z. B. „Bewerbung um
  eine Praktikumsstelle"). Die Betreffzeile steht über der Anrede und wie
  eine Überschrift ohne Punkt am Ende.
– Beginne den **Hauptteil** des Schreibens mit einem Bewerbungssatz
  (z. B.: „hiermit bewerbe ich mich bei Ihnen um ...").
– Nenne in wenigen Sätzen den **Zeitraum** des Praktikums, deinen
  voraussichtlichen **Schulabschluss** und die **Gründe für dein Interesse**
  an diesem Beruf und an dieser Praktikumsstelle.
– Führe am Ende des Briefes nach der Unterschrift alle **Anlagen** zu dem
  Brief auf (Anlagen sind z. B. Zeugnisse oder ein Lebenslauf).

➤ Die Arbeitstechnik
„Einen offiziellen Brief schreiben"
findest du in der hinteren Klappe.

**Du machst dir bewusst, wer das Bewerbungsschreiben zuerst liest.**

**2** **a.** Beantworte folgende Fragen zum Empfänger des Bewerbungsschreibens.
Schreibe deine Vermutungen in ganzen Sätzen in dein Heft.
– Wie viele Briefe bekommt eine Firma mit 15 Angestellten jeden Tag?
– Wer sortiert diese Briefe und wie viel Zeit hat die Person dafür?

**b.** Welche Angabe hilft dem Empfänger, den Brief schnell und richtig
einzusortieren? Schreibe auf die Linie.

_____

**Die Malerarbeiten-KG erhält Briefe mit unterschiedlichen Inhalten.**

Frau Meier schreibt der Firma, dass ihre Tür in der falschen Farbe gestrichen
wurde. Raffaela würde auch gerne bei dieser Firma ein Praktikum machen.
Der Großhändler „Farben-GmbH" hat das Geld für die Rechnung 87511 noch
nicht erhalten. Zwölf Leiterhersteller bieten die benötigten neuen Sicherheitsleitern an. Das Restaurant „Regenbogen" bestätigt die Buchung eines Tisches
für 20 Personen für die Betriebsfeier. Eine Hausverwaltung beauftragt die Firma,
die Fassade eines Hauses zu streichen.

**3** Schreibe für die im Text genannten Briefe geeignete Betreffzeilen auf.
Verwende dafür die Wortgruppen vom Rand.

„Farben-GmbH": _Mahnung zur Rechnung 87511_____

Raffaela: _____

Restaurant: _____

Hausverwaltung: _____

Zwölf Leiterhersteller: _____

Frau Meier: _____

~~Mahnung zur~~ ...,
Auftrag für ...,
Bewerbung um ...,
Bestätigung des/der ...,
Angebote über ...,
Reklamation des/der ...

**Du überarbeitest Jakobs Bewerbungsschreiben.**

**4** Schreibe eine geeignete Anrede und einen geeigneten Gruß für Jakobs
Bewerbungsschreiben auf.

Anrede: _____

Gruß: _____

**5** Jakob fügt seinem Bewerbungsschreiben einen Lebenslauf bei.
**a.** Welches Wort weist auf beigefügte Seiten zu einem Brief hin? Notiere es.

_____

**b.** Wo im Brief steht dieser Hinweis auf einen beigefügten Lebenslauf?

_____

**6** **a.** Überarbeite das Bewerbungsschreiben und schreibe es auf.
Verwende dazu deine Ergebnisse zu den Aufgaben 1 bis 5.
Schreibe handschriftlich und besonders ordentlich auf ein Blatt Papier.
**b.** Schreibe Jakobs Bewerbungsschreiben mit dem Computer.
Kontrolliere Grammatik, Satzbau, Rechtschreibung und die äußere Form.
**c.** Überprüfe deine Ergebnisse mit der Checkliste auf Seite 20.

**Du verfasst ein eigenes Bewerbungsschreiben für eine Praktikumsstelle.**

**7** Welcher Beruf interessiert dich? Wo möchtest du ein Praktikum machen?
  **a.** Schreibe deinen Praktikumswunsch auf.

  _____

  **b.** Warum interessierst du dich für diesen Beruf?
     Begründe dein Interesse in ein bis zwei Sätzen.

  _____

  _____

  _____

  _____

  **c.** Bist du für diesen Beruf durch deine Fähigkeiten besonders geeignet?
     Beschreibe deine besonderen Fähigkeiten in einem Satz.

  _____

  _____

  _____

**8** Begründe dein Interesse an dieser Praktikumsstelle in einem Satz.

  _____

  _____

**9** Denke dir Namen und Adresse deiner Praktikumsstelle aus.
  Du kannst die Adresse eines dir bekannten Betriebes verwenden.

  _____

  _____

**10** **a.** Schreibe dein Bewerbungsschreiben um eine Praktikumsstelle auf.
     – Verwende deine Ergebnisse aus den Aufgaben 7 bis 9.
     – Verwende deine Adresse und das heutige Datum.
     – Schreibe auf einen sauberen Bogen Papier.
  **b.** Schreibe dein Bewerbungsschreiben mit dem Computer.

**11** Überprüfe dein Bewerbungsschreiben mit der folgenden Checkliste.

| Checkliste: Ein Bewerbungsschreiben verfassen | ja | nein |
| --- | --- | --- |
| Habe ich die Adressen von **Absender** und **Empfänger** genannt? | ☐ | ☐ |
| Habe ich **Ort**, aktuelles **Datum** und **Anrede** verwendet? | ☐ | ☐ |
| Habe ich im **Betreff** mein Anliegen kurz genannt? | ☐ | ☐ |
| Habe ich im Hauptteil den **Zweck des Anschreibens** genannt? | ☐ | ☐ |
| Habe ich **den Zeitraum** des Praktikums genannt? | ☐ | ☐ |
| Habe ich Angaben zur **Schule** und zur **Klasse** gemacht? | ☐ | ☐ |
| Habe ich **Gründe** für mein Interesse an dem Beruf genannt? | ☐ | ☐ |
| Habe ich meine **besonderen Fähigkeiten** für den Beruf angeführt? | ☐ | ☐ |
| Habe ich mein **Interesse** an dieser **Praktikumsstelle begründet**? | ☐ | ☐ |
| Endet mein Brief mit der **Grußformel** und meiner **Unterschrift**? | ☐ | ☐ |
| Habe ich auf die vorgesehenen **Anlagen** hingewiesen? | ☐ | ☐ |

# Einen Lebenslauf schreiben

Dem Bewerbungsschreiben fügst du als Anlage deinen Lebenslauf bei.

**1** Welche Angaben sollte ein Lebenslauf enthalten?
- **a.** Kreuze vierzehn notwendige Angaben an.
- **b.** Markiere acht Angaben, die zusätzlich sinnvoll sein können.
- **c.** Streiche alle unnötigen Angaben.

| | | |
|---|---|---|
| ☒ Name | ☐ Name der Schule | ☐ Anschrift |
| ☐ Vorname | ☐ Telefonnummer | ☐ Unterschrift |
| ☐ Hobbys | ☐ Geschwister | ☐ E-Mail-Adresse |
| ☐ Haustiere | ☐ Staatsangehörigkeit | ☐ Sprachkenntnisse |
| ☐ Geburtsdatum | ☐ Schultyp | ☐ Zeiten der Schulausbildung |
| ☐ Schulort | ☐ Krankheiten | ☐ Namen der Eltern |
| ☐ Lieblingsfächer | ☐ Geburtsort | ☐ (voraussichtlicher) |
| ☐ Ort und Datum | ☐ Berufe der Eltern | Schulabschluss |
| ☐ Familienstand | | |

**Lebenslauf**

**Persönliche Daten**

.

.

**Schulbildung**

.

.

**Besondere Kenntnisse und Interessen**

.

.

(Ort und Datum)

(Unterschrift)

**2** Ordne 22 richtige Angaben aus Aufgabe 1 in einer sinnvollen Reihenfolge.
- Lege dazu einen tabellarischen Lebenslauf nach dem Muster vom Rand an.
- Verwende dabei auch die drei Überschriften aus dem Muster.

**Tipp:** Lege das Muster für den Lebenslauf möglichst am Computer an.

**3** Verfasse mit den folgenden Angaben einen tabellarischen Lebenslauf.
- **a.** Streiche zuerst alle unnötigen Angaben.
- **b.** Schreibe den Lebenslauf auf ein Blatt Papier oder mit dem Computer.

Marina Heinemann, geboren am 18.04.1996 in Neustadt, wird wohl im Jahre
2012 die Gesamtschule Neustadt mit dem erweiterten Hauptschulabschluss
beenden. Vorher ging sie von 2002 bis 2006 auf die Grundschule Neustadt.
Marina hat zwei kleine Geschwister, die Paul und Saskia heißen. Ihre Eltern
5 heißen Sven und Stefanie Heinemann, aber sie sind seit vier Jahren geschieden
und die Kinder leben bei der Mutter und ihrem Freund Salim. Salim hat auch
zwei Kinder, die Kader und Miray heißen. Marinas Lieblingsfächer sind Deutsch,
Sport und Erdkunde. Sie wohnen in der Heinestraße 12 in 34567 Neustadt.
Die Telefonnummer lautet 1 23 45 67 und Marina hat die E-Mail-Adresse
10 Marheineke@abcdefg.de. Marinas Hobbys sind Turnen und Lesen. In Englisch
hat sie fortgeschrittene Kenntnisse und mit Kader und Miray hat sie arabische
Grundkenntnisse erworben. Marina hat die deutsche Staatsangehörigkeit.

**4** Verfasse deinen eigenen Lebenslauf für ein Bewerbungsschreiben.
- **a.** Schreibe den Lebenslauf handschriftlich oder mit dem Computer. Verwende dazu dein Muster aus Aufgabe 2.
- **b.** Kontrolliere deinen Lebenslauf genau und überarbeite ihn, wenn nötig.
- **c.** Bringe auf deinem fehlerfreien Lebenslauf ein Foto an.

**Z** Wenn ein Betrieb oder eine Firma dies erwartet, musst du einen ausführlichen Lebenslauf handschriftlich schreiben.

**5** **a.** Schreibe deinen ausführlichen Lebenslauf handschriftlich. Lasse die Überschriften aus dem tabellarischen Lebenslauf weg. Mache stattdessen sinnvolle Absätze und schreibe in ganzen Sätzen.
- **b.** Kontrolliere deinen Lebenslauf genau und überarbeite ihn, wenn nötig.

# Einen Tagesbericht schreiben

Am ersten Praktikumstag hat Jakob sich in der Pause und
nach der Arbeit Notizen für seinen Tagesbericht gemacht.

Tagesbericht: Praktikum Maler und Lackierer
9:00 Uhr: jetzt 20 Minuten Pause
7:00 Uhr: im Betrieb - Material und Zeug ins Auto,
halbe Stunde später: Ausladen beim Kunden,
5  nach 10 Minuten: Folie ins Zimmer, Tapetenlöser
anrühren (Tapetenlöser, Eimer, Rührstock, Folie,
Kreppband, Tapeziertisch)
8:00 Uhr: alte Tapete von der Wand (Pinsel, Spachtel)
12:30 Uhr: Mittagspause - für mich schon Feierabend
10  nach der Frühstückspause: alte Tapete in Müllbeutel -
ins Auto
halbe Stunde später: Tapeziermaschine aufbauen, Kleber
anrühren, beim Tapezieren helfen (Kleistereimer, Tapetenroller,
Pinsel)
15  10 Minuten vor meinem Feierabend: Zeug ins Auto
Jakob Müller, Klasse 8b

**1** Welche Materialien, Werkzeuge und Geräte siehst du auf dem Bild?
   **a.** Markiere ihre Namen in den Notizen.
   **b.** Welche Materialien, Werkzeuge und Geräte fehlen in den Notizen?
      Markiere nur die passenden Bezeichnungen im folgenden Wortschatz.

> die Kleisterbürste, die Bohrmaschine, die Tapezierschere, der Kochlöffel,
> die Maurerkelle, das Tapeziermesser, der Müllbeutel, die Rohrzange

**2** Ordne die Informationen aus den Notizen und dem Bild in eine Tabelle ein.
   – Schreibe in die linke Spalte die jeweilige Uhrzeit im Tagesverlauf.
   – Beschreibe in der zweiten Spalte die Tätigkeit.
     Verwende dabei geeignete Verben im Präteritum.
   – Liste in der dritten Spalte alle benötigten Materialien und Werkzeuge auf.

| | | Starthilfe |
| Uhrzeit | Tätigkeit | Materialien, Werkzeuge und Geräte |
| --- | --- | --- |
| 7:00 | Im Betrieb luden wir die Werkzeuge und Materialien ins Auto ein. | Tapeziermaschine, … |
| 7:30 | … | … |
| … | … | … |

**3** Erkläre in Stichworten, wozu die Materialien und Werkzeuge benötigt werden.

Tapezierschere: _____

Müllbeutel: _____

Folie: _____

**Einen Tagesbericht schreibst du sachlich und ohne Wertungen.**

**4** **a.** Einer der folgenden Sätze ist nicht glaubwürdig. Streiche den Satz.
   **b.** Die übrigen drei Sätze enthalten wertende Aussagen, die in einem Bericht nicht stehen dürfen. Streiche alle wertenden Wörter und Wortgruppen.

Der dicke Geselle war sehr nett und erklärte mir die verschiedenen Abläufe.
Das anstrengende und langweilige Tapezieren dauerte über zwei Stunden.
Ich durfte am ersten Tag nur verschiedene unwichtige Arbeiten erledigen.
An diesem ersten Tag habe ich alles über den Beruf des Malers erfahren.

**Die Sätze im Bericht sollen verständlich und abwechslungsreich sein.**

**5** Formuliere die folgenden Sätze abwechslungsreicher. Schreibe in dein Heft.
Verwende dazu geeignete Satzanfänge, Adjektive und Adverbien.
Verändere auch die Satzstellung und verwende Satzgefüge.

mehr zu Satzgefügen ➤ S. 76–78

Ich half beim Einladen.
Ich half beim Ausladen.
Ich half beim Hochtragen.
Ich half beim Vorbereiten.
Ich legte das Zimmer mit Folie und Kreppband aus.
Ich rührte den Tapetenkleister an.
Ich reichte dem Gesellen die bestrichene Tapete an.
Ich half beim Zusammenräumen der Werkzeuge.

**6** **a.** Schreibe Jakobs Tagesbericht in der Ich-Form in dein Heft.
   – Lies dazu die Arbeitstechnik „Einen Bericht schreiben".
   – Nutze deine Tabelle aus Aufgabe 2 auf Seite 22.
   – Nenne alle verwendeten Materialien, Werkzeuge und Geräte.
   – Erkläre die Verwendung eines Werkzeugs genauer.
   – Schreibe abwechslungsreich und in ganzen Sätzen.
   **b.** Schreibe den Tagesbericht am Computer.

> **Starthilfe**
>
> Jakob Mesimeris, Klasse 8 b
>
> Tagesbericht zum Praktikum
> als …
>
> …

> **Arbeitstechnik**
>
> **Einen Bericht schreiben**
> Ein Bericht soll **genau** und **sachlich** geschrieben sein. Er soll **knapp**, **einfach** und **klar** sein. Er wird im Präteritum geschrieben.
> In einem Bericht werden **W-Fragen** beantwortet:
> – **Was** ist passiert?          – **Wie** kam es dazu?
> – **Wo** passierte es?          – **Was** ist die Folge?
> – **Wann** passierte es?          – **Was** geschah der Reihe nach?
> – **Wer** war beteiligt?
> Manchmal müssen auch **weitere W-Fragen** beantwortet werden, z. B. **wie** etwas gemacht wurde.

**7** **a.** Verfasse eine Checkliste für den Tagesbericht mit acht Punkten.
   **b.** Überprüfe und korrigiere den Tagesbericht mithilfe deiner Checkliste.

> **Starthilfe**
>
> | **Checkliste: Einen Tagesbericht schreiben** | ja | nein |
> | --- | --- | --- |
> | Habe ich alle Materialien, Werkzeuge und Geräte genannt? | ☐ | ☐ |
> | Habe ich genau und … | ☐ | ☐ |
> | … | | |

# Das kann ich! – Bewerbungen schreiben

## Dein Arbeitsauftrag

Überarbeite Nicoles Bewerbung für eine Praktikumsstelle im Friseursalon.
– Verfasse dafür ein neues Bewerbungsschreiben.
  Beachte dabei alle Anforderungen an einen offiziellen Brief.
  Weise darin an geeigneter Stelle auf den beigefügten Lebenslauf hin.
– Schreibe einen tabellarischen Lebenslauf für Nicole.

**1** Was verlangt der Arbeitsauftrag von dir?
Beschreibe die Anforderungen in eigenen Worten.

/2 Punkt

**2** **a.** Lies Nicoles Bewerbungsschreiben.
**b.** Welche Angaben gehören in ein Bewerbungsschreiben? Markiere sie.
**c.** Welche Angaben gehören in einen Lebenslauf? Unterstreiche sie.
  **Tipp:** Einige Angaben gehören in beide Schreiben.

/4 Punkt
/4 Punkt

Nicole Arnold
Querallee 23
45678 Neustadt
Tel.: 06543/210987

Neustadt, 04.05.2011

An die
Fixe Schere
Neustadt

*Achtung: Fehler!*

Hallo, Leute,

mit diesem Schreiben möchte ich mich für ein Schulpraktikum in Ihrem
Friseursalon in der Arndtstraße 5 in 45678 Neustadt in der Zeit vom
01.10.–20.10. dieses Jahres bewerben. Mein Name ist Nicole Arnold und ich
5  bin am 12.02.1997 in Schwalmstadt/Treysa geboren. Ich gehe zurzeit in
Neustadt/Hessen zur Schule. Dort besuche ich die 8. Klasse des Realschul-
zweiges der Martin-von-Tours-Schule. Ich werde die Schule voraussichtlich
im Sommer in zwei, drei Jahren mit dem Realschulabschluss verlassen.
Meine Lieblingsfächer sind Deutsch, Erdkunde und Kunst. Ich habe mit
10  viel Spaß und Freude meinen Freundinnen die Haare gewaschen und geföhnt,
deshalb möchte ich mehr über den Beruf einer Friseurin erfahren.
Meine Hobbys sind Lesen, Sport und Frisieren.
Meine Bewerbungsunterlagen habe ich diesem Schreiben beigefügt.
Ich würde mich über eine Zusage sehr freuen.

15  Mit freundlichen Grüßen

**3** Der Lebenslauf gehört nicht in das Bewerbungsschreiben.
Welche formalen Fehler gibt es außerdem in Nicoles Bewerbungsschreiben?
Schreibe mindestens fünf Fehler in Stichworten auf.

/5 Punkt

**4** Bearbeite den Arbeitsauftrag handschriftlich (oder mit dem Computer)
auf sauberen Blättern.
Schreibe das Bewerbungsschreiben und den Lebenslauf.

/25 Punkt
/25 Punkt

Gesamtpunktzahl:

/65 Punkt

# Das kann ich! – Berichte schreiben

## Dein Arbeitsauftrag

Überarbeite Ayses Tagesbericht über ihre Tätigkeit in einem Kaufhaus.
- Halte dich dabei an die Arbeitstechnik „Einen Bericht schreiben".
- Verwende das heutige Datum.

*Achtung: Fehler!*

Ayse Schmidt, Klasse 8 b

**Tagesbericht zum Praktikum**

Mein Praktikumstag fängt um 8:00 Uhr an. Ich muss im Kaufhaus die Regale
überprüfen und, wenn nötig, auffüllen. Da ich noch sehr müde bin, fällt mir
das schwer. Ich muss um 8:30 Uhr fertig sein, da um diese Zeit das Kaufhaus
öffnet. Von 8:30 bis 12:00 Uhr bin ich in der Damenabteilung eingesetzt. Ich
5  helfe an der Kasse, die gekaufte Ware in Tüten zu legen. Ich packe auch
Waren als Geschenk ein. Dann berate ich zusammen mit einer Verkäuferin
die Kunden. Dann muss ich die anprobierten Kleidungsstücke wieder
zu den dafür vorgesehenen Kleiderständern bringen. Ich sortiere nach
den verschiedenen Größen. Ich helfe, neue Ware am Lieferanteneingang
10 auszuladen. Ich trage diese Ware ins Lager und bringe Preisschilder an.
Ich sortiere die neuen Kleidungsstücke auf die Kleiderständer. Ich helfe
wieder beim Einpacken an der Kasse. Mir tun vom vielen Stehen die Füße weh.
Endlich, um 12:30 Uhr, habe ich Feierabend und darf nach Hause gehen.
Jetzt lege ich mich erst einmal hin und mache einen Mittagsschlaf.

**1** Welchen formalen Fehler macht Ayse in allen Sätzen ihres Berichts?
Beschreibe diesen Fehler in einem Satz.

_____

_____

                                                                    ☐ /2 Punkte

**2** Überprüfe Ayses Bericht mit den folgenden Checkfragen:        ☐ /4 Punkte

                                                          ja    nein

- Gibt es abwechslungsreiche Satzanfänge?                 ☐     ☐
- Wird über das Geschehen in der richtigen Reihenfolge berichtet?  ☐  ☐
- Wird auf die Wiedergabe persönlicher Meinung verzichtet?  ☐  ☐
- Wird die Beschreibung des Tagesablaufs mit Zeitangaben gegliedert?  ☐  ☐

**3** a. Markiere Satzanfänge mit zeitlichen Angaben, die sich wiederholen.   ☐ /2 Punkte
   b. Schreibe fünf unterschiedliche Satzanfänge mit zeitlichen Angaben auf.  ☐ /5 Punkte

_____

_____

**4** Markiere andere Wiederholungen am Satzanfang.                 ☐ /7 Punkte

**5** Bearbeite den Arbeitsauftrag. Schreibe den Tagesbericht handschriftlich   ☐ /25 Punkte
auf ein sauberes Blatt (oder mit dem Computer).

Gesamtpunktzahl:                                                    ☐ /45 Punkte

# Stellung nehmen

Zu dem Thema des Textes nimmst du in einem Brief Stellung.

**1** Lies den Text mithilfe des Textknackers.

➤ Die Arbeitstechnik „Der Textknacker" findest du in der vorderen Klappe.

### Besen statt Mathebuch und Geodreieck

In einigen Schulen müssen die Schülerinnen und Schüler ihre Klassenräume neuerdings selbst fegen. Damit die Städte und Gemeinden Geld sparen, kommen die Putzkräfte statt an fünf beispielsweise nur noch an zwei Tagen in der Woche. An den übrigen Tagen bekommen die Schüler Besen und Schaufel
5 in die Hand gedrückt. Auch die Mülleimer sollen sie selbst leeren.
Viele Eltern sind empört, denn ihrer Meinung nach sollten die Schüler ihre Zeit lieber zum Lernen nutzen als zum Putzen. Beispielsweise sei es doch viel sinnvoller, in den Freistunden Vokabeln zu wiederholen, als den Fußboden zu wischen. Als Erziehungsmaßnahme sei das Tafelwischen ja noch zu verstehen,
10 aber nicht um Geld zu sparen. In der Folge würden auch einige Reinigungskräfte ihre Arbeit verlieren. Hubert K. vom Landeselternausschuss wehrt sich ebenfalls gegen die Maßnahme: „Kinder sind nun einmal verpflichtet, die Schule zu besuchen. Dann müssen die Städte und Gemeinden auch für die Sauberkeit in den Schulen sorgen. Man verlangt ja zum Beispiel auch nicht von einem Finanz-
15 beamten, dass er nach Dienstschluss sein Büro putzt. Schüler sind nur billiger als die Reinigungskräfte und können sich nicht wehren." Auch einige Schulleiter protestieren gegen diese Maßnahme, denn sie müssten Lehrer verpflichten, die Schülerinnen und Schüler beim Putzen zu beaufsichtigen.
Andere Eltern und Lehrkräfte können diese Aufregung nicht verstehen.
20 Margarete K., Lehrerin an einer Schule in Hildesheim, meint: „Es geht auch darum, Verantwortung für den Klassenraum zu übernehmen, ihn in einen angenehmen Ort zu verwandeln. Wenn ein Schüler den Raum selbst gefegt hat, wirft er beispielsweise danach nicht so schnell sein Papier oder anderen Müll auf den Boden. Alle Schüler gehen sorgsamer mit dem um, was sie selbst gestaltet
25 und gereinigt haben. Außerdem leistet so ein Reinigungsdienst einen wichtigen Beitrag zum sozialen Lernen, zum Beispiel, indem die Schüler andere von unnötigen Verschmutzungen abhalten."
Auch manche Schüler verstehen die Empörung gegen diese Schülerdienste nicht. Paul T. von der Albert-Schweitzer-Schule erklärt: „In unserer Schulordnung ist
30 seit Jahren festgelegt, dass wir zahlreiche Schülerdienste versehen müssen. Neben dem Ordnungs- und Reinigungsdienst in und vor dem Klassenraum sind wir für die Sauberkeit auf dem Hof und die Ordnung in der Mensa verantwortlich. Das dauert nicht besonders lange und hält wirklich niemanden vom Lernen ab. Den Hof- und Mensadienst zum Beispiel muss jede Klasse nur eine Woche
35 lang im Schulhalbjahr übernehmen. Wenn man den Dienst allerdings nicht sorgfältig versieht, kann das einen negativen Einfluss auf die Bewertung im Bereich ‚Zuverlässigkeit und Sorgfalt' haben." Und sein Mitschüler Kerim S. erklärt: „Unsere Klassenräume sind viel sauberer, seit wir uns selbst darum kümmern. Früher lag zum Beispiel oft schon nach der zweiten Stunde der Boden
40 voller Papierkugeln oder Brotpapier. Jetzt passen wir gemeinsam auf, dass niemand die Räume unnötig verschmutzt, oder fegen nach der Stunde kurz durch. Ich finde das prima, denn es stärkt die Klassengemeinschaft."

**2** Zu welchem Thema wird im Text argumentiert? Beschreibe es in einem Satz.

Auf der nächsten Schulkonferenz wird der Vorschlag zur Einführung eines Schülerreinigungsdienstes an deiner Schule diskutiert. Bist du für oder gegen den Dienst? Schreibe eine Stellungnahme in Form eines Briefes.
– Entscheide dich für einen Standpunkt.
– Begründe deinen Standpunkt mit mindestens drei Argumenten.
– Veranschauliche jedes Argument mit einem Beispiel.
– Entkräfte ein Gegenargument.
– Adressiere den Brief an die Schulkonferenz deiner Schule.

**3** **a.** Lies deinen Arbeitsauftrag genau.
**b.** Schreibe in ganzen Sätzen auf, was du tun sollst. Schreibe in dein Heft.

➤ Die Arbeitstechnik „Eine Stellungnahme schreiben" findest du in der hinteren Klappe.

**In dem Text findest du Pro- und Kontra-Argumente.**

**4** **a.** Ordne die Argumente im Text nach **Pro** und **Kontra**.
– Markiere Pro-Argumente (für den Dienst) grün.
– Markiere Kontra-Argumente (gegen den Dienst) rot.
**b.** Schreibe jeweils drei Argumente für **Pro** und für **Kontra** in dein Heft.

Starthilfe

| Pro | Kontra |
| --- | --- |
| Ein Schülerreinigungsdienst ist sinnvoll, … <br> 1) … weil die Städte und Gemeinden Geld sparen. <br> 2) … | Ein Schülerreinigungsdienst ist nicht gut, … <br> 1) … weil man in der Schule die Zeit zum Lernen braucht. <br> 2) … |

**Mit Beispielen kannst du die Argumente veranschaulichen.**

**Merkwissen**

> Einen **Standpunkt** kann man mit **Argumenten** begründen.
> Mit **Beispielen** kann man die Argumente veranschaulichen, z. B.:
> Sauberkeit in der Schule ist wichtig, damit sich alle wohlfühlen.
> Standpunkt        Argument
>
> Zum Beispiel sitzt niemand gerne stundenlang an einem schmutzigen Tisch.
> Beispiel

**5** Unterstreiche das Beispiel im folgenden Satz.

Damit die Städte und Gemeinden Geld sparen, kommen die Putzkräfte statt an fünf nur noch an zwei Tagen in der Woche in die Schule.

**6** **a.** Unterstreiche im Text vier Beispiele mit denen Argumente veranschaulicht werden.
**b.** Finde je ein eigenes Beispiel zu einem Pro- und einem Kontra-Argument.
**c.** Schreibe alle Beispiele zusammen mit den Argumenten in dein Heft. Nutze deine Ergebnisse aus Aufgabe 4.

**Starthilfe**

> Ein Schülerreinigungsdienst ist sinnvoll, weil die Städte und Gemeinden Geld sparen. Unsere Schule spart zum Beispiel an drei Tagen das Geld für den Reinigungsdienst. …

# In einem Brief Stellung nehmen

In deinem Heft bereitest du nun die Stellungnahme vor.
Deine Stellungnahme besteht aus Einleitung, Hauptteil und Schluss.

**1** Nenne in der Einleitung das Thema deiner Stellungnahme.

**2** Schreibe den Hauptteil deiner Stellungnahme.
– Nenne zuerst deinen Standpunkt.
– Begründe deinen Standpunkt mit mindestens drei Argumenten.
– Führe dein stärkstes Argument zuletzt an.
– Veranschauliche deine Argumente durch Beispiele.
– Verwende geeignete Satzanfänge. Vorschläge findest du am Rand.

> Zum einen …
> Zum anderen …
> Ein weiteres Argument …
> Außerdem …
> Zum Beispiel …
> Beispielsweise …
> Das sieht man daran, dass …

**3** **a.** Wähle aus dem Text ein Argument der Gegenseite aus.
   Ergänze mit diesem Gegenargument den Satz unter der Aufgabe.
   **b.** Entkräfte dieses Argument in einem zweiten Satz.
   **c.** Ergänze mit dem Ergebnis deinen Hauptteil.

Man könnte zwar einwenden, dass _____

_____

_____ .

Aber _____

_____

_____ .

**4** Fasse zum Schluss deinen Standpunkt noch einmal in ein bis zwei Sätzen zusammen.

**Deine Stellungnahme richtest du in einem Brief an die Schulkonferenz.**

**5** Schreibe die Anrede und den ersten Satz deines Briefes auf.
Nenne darin den Anlass für deinen Brief.

*Liebe Teilnehmerinnen und Teilnehmer der Schulkonferenz,*

*ich habe erfahren, dass auf der nächsten Schulkonferenz darüber*

_____

_____

_____

**6** Schreibe deine Stellungnahme auf einen Briefbogen.
– Beachte die Arbeitstechnik „Einen offiziellen Brief schreiben".
– Verwende den Namen und die Anschrift deiner Schule als Empfänger.
– Gliedere den Brief in Einleitung, Hauptteil und Schluss.
  Verwende dabei deine Ergebnisse zu den Aufgaben 1 bis 5.

➤ Die Arbeitstechnik „Einen offiziellen Brief schreiben" findest du in der hinteren Klappe.

**7** Überarbeite deinen Brief mit der Checkliste von Seite 29.

# Eine Stellungnahme (Brief) überarbeiten

Ina aus der Klasse 8a ist für einen Schülerreinigungsdienst
an ihrer Schule. Du überarbeitest Inas Brief an die Schulkonferenz.

Es fehlen:

_____

_____

_____

_____

Ina Huber
Klasse 8a der Gesamtschule Meerbusch
Hauptstr. 21
40667 Meerbusch

Hey, Leute,

ich finde den Schülerreinigungsdienst super. Wenn dann alle bei der Putzerei
mitmachen, kann man sich in dem Laden endlich wieder wohlfühlen. Dann
liegen auch nicht mehr ständig Essensreste rum. Dann kann die Schulkonfi
das gesparte Geld für wichtigere Dinge nehmen. Man kann zwar einwenden,
dass die Schüler und Schülerinnen die Zeit besser zum Lernen nutzen sollten.
Aber dann hätten wenigstens alle eine gute Ausrede, wenn sie die Hausaufgaben nicht gemacht haben.

*Ina*

**1** Welche Bestandteile eines offiziellen Briefes fehlen?
Schreibe sie auf die Linien neben dem Brief.

**2** **a.** Markiere im Brief die Argumente für den Schülerreinigungsdienst rot.
**b.** Unterstreiche das Gegenargument.

**Bearbeite die folgenden Aufgaben in deinem Heft oder auf einem Blatt.**

**3** **a.** Überarbeite die Sprache und die Argumente in dem Brief.
  – Verwende keine Umgangssprache.
  – Ergänze zu einem Argument ein Beispiel.
  – Entkräfte das Gegenargument mit einer geeigneten Begründung.
**b.** Ergänze ein eigenes Argument für den Schülerreinigungsdienst.

> **Starthilfe**
>
> Man kann zwar einwenden,
> dass ... Aber ...

**4** **a.** Überarbeite den Brief vollständig. Schreibe auf einen Briefbogen.
Ergänze alle fehlenden Bestandteile eines offiziellen Briefes.
**b.** Überprüfe dein Ergebnis mit der folgenden Checkliste.

| Checkliste: In einem Brief Stellung nehmen | ja | nein |
| --- | --- | --- |
| Habe ich die Adressen von **Absender** und **Empfänger** genannt? | ☐ | ☐ |
| Habe ich **Ort**, **Datum** und **Anrede** verwendet? | ☐ | ☐ |
| Habe ich einen **Betreff** eingefügt? | ☐ | ☐ |
| Habe ich im ersten Satz **den Grund** oder **den Anlass** des Briefes genannt? | ☐ | ☐ |
| Habe ich das **Thema** genannt und meinen **Standpunkt** geäußert? | ☐ | ☐ |
| Habe ich mindestens **drei Argumente** angeführt? | ☐ | ☐ |
| Habe ich die Argumente mit **Beispielen** veranschaulicht? | ☐ | ☐ |
| Steht mein **wichtigstes Argument** am **Schluss**? | ☐ | ☐ |
| Habe ich am Ende meinen **Standpunkt** zusammengefasst? | ☐ | ☐ |
| Endet mein Brief mit der **Grußformel** und meiner **Unterschrift**? | ☐ | ☐ |
| Habe ich die **Rechtschreibung** überprüft? | ☐ | ☐ |

## Dein Arbeitsauftrag

An deiner Schule wird über die Einführung einer Toilettengebühr diskutiert.
Bist du für oder gegen die Einführung einer Toilettengebühr?
Schreibe eine Stellungnahme in Form eines Briefes.
– Entscheide dich für einen Standpunkt.
– Begründe deinen Standpunkt mit mindestens drei Argumenten.
– Veranschauliche deine Argumente mit Beispielen.
– Entkräfte ein Gegenargument.
– Nutze für deine Stellungnahme den Sachtext auf dieser Seite.
– Adressiere deinen Brief an die Schülervertretung deiner Schule.

**1** Lies den Text mithilfe des Textknackers.

> ➤ Die Arbeitstechnik „Der Textknacker" findest du in der vorderen Klappe.

### Es stinkt zum Himmel – mit Gebühren für mehr Sauberkeit

Auf dem Boden liegt aufgeweichtes Klopapier, die Toiletten sind verstopft, Seife und Handtücher gibt es nicht, die Wände sind bekritzelt – dieses Beispiel ist kein Einzelfall. An vielen Schulen wird die Sauberkeit auf den Toiletten als
5  mangelhaft bewertet. Deshalb haben jetzt einige Schulen eine Toilettengebühr erhoben und dafür eine Toilettenkraft eingestellt. Die Frau oder der Mann passt auf, dass die Toiletten sauber bleiben, dass beispielsweise die Wände nicht beschmiert werden oder dass auf den WCs nicht geraucht wird. Dafür müssen die Schüler nun – je nach Schule – 10 oder 20 Cent für die Benutzung
10  der Toiletten zahlen. Andere Schulen verlangen einen Euro pro Monat für die Benutzung der „Edeltoiletten". Wenn Schüler diesen Betrag nicht zahlen möchten oder können, gibt es noch andere WCs in der Schule – sie sind zwar unrenoviert, aber dafür kostenlos.
Die Leiterin der Bertolt-Brecht-Schule begründet die Einführung der Gebühr
15  wie folgt: „In Zeiten von Schweinegrippe und anderen Infektionskrankheiten befürchten viele, dass die Schultoiletten zur Ursache von Krankheiten werden. Das kann man nur durch mehr Hygiene vermeiden. Außerdem haben sich viele Eltern beklagt, weil sich ihre Kinder vor den schmutzigen Schultoiletten geekelt haben. Manche Kinder zum Beispiel haben morgens nichts getrunken,
20  damit sie in der Schule ja nicht zur Toilette mussten. Das ist jetzt anders."
Viele Schulleiter sind daher froh über die neue Regelung. Auch Volker W. von der Max-Liebermann-Schule rechtfertigt die kostenpflichtigen Toiletten:
„Die Toilettengebühr ist so gering, dass sie sich alle Schüler leisten können. Für einen Euro pro Monat zum Beispiel müssen die Schüler nur auf ein Päckchen
25  Kaugummi verzichten. Das ist ja wohl nicht zu viel verlangt." Aber die Regelung findet nicht nur Zustimmung. Horst W. von der GEW (Gewerkschaft Bildung und Wissenschaft) protestiert: „Die Kinder lernen damit, dass alles übers Geld geregelt wird. Wer nicht zahlen kann, geht auf die kostenlose schmutzige Toilette." Und Elternvertreterin A. Demmer meint: „Die Kinder unter-
30  liegen der Schulpflicht und haben daher ein Recht auf kostenlose Toiletten, die in Ordnung sind. Kein Mensch käme zum Beispiel auf die Idee, im Finanzamt eine Toilettengebühr abzukassieren." Thomas W., Schüler einer Schule mit Toilettengebühr, erklärt: „Ich würde die Gebühr ja zahlen, wenn die Toiletten zwischen den Pausen gereinigt würden. Aber unsere Toilettenfrau zum Beispiel
35  bewacht nur die WCs, damit niemand Unsinn macht." Sein Mitschüler Ahmet meint: „Die Gebühr ist keine gute Lösung. Man könnte auch einfach für mehr Sauberkeit werben, zum Beispiel mit Plakaten."

**2** Zu welchem Thema wird im Text auf Seite 30 argumentiert?
Beschreibe dieses Thema in einem Satz. Schreibe in dein Heft.

**3** **a.** Markiere im Text drei Pro-Argumente (für die Toilettengebühr) grün.

　　**b.** Markiere drei Kontra-Argumente (gegen die Toilettengebühr) rot.

**4** Bist du für oder gegen die Einführung der Toilettengebühr an deiner Schule?
Schreibe deinen Standpunkt in einem Satz auf.

_____

_____

**5** **a.** Schreibe drei geeignete Argumente für deinen Standpunkt in dein Heft.
　　　Schreibe in Stichworten.

　　**b.** Ergänze ein weiteres Argument aus deiner eigenen Erfahrung.

**6** Schreibe zu drei Argumenten in deinem Heft je ein Beispiel auf.
Du kannst Beispiele aus dem Text oder aus deiner Erfahrung verwenden.

**7** **a.** Wähle aus dem Text ein Argument der Gegenseite aus, das du entkräftest.

　　**b.** Erkläre in zwei Sätzen, warum dieses Argument nicht wichtig oder
　　　zu vernachlässigen ist. Schreibe in dein Heft.

**Mithilfe deiner Ergebnisse bearbeitest du den Arbeitsauftrag.**

**8** **a.** Lies den Arbeitsauftrag auf Seite 30 genau, bevor du anfängst zu arbeiten.

　　**b.** Bearbeite den Arbeitsauftrag.
　　　– Beachte die Bestandteile eines offiziellen Briefs.
　　　– Adressiere den Brief an die Schülervertretung deiner Schule.

**Du überarbeitest Alessandros Brief an die Schülervertretung.**

Alessandro Battaglini
Klasse 8 b der Gesamtschule Hamm
Lindenstr. 15
59071 Hamm

Hallihallo,

ich bin gegen eine fette Toilettengebühr. Richtig bäh sind unsere Toiletten
gar nicht. Ein Gegenargument ist, dass die Toiletten dann sauberer wären.
Aber man kann auch zu Hause vor der Schule auf die Toilette gehen.

*Alessandro*

*Achtung: Fehler!*

**9** Überprüfe den Brief mithilfe der Checkliste von Seite 29.
Schreibe in dein Heft, welche vier Angaben fehlen.

**10** **a.** Markiere in dem Brief die Argumente rot.

　　**b.** Überarbeite die Argumente in deinem Heft.

　　　– Verwende keine Umgangssprache.
　　　– Ergänze zwei eigene Argumente mit Beispielen.
　　　– Entkräfte das Gegenargument mit einer passenden Begründung.

**11** Schreibe den vollständigen Brief auf einen Briefbogen.

Gesamtpunktzahl:

# Zu Prosatexten schreiben

Zu der Kurzgeschichte schreibst du eine Inhaltsangabe, erkennst
Merkmale von Kurzgeschichten und schreibst einen inneren Monolog.

dein Arbeitsauftrag zu
der Erzählung ► S. 34

**1** **a.** Lies den Text mithilfe der Schritte 1 und 2 des Textknackers.
**b.** Schreibe in dein Heft, worum es in der Kurzgeschichte geht.

► Die Arbeitstechnik
„Der Textknacker für literarische
Texte" findest du in der vorderen
Klappe.

### Schüleraustausch – Annette Weber

„Attention! Ici Sens, gare du nord!"
Dumpf tönte die Stimme aus dem Lautsprecher. „Sens! Wir sind da! Endlich!"
Stefan und Sandra umarmten einander. Sie zerrten ihre Reisetaschen aus
den Gepäcknetzen und stiegen mit den anderen aus. „Sandra, guck mal.

5 Unsere Partnerklasse!" Stefan, der schon im Jahr zuvor in Frankreich gewesen
war, umarmte einen nach dem anderen. Dagegen kam sich Sandra zwischen
diesem französisch sprechenden Gewusel ziemlich hilflos vor. Hektisch kramte
sie den Zettel hervor, auf dem der Name ihrer Austauschschülerin stand.
Stefan legte seinen Arm um ihre Schulter. „Keine Panik!"

10 „Wenn ich wenigstens was verstehen würde!"
„Lernst du alles. Und wenn nicht, bin ich ja auch noch da." Er lächelte. Sofort
war Sandras Aufregung verschwunden.
„Wenn ich dich nicht hätte!" Sie küsste Stefan sanft auf die Wange.
„Bei wem sollst du untergebracht werden?" Stefan lugte auf ihren Zettel.

15 „Chantal Deneuve, 15 rue Bonaparte. Hört sich gut an." Er sah sich neugierig um
und pfiff anerkennend durch die Zähne. „Sind ja tolle Frauen dabei. Guck mal,
die mit den schwarzen Haaren! Oder die da hinten. Wow! Echt super! So habe ich
mir Französinnen immer vorgestellt."
Sehr taktvoll fand Sandra die Kommentare nicht. Sie war schließlich auch noch

20 da. Und so übel sah sie auch nicht aus.
In diesem Moment rannte die schwarzhaarige Französin durch die Schüler-
gruppe. „Alla! Allo! Isch bin Chantal Deneuve!", schrie sie und fuchtelte mit
den Armen temperamentvoll in der Luft herum.
Der Name ließ Sandra aufhorchen. Sie starrte auf ihren Zettel. „Mensch, Stefan!",

25 rief sie, „das ist ja meine …!"
Weiter kam sie nicht. Denn Stefan hatte ihr plötzlich den Zettel aus der Hand
gerissen und ihr seinen zwischen die Finger gesteckt. „Chantal Deneuve, wer ist
das?", schrie er laut. „Chantal Deneuve, ich soll zu Chantal Deneuve!"
Die Französin rannte auf ihn zu, legte ihre schmalen Hände auf seine Schultern

30 und küsste ihn auf beide Wangen. Stefan lachte über sein ganzes Gesicht. Sandra
stand wie angewurzelt auf dem Bahnsteig und starrte die beiden an. Jetzt kam
Stefan zu ihr zurück, um seine Reisetasche zu holen.
„Guck doch nicht so sauer!", versuchte er zu beschwichtigen. Er nahm seine
Tasche. „Wir sehen uns in den nächsten Tagen."

35 Sandra hielt ihn am T-Shirt fest. „Stefan? Was soll das?" Vor Angst bekam sie
kaum noch Luft.
Stefan schob sie zur Seite. „Weißt du", er setzte ein überlegenes Gesicht auf,
„unsere Beziehung ist sowieso zu eng. Wir sollten uns ein bisschen mehr an
den Franzosen orientieren. Offene Beziehungen sind hier total in!"

40 Er riss sich los und verdrückte sich schnell.
Sandra hätte sich in den Hintern treten können, weil sie nicht den Mut fand, ihm
hier auf dem Bahnsteig in diesem verdammten, kleinen französischen Kaff den
Hals umzudrehen. Jetzt war es zu spät. Stefan verschwand mit dieser schwarz-
haarigen Französin Richtung Ausgang.

45 „Allo!" Jemand tippte ihr auf die Schulter. Sandra drehte sich um und sah
einen Wuschelkopf vor sich stehen.
„Bonjour", sagte der Wuschelkopf. „Je suis Jean-Pascal Lebrun. Tu as mon
adresse!"
Sandra starrte den Zettel an. Sie wusste nicht, was sie sagen sollte.
50 „Verstehst du nischt? Isch bin also dein Austauschschüler! Komm mit. Meine
Eltern warten auf dir!" Willenlos ging Sandra mit.

„ ... wurde im Jahre 1258 erbaut. Der typische Gotikbau ist besonders an der
spitzen Formgebung zu erkennen." Die Stimme des Reiseleiters dröhnte durch
die Kathedrale. Sandra bemühte sich zuzuhören. Doch immer wieder ging ihr
55 Blick zu Stefan hinüber. Er stand neben Chantal und sah andächtig an dem
bunten Kirchenfenster hoch. Und so ganz nebenbei berührte er dabei Chantals
Arm. Die sah ihn an und für einen Augenblick begegneten sich ihre Augen. Dann
lächelte Stefan und schaute wieder zum Kirchenfenster hoch.
Sandras Magen zog sich zusammen. Sie war dem Weinen nahe. Genauso hatte
60 es Stefan damals bei ihr gemacht, als sie sich kennen lernten. Diese Blicke. Diese
vorsichtigen Berührungen! Das war alles nur ein Spiel gewesen, bei dem die Part-
ner jederzeit ausgewechselt werden konnten. Jetzt also war Chantal an der
Reihe! Eine Träne lief Sandra über das Gesicht. Verärgert wischte sie sie mit dem
Ärmel ihres Sweatshirts fort. Sie war froh, als sie wieder im Freien waren. Ein fri-
65 scher Herbstwind wehte. Sandra atmete tief ein und aus. Ihr war klar: Stefan
konnte sie abhaken. Schrecklich daran war nur, dass es so wehtat.
„Mir reicht's jetzt!", flüsterte ihr plötzlich Jean-Pascal ins Ohr. „Isch langweile
misch fürchterbar!"
„Furchtbar!", verbesserte Sandra und musste lächeln. „Ich mich auch."
70 „Weißt du was? Wir verdrücken uns, tu comprends? Isch zeige dir lieber
die Straßencafés von Sens."
„Keine schlechte Idee", musste Sandra zugeben. Und insgeheim war sie froh, dass
sie sich Stefans Anmache nicht länger anschauen musste.
An der nächsten Straßenecke ließen Jean-Pascal und Sandra die anderen an sich
75 vorbeiziehen, drehten sich dann um und flüchteten Richtung Innenstadt. In
der Fußgängerzone fanden sie ein kleines Café. Sandra ließ sich auf einen Stuhl
fallen. Jean-Pascal setzte sich neben sie. „Wie hat dir die Kirche gefallen?"
„Ganz gut." Sandra wunderte sich über die Frage.
„Du -ast überhaupt nischt zugehört, was der Reiseleiter erzählt -at."
80 „Wie kommst du darauf?" Sandra war echt empört. „Ich verstehe dich nicht!"
„Du verstehst très bon. Sehr gut." Er sagte das wieder mit diesem witzigen Akzent
und Sandra musste erneut lachen. „Bon. Isch -abe disch – wie sagt man –
beobachtet. Und du -ast immer nur zu diesem einen Typen geguckt. Und der -at
immer nur zu Chantal geguckt. Und da bist du ganz ganz traurig geworden."
85 Sandra schluckte. „Was geht dich das an?", fauchte sie.
„Gar nischts." Jean-Pascal rührte in seiner Tasse. „Ich will nur nischt, dass du
wegen Chantal traurig bist."
„Das bin ich wirklich", gab sie dann zu. „Weißt du, ich bin seit drei Wochen mit
Stefan zusammen und habe mich so furchtbar auf die Zeit mit ihm gefreut. Und
90 jetzt verliebt er sich in diese attraktive Chantal."
Jean-Pascal lächelte. „Du brauchst gar nischt eifersüchtig zu sein. Weil sie
nämlich jedem den Kopf verdreht. Warte ein bisschen. In drei Tagen ge-ört
Stefan wieder dir. Isch schwöre!"
„Bist du sicher?"
95 „Ganz sicher." Er überlegte eine Weile. „Isch -abe eine Idee", sagte er dann. „Wenn
Stefan morgen auf der Fete noch immer mit ihr zusammen ist, werde isch sie
ihm – wie sagt man? ... wegnehmen?"

Die Fete war schon im vollen Gang, als Sandra und Jean-Pascal in den Raum
kamen. Jean-Pascal hatte sich schick zurechtgemacht, mit schwarzem Hemd
100 und enger Jeans.
Stefan tanzte mit Chantal und schien dabei nur sie zu sehen. „Da sind sie",
flüsterte Sandra Jean-Pascal zu. „Meinst du, du schaffst es?"
Er sah auf seine Fußspitzen. Sandra musterte ihn verwundert. Es schien etwas
zu geben, das er ihr nicht sagen mochte. Dann gab er sich einen Ruck und ging
105 auf Chantal zu. Gut sah er aus, als er über die Tanzfläche ging. Einen Moment
lang tat es Sandra leid, dass sie ihn gedrängt hatte.
Er verbeugte sich vor Stefan, sagte einige Worte zu ihm, wandte sich dann
Chantal zu und tanzte mit ihr. Chantal lächelte ihn an und für einen Moment
spürte Sandra einen Stich in der Magengegend. Stefan verließ mit wütendem
110 Gesicht die Tanzfläche und ging nach draußen. Sandra überlegte, ihm nachzulaufen, doch wenn sie ehrlich war, hatte sie keine Lust dazu. Lieber setzte sie
sich auf einen Stuhl und beobachtete die Tanzenden.
Chantal schmiegte sich eng an Jean-Pascal. Der dagegen hatte immer noch
dieses unglückliche Gesicht. Als der Tanz beendet war, riss er sich plötzlich los
115 und lief aus dem Raum. Sandra rannte ihm nach. Erst auf dem Hof der Disko-
thek hatte sie ihn eingeholt. „Jean-Pascal!" Sie zupfte ihn am Ärmel.
Da drehte er sich zu ihr um und lächelte. „Du bist es", sagte er. „Und isch dachte,
du stehst -ier draußen mit diesem Typen und feierst Versöhnung."
„Aber nein. Ich habe noch gar nicht mit Stefan gesprochen. Aber was ist mit dir?"
120 Jean-Pascal sah zu Boden. „Isch kann nischt", sagte er leise. „Isch kann nischt mit
dieser doofen Kuh tanzen, weil isch immer an disch denken muss!"
Sandra wurde ganz warm. Er sah in ihr Gesicht. „Du -ast wunderschöne Augen",
sagte er leise. Da legte Sandra ihre Arme um seinen Hals und küsste ihn.
Drei Tage später traf sie Stefan in der Stadt.
125 „Lange nicht gesehen", sagte er. „Kommst du heute Abend ins Bistro?" Dabei
hatte er dieses weltmännische Gesicht.
„Tut mir leid", lächelte Sandra. „Ich habe heute ein Rendezvous."
„Was soll das denn heißen", fuhr Stefan sie an und sah plötzlich gar nicht mehr
cool aus. „Ich denke, du gehst mit mir!"
130 „Oh, klar", grinste Sandra. „Ich finde nur, dass unsere Beziehung in der letzten
Zeit etwas eng geworden ist. Wir sind hier in Frankreich, weißt du. Offene
Beziehungen sind hier mega-in."
Und dann ließ sie den verdutzten Stefan einfach stehen.

**Bevor du arbeitest, musst du deinen Arbeitsauftrag genau verstehen.**

### Dein Arbeitsauftrag

Untersuche die Kurzgeschichte „Schüleraustausch" von Annette Weber
mithilfe folgender Teilaufgaben:
– Schreibe eine Inhaltsangabe. Berücksichtige dabei die Erzählperspektive.
– Erkläre anhand des Textes fünf Merkmale von Kurzgeschichten.
  Belege deine Aussagen mit Textstellen oder Zitaten.
– **Zusatzaufgabe:** Lies die Zeilen 113– 115.
  Was fühlt und denkt Jean-Pascal? Verfasse einen inneren Monolog.

**2** **a.** Lies den Arbeitsauftrag genau und markiere die Aufforderungsverben.
  **b.** Schreibe auf, was genau du tun sollst.

# Eine Inhaltsangabe schreiben

## Die Handlungsbausteine helfen dir, den Inhalt zu erfassen.

➤ Die Handlungsbausteine findest du vorne auf der inneren Umschlagseite

**1** **a.** Stelle mithilfe der Handlungsbausteine fünf Fragen nach der Hauptfigur.
Schreibe die Fragen in dein Heft.

**b.** Prüfe im Text, für welche Person du alle Fragen beantworten kannst.

**c.** Welche Person ist die Hauptfigur? Kreuze an.

☐ Stefan    ☐ Sandra    ☐ Jean-Pascal    ☐ Chantal

**2** Wo spielt die Handlung? Markiere im Text alle Hinweise auf das Land.

**3** **a.** Lege in deinem Heft eine Tabelle zu den Handlungsbausteinen an.

**b.** Ergänze in der zweiten Spalte weitere Fragen zu den Handlungsbausteinen.

**c.** Beantworte deine Fragen in Stichworten in der dritten Spalte.
Gib die Zeilenangaben der entsprechenden Textstellen an.

| Handlungsbausteine | Fragen | Antworten/Stichworte |
|---|---|---|
| Hauptperson und Situation | Wer ist die Hauptperson? Wann und wo … | – … |
| Wunsch | … | … |
| … | | |

*Starthilfe*

## Du findest heraus, aus welcher Perspektive erzählt wird.

**Die Erzählperspektive**
Beim Erzählen unterscheidet man die **Er/Sie-Form** und die **Ich-Form**. Meist erkennt man diese Formen an den Personalpronomen im Text.

mehr zu Pronomen ➤ S. 66–96

**4** Untersuche die Erzählperspektive.

**a.** Lies die Information am Rand.

**b.** Untersuche den Text. Achte dabei auf Personalpronomen.

**c.** Schreibe auf, welche Erzählperspektive in „Schüleraustausch" vorliegt.

**d.** Belege deine Aussage mit einem Zitat aus dem Text.

_____

Beleg (Zitat): _____

_____

_____

## Mithilfe deiner Ergebnisse schreibst du die Inhaltsangabe.

➤ Die Arbeitstechnik „Eine Inhaltsangabe schreiben" findest du vorne auf der inneren Umschlagseite.

**5** **a.** Schreibe eine Inhaltsangabe zu der Kurzgeschichte in dein Heft.
– Beachte dabei deinen Arbeitsauftrag auf Seite 34.
– Beachte die Arbeitstechnik „Eine Inhaltsangabe schreiben".
– Verwende für die indirekte Rede den Konjunktiv I und – wenn nötig –
den Konjunktiv II oder die würde-Form.

**b.** Überarbeite dein Ergebnis mit der folgenden Checkliste.

mehr zum Konjunktiv und zur indirekten Rede
➤ S. 71–75

| Checkliste: Inhaltsangabe | ja | nein |
|---|---|---|
| Habe ich in der **Einleitung** Autor, Titel, Textsorte und Thema genannt? | ☐ | ☐ |
| Habe ich im **Hauptteil** die wichtigsten Ereignisse der Handlung mithilfe der Handlungsbausteine zusammengefasst? | ☐ | ☐ |
| Habe ich **wörtliche Rede** durch **indirekte Rede** oder eigene Worte ersetzt? | ☐ | ☐ |
| Habe ich im **Präsens** geschrieben? | ☐ | ☐ |

# Merkmale einer Kurzgeschichte

Du erkennst typische Merkmale einer Kurzgeschichte.

**1**  a. Lies noch einmal die zweite Teilaufgabe deines Arbeitsauftrags.

b. Lies das Merkwissen und notiere alle genannten Merkmale.

dein Arbeitsauftrag
zu der Kurzgeschichte
➤ S. 34

**Merkwissen**

> Eine **Kurzgeschichte** ist eine knappe, moderne Erzählung.
> Kurzgeschichten handeln meist von einem **kurzen Ausschnitt**
> aus einem **alltäglichen Geschehen**, das zu einem **entscheidenden**
> **Moment** im Leben einer oder mehrerer Figuren wird.
> Weitere Kennzeichen sind ein **unvermittelter Anfang** und
> ein **offenes Ende**, das viele Deutungsmöglichkeiten zulässt.

Du untersuchst den Anfang der Kurzgeschichte.

**Merkmal:**
unvermittelter Anfang

**2**  Roman, Ballade, Kurzgeschichte oder Märchen?

a. Lies die Textanfänge in der folgenden Tabelle.

b. Kreuze an, um was für einen Text es sich handelt.

| Anfänge von Texten | Roman | Ballade | Kurzgeschichte | Märchen |
|---|---|---|---|---|
| A Es war in der Zeit zwischen Neujahr und dem Dreikönigstag. Krabat, ein Junge von vierzehn Jahren damals, hatte sich mit zwei anderen … | ☐ | ☐ | ☐ | ☐ |
| B „Was möchtest du?", fragte der Vater. Daniela studierte die Karte und entschied sich für Riz colonial. … | ☐ | ☐ | ☐ | ☐ |
| C Es waren einmal ein Fischer und seine Frau, die wohnten zusammen in einer kleinen … | ☐ | ☐ | ☐ | ☐ |
| D Sie waren gezogen über das Meer, Nach Glück und Gold stand ihr Begehr, … | ☐ | ☐ | ☐ | ☐ |

**3**  a. Wie fängt die Kurzgeschichte an? Schreibe die ersten beiden Zeilen auf.

b. Welche Besonderheit hat diese Textstelle? Antworte in Stichworten.

Zeilen 1–2: _____

_____

Besonderheit: _____

Du untersuchst das Geschehen in der Kurzgeschichte.

**Merkmal:**
alltägliches Geschehen

**4**  Was ist in der Kurzgeschichte für dich ein „alltägliches Geschehen"?

a. Notiere das Geschehen in Stichworten.

b. Begründe, inwiefern dieses Geschehen alltäglich ist.

Geschehen: _____

_____

Begründung: _____

_____

## Du untersuchst den Zeitraum der Kurzgeschichte.

**5** Welchen Zeitraum beschreibt die Kurzgeschichte? Untersuche den Text.
**a.** Trage alle beschriebenen Zeitabschnitte in die Tabelle ein.
Ergänze für jeden Zeitabschnitt die Zeilenangabe.
**b.** Ergänze zweimal Zitate mit genauen Zeitangaben.

Merkmal:
kurzer Ausschnitt

| Zeitraum | Geschehen und Zeilenangaben |
|---|---|
| 1. Tag | *Ankunft und Begrüßung der deutschen Schülerinnen und Schüler in Sens (Z. 1–X)* |
| Tag X | |
| Tag X + _____ | Zitat: _____ |
| Tag X + _____ | Zitat: _____ |

## Du untersuchst den Wendepunkt in der Kurzgeschichte.

**6** Finde den Wendepunkt der Kurzgeschichte.
**a.** Lies noch einmal den letzten Teil auf Seite 34.
**b.** Markiere alle Stellen, an denen die Hauptfigur etwas Wichtiges sagt,
etwas Wichtiges denkt oder etwas Wichtiges tut.
**Tipp:** Achte auf Sätze, die mit dem Namen der Hauptfigur beginnen.

Merkmal:
entscheidender
Moment, Wendepunkt

**7** Welche Stelle ist der „entscheidende Moment" der Kurzgeschichte?
**a.** Beschreibe diesen Wendepunkt in eigenen Worten und ganzen Sätzen.
**b.** Nenne als Beleg passende Textstellen oder Zitate. Schreibe in dein Heft.

## Du untersuchst das Ende der Kurzgeschichte.

**8** Sind Stefan und Sandra am Ende der Kurzgeschichte noch zusammen?
**a.** Untersuche den letzten Absatz des Textes genau.
**b.** Inwiefern ist das Ende offen? Begründe deine Antwort in ganzen Sätzen
und mit einem Zitat.

Merkmal:
offenes Ende

_____

_____

_____

_____

_____

**9** Stelle deine Ergebnisse der Aufgaben 1 bis 8 in einer Übersicht zusammen.
Schreibe in dein Heft.

**Starthilfe**

| Merkmale | Begründung, warum das Merkmal zutrifft | Textstellen und/oder Zitat |
|---|---|---|
| unvermittelter Anfang | trifft zu, weil … | wörtliche Rede in Zeile 1 |
| … | … | … |

Kurzgeschichten handeln von alltäglichen Situationen und häufig wird Umgangssprache in ihnen verwendet.

**10**  **a.** Unterstreiche in der Kurzgeschichte Beispiele für Umgangssprache.
**b.** Schreibe die Beispiele mit Zeilenangaben auf.

*„Sandra, guck mal" (Zeile 4)* _____

_____

_____

_____

_____

**11** Erkläre fünf Merkmale von Kurzgeschichten. Schreibe in dein Heft.
- Beschreibe jedes Merkmal in einem eigenen Absatz.
- Belege deine Ausführung mit Textstellen oder Zitaten.
- Begründe, warum es sich bei dem Text um eine Kurzgeschichte handelt.
- Verwende abwechslungsreiche Satzanfänge und Satzgefüge.
- Vermeide Wortwiederholungen.

dein Arbeitsauftrag zu der Kurzgeschichte ➤ S. 34

**Z** **12** Welchen Witz enthält der vorletzte Satz der Geschichte?
Beschreibe diesen Witz und seine Wirkung auf Stefan in eigenen Worten.
**Tipp:** Vergleiche den Satz mit einer Stelle gegen Ende der ersten Textseite.

Du überarbeitest einen Text zu den Merkmalen der Kurzgeschichte.

*Achtung: Fehler!*

**Textstellen und Zitate**

_____

*Die Kurzgeschichte von Annette Weber ist eine Kurzgeschichte, weil sie nur einen kurzen Ausschnitt zeigt. Das Geschehen ist auch alltäglich, obwohl ein Schüleraustausch mit Frankreich nicht so normal ist, aber der Rest. Wie es sein muss, beginnt der Text ganz unvermittelt auf dem Bahnhof (Zeilen 1–2). Was vorher war, muss man sich denken. Auch das Ende ist offen, weil man nicht erfährt, wie er reagiert (Zeilen 130–133). Mindestens einen entscheidenden Moment gibt es auch. Wenn er die Zettel tauscht, ist schon fast alles entschieden. Er will zu Chantal und sie bekommt dadurch Jean-Pascal. Aber am Ende bekommt er gar nicht, was er will, und sie hat ihren Spaß. Vielleicht ist aber der Moment wichtiger, als sie versteht, dass er sie mag, und sie ihn dann umarmt und küsst. Irgendwo dazwischen wendet sich jedenfalls die Geschichte.*

_____

_____

_____

_____

_____

_____

_____

**13** Überarbeite den Text zu den Merkmalen dieser Kurzgeschichte.
- Bedenke, dass der Leser die Kurzgeschichte vielleicht nicht kennt.
- Belege alle Merkmale durch Textstellen oder Zitate.
- Vermeide Wortwiederholungen und gleiche Satzanfänge.
- Verwende mindestens zwei Zitate. Schreibe in dein Heft.

**Z** **14** Schreibe ein eigenes Ende zur Kurzgeschichte „Schüleraustausch".
Überlege dafür, wie du an Sandras oder Stefans Stelle gehandelt hättest.

# Weiterführendes: Einen inneren Monolog schreiben

Du untersuchst einen inneren Monolog, der zu dem Text entworfen wurde.

> **Innerer Monolog:**
> Die Gedanken, Gefühle und Wahrnehmungen der handelnden Figur werden in der **Ich-Form** wiedergegeben, so wie sie das Geschehen erlebt.

_____ (Zeile ____)

*Und das war jetzt alles? ... einfach so ... Die nächste ... Keine Reue, kein Bedauern, kein Abschied ... Und hat er mich im Zug noch süß angeschaut! ... mein Haar berührt, mich geküsst, mir Liebe geschworen. Liebe? ... Lüge, Lüge! Alles nur ein Spiel! Kein Gefühl ... nur eine Taktik. Nichts davon ehrlich. Warum tut er mir das an? Ich hab ihm geglaubt, ihn geliebt ... liebe ihn. Bin ihm doch total egal. Er sieht nur diese Chantal. Wie kann man so gemein sein? ... und jetzt heul ich auch noch wegen dem Blödmann.*

_____ (Zeile ____)

**1** Untersuche diesen inneren Monolog für Sandra.
  **a.** In welcher Form werden die Gedanken wiedergegeben?
    Markiere die Pronomen, die sich auf die denkende Person beziehen.
  **b.** Welche Zeitformen kommen vor? Kreuze an.
    ☐ Präteritum   ☐ Präsens   ☐ Perfekt   ☐ Futur

  **c.** Wie ist der Satzbau? Kreuze nur passende Aussagen an.
    ☐ Die Sätze sind einfach.      ☐ Es gibt komplizierte Satzgefüge.
    ☐ Es gibt viele Fragen und Ausrufe.   ☐ Die Sätze sind oft unvollständig.

  **d.** Warum kommen häufig dreifache Pünktchen vor? Begründe deine Meinung.

_____

**2** Wo genau in den Zeilen 59–66 würdest du den inneren Monolog einfügen?
Schreibe die passenden Sätze auf die Linien vor und hinter dem Monolog.
Gib zu den Sätzen die Zeilenangaben aus dem Text an.

Du bearbeitest die Zusatzaufgabe des Arbeitsauftrags und schreibst einen inneren Monolog zu der Kurzgeschichte „Schüleraustausch".

**3** **a.** Lies die Zusatzaufgabe zu deinem Arbeitsauftrag noch einmal.

dein Arbeitsauftrag zu der Kurzgeschichte ➤ S. 34

  **b.** Beantworte die folgenden Fragen in ganzen Sätzen in deinem Heft.
    – Warum tanzt Jean-Pascal mit Chantal?
    – Warum läuft Jean-Pascal von der Tanzfläche weg nach draußen?
    – Welche Gefühle hat er für Chantal, welche Gefühle hat er für Sandra?

**4** Wo genau fügst du den inneren Monolog ein? Markiere die Stelle im Text.
**Tipp:** Das Subjekt des vorangehenden Satzes sollte Jean-Pascal sein.

**5** **a.** Bearbeite die letzte Teilaufgabe des Arbeitsauftrags. Schreibe in dein Heft.
  **b.** Überprüfe deinen inneren Monolog mit der Checkliste.

| Checkliste: Einen inneren Monolog schreiben | ja | nein |
| --- | --- | --- |
| Habe ich mich beim Schreiben in die **Person** hineinversetzt? | ☐ | ☐ |
| Habe ich die **Situation** der Person berücksichtigt? | ☐ | ☐ |
| Habe ich den inneren Monolog an der **richtigen Stelle** des Zitats eingefügt? | ☐ | ☐ |
| Habe ich die **Ich-Form** und passende **Zeitformen** verwendet? | ☐ | ☐ |
| Habe ich **Satzbau** und **Satzzeichen** in passender Weise verwendet? | ☐ | ☐ |

## Dein Arbeitsauftrag

Untersuche die Kurzgeschichte „Sonntag" mithilfe folgender Teilaufgaben:
– Schreibe eine Inhaltsangabe. Berücksichtige dabei die Erzählperspektive.
– Erkläre fünf Merkmale von Kurzgeschichten anhand des Textes.
– **Zusatzaufgabe:** „,Ich gehe jetzt', sagte sie nachher." (Zeile 66)
  Welche Gedanken und Gefühle hat Daniela, bevor sie geht?
  Verfasse einen inneren Monolog.

## Sonntag – Max Bolliger

„Was möchtest du?", fragte der Vater.

Daniela studierte die Karte und entschied sich für Riz colonial.

„Gern!", sagte der Kellner. Er behandelte Daniela wie eine Dame.

Das Restaurant war bis auf den letzten Platz besetzt. Am Nebentisch saß ein Ehepaar mit zwei Kindern.

5 Die beiden stritten sich wegen einer kleinen Puppe aus Plastik. Die Mutter versuchte, den Streit zu schlichten. Daniela sah, wie der Junge seine Schwester unter dem Tisch dauernd mit den Füßen stieß. Das Dessert machte dem Gezanke ein Ende.

Daniela erinnerte sich, wie sehnlichst sie sich einmal ein Schwesterchen gewünscht hatte.

„Wie geht es in der Schule?", fragte der Vater.

10 „Wie immer", antwortete Daniela.

„Wird es fürs Gymnasium reichen?"

„Ja, ich hoffe es."

Daniela wusste genau, dass ihre Noten weder in Mathematik noch in Französisch genügten. Dann eben eine kaufmännische Lehre ... oder Arztgehilfin ... Sie wollte jetzt nicht daran denken.

15 „Für mich waren Prüfungen nie ein Problem", sagte der Vater.

Daniela war froh, als der Kellner das Essen brachte. Der Reis mit Fleisch und Früchten schmeckte ihr.

„Deine Mutter konnte nie richtig kochen", sagte der Vater. Daniela gab darauf keine Antwort.

„Ich brauche einen neuen Wintermantel", sagte sie.

„Schon wieder?"

20 „Ich bin seit dem letzten Jahr zehn Zentimeter gewachsen."

„Wofür bezahl ich eigentlich Alimente?"

„Mutter sagt, das Geld reiche nur für das Nötigste."

„Gut! Aber ich will die Rechnung sehen."

„Wünschen die Herrschaften ein Dessert?"

25 Der Kellner versuchte, mit Daniela zu flirten.

„Nein, danke!", sagte sie, obwohl sie sich heute früh in der Kirche ausgedacht hatte, Vanilleeis mit heißer Schokoladensoße zu essen. Nach dem Essen fuhren sie am See entlang.

Der Vater hatte ein neues Auto. Er sprach über Autos wie die Jungen in der Schule. Daniela verstand nicht, warum man sich über ein Auto freuen konnte, nur weil es einen starken Motor hatte. Aus dem

30 Radio erklang Volksmusik. Sie fiel Daniela auf die Nerven. Aber sie stellte sie trotzdem lauter.

„Hast du viel Arbeit?", fragte sie.

„Wir bauen eine neue Fabrik." Der Vater war Ingenieur. Daniela betrachtete ihn von der Seite, neugierig, wie einen Gegenstand. Sein Gesicht war braun gebrannt, sportlich. Der Schnurrbart stand ihm gut. Hatte er ihre Gedanken erraten?

35 „In zwei Wochen werde ich vierzig! Aber alle schätzen mich jünger." Daniela lachte. Ihr schien er älter.

„Wie alt bist du eigentlich?"

„Hundert!", sagte Daniela.

„Nein, ehrlich ...!"

„Das solltest du doch wissen. Du fragst mich jedes Mal ... Im Februar dreizehn."

40 „Dreizehn! Hast du einen Freund?"

„Nein!", sagte Daniela.

„Das wundert mich. Du siehst hübsch aus!"

„Findest du?"

„So ... erwachsen!"

45 Auf einer Terrasse am See tranken sie Kaffee. Daniela beobachtete die Segelschiffe. Der schöne Herbst-
sonntag hatte unzählige Boote aufs Wasser hinausgelockt. Der Vater war verstummt und schaute alle
fünf Minuten auf seine Uhr.

„Ich habe um vier Uhr eine Verabredung."

„Also, gehen wir doch", sagte Daniela und erhob sich.

50 Der Vater schien erleichtert. „Ich bringe dich nach Hause", sagte er.

„Ach, du bist schon wieder da?", sagte die Mutter. Sie war noch immer im Morgenrock. Während der
Woche arbeitete sie halbtags in einer Modeboutique.

„Sonntags lasse ich mich gehen", sagte sie zu ihren Freunden, „sonntags bin ich nicht zu sprechen."

„Er hatte eine Verabredung", erzählte Daniela.

55 Die Mutter lachte.

„Ich möchte wissen, warum er eigentlich darauf besteht, dich zu sehen. Im Grunde liegt ihm doch
nichts daran. Nur weil es das Gericht so entschieden hat und um mich zu ärgern."

Daniela wurde wütend.

„Es geht ihm ausgezeichnet", sagte sie. „Er hat sich ein neues Auto gekauft und sieht prima aus."

60 Die Mutter zuckte bei ihren Worten zusammen.

„Und den Wintermantel?", fragte sie.

„Bewilligt!"

Die Mutter griff sich mit der Hand an die Stirne.

„Diese Kopfschmerzen!", stöhnte sie. „Hol mir eine Tablette im Badezimmer!"

65 Daniela gehorchte.

„Ich gehe jetzt", sagte sie nachher.

„Hast du keine Aufgaben?"

„Nein!"

„Aber komm nicht zu spät zurück!"

70 „Ich esse bei Brigitte."

„Gut, bis neun Uhr. Ich lege mich wieder hin."

Als Daniela die Tür des Lokals öffnete, schlug ihr eine Welle von Rauch- und Kaffeegeruch entgegen.
An den niederen Tischen saßen junge Leute, die meisten in Gespräche vertieft. Die Wände waren
mit Postern tapeziert. Danielas Augen gewöhnten sich allmählich an das Halbdunkel. Suchend schaute

75 sie sich um. Der Diskjockey nickte Daniela zu.

„Well, I left my happy home to see what I could find out", sang Cat Stevens.

Ja, er hatte recht. Um herauszufinden, wie die Welt wirklich war, musste man

sein Zuhause verlassen. Heinz hatte Daniela den Text übersetzt. Heinz war schon

sechzehn Jahre alt. Sie war stolz darauf. Er saß in einer Ecke und winkte.

80 Aufatmend setzte sich Daniela neben ihn. Er legte einen Arm um ihre Schultern.

„Hast du den Sonntag überstanden?", fragte er.

„Ja, Gott sei Dank!"

„War es schlimm?"

„Es geht ... wie immer."

85 „Mach dir nichts draus."

Daniela kuschelte sich an ihn.

„Was meinst du, werden wir es besser machen?", fragte sie. „Wenn wir einmal
erwachsen sind?" In ihrer Stimme klangen Zweifel.

„Natürlich", sagte Heinz, „natürlich werden wir es besser machen."

**1** Lies den Arbeitsauftrag genau und bearbeite ihn.

**Z** **2** Was willst du machen wie deine Eltern? Was willst du anders machen?
Schreibe einen Tagebucheintrag über deine Zukunftspläne.

Aufgabe 1:     /50 Punkte

Aufgabe 2:     /30 Punkte

Gesamtpunktzahl:     /80 Punkte

# Zu einer Ballade schreiben

Du erkennst Merkmale der Ballade und schreibst eine Inhaltsangabe.

**1** Lies die Ballade mithilfe des Textknackers.
Achte dabei auf die Handlung, die Gedichtform und auf Dialoge.

➤ Die Arbeitstechnik „Der Textknacker für literarische Texte" findest du in der vorderen Klappe.

## Die Goldgräber

### Emanuel Geibel (1815–1884)

| | |
|---|---|
| Sie waren gezogen über das Meer, | a |
| Nach Glück und Gold stand ihr Begehr, | a |
| Drei wilde Gesellen, vom Wetter gebräunt, | b |
| Und kannten sich wohl und waren sich freund. | b |

5 Sie hatten gegraben Tag und Nacht,　　　　　　c
　Am Flusse die Grube, im Berge den Schacht,
　In Sonnengluten und Regengebraus,
　Bei Durst und Hunger hielten sie aus.

　Und endlich, endlich, nach Monden voll Schweiß,
10 Da sahn aus der Tiefe sie winken den Preis,
　Da glüht es sie an durch das Dunkel so hold,
　Mit Blicken der Schlange, das feurige Gold.

　Sie brachen es los aus dem finsteren Raum,
　Und als sie 's fassten, sie hoben es kaum,
15 Und als sie 's wogen, sie jauchzten zugleich:
　„Nun sind wir geborgen, nun sind wir reich!"

　Sie lachten und kreischten mit jubelndem Schall,
　Sie tanzten im Kreis um das blanke Metall,
　Und hätte der Stolz nicht bezähmt ihr Gelüst,
20 Sie hätten 's mit brünstiger Lippe geküsst.

　Sprach Tom, der Jäger: „Nun lasst uns ruhn!
　Zeit ist 's, auf das Mühsal uns gütlich zu tun.
　Geh, Sam, und hol uns Speisen und Wein,
　Ein lustiges Fest muss gefeiert sein."

25 Wie trunken schlenderte Sam dahin
　Zum Flecken¹ hinab mit bezaubertem Sinn;
　Sein Haupt umnebelnd beschlichen ihn sacht
　Gedanken, wie er sie nimmer gedacht.

　Die andern saßen am Bergeshang,
30 Sie prüften das Erz und es blitzt' und es klang.
　Sprach Will, der Rote: „Das Gold ist fein;
　Nur schade, dass wir es teilen zu drei'n!"

　„Du meinst?" – „Je nun, ich meine nur so.
　Zwei würden des Schatzes besser froh" –
35 „Doch wenn –" – „Wenn was?" „Nun, nehmen wir an,
　Sam wäre nicht da" – „Ja, freilich, dann –" –

　Sie schwiegen lang; die Sonne glomm
　Und gleißt'² um das Gold; da murmelte Tom:
　„Siehst du die Schlucht dort unten?" – „Warum?"
40 „Ihr Schatten ist tief und die Felsen sind stumm." –

　„Versteh ich dich recht?" – „Was fragst du noch viel!
　Wir dachten es beide und führen 's ans Ziel.
　Ein tüchtiger Stoß und ein Grab im Gestein,
　So ist es getan und wir teilen allein."

45 Sie schwiegen aufs neu. Es verglühte der Tag,
　Wie Blut auf dem Golde das Spätrot lag;
　Da kam er zurück, ihr junger Genoss,
　Von bleicher Stirne der Schweiß ihm floss.

　„Nun her mit dem Korb und dem bauchigen Krug!"
50 Und sie aßen und tranken mit tiefem Zug.
　„Hei lustig, Bruder! Dein Wein ist stark;
　Er rollt wie Feuer durch Bein und Mark.

　Komm, tu uns Bescheid³!" – „Ich trank schon vorher;
　Nun sind vom Schlafe die Augen mir schwer.
55 Ich streck ins Geklüft mich." – „Nun, gute Ruh!
　Und nimm den Stoß, und den dazu!"

　Sie trafen ihn mit den Messern gut;
　Er schwankt' und glitt im rauchenden Blut.
　Noch einmal hub er sein blass Gesicht:
60 „Herr Gott im Himmel, du hältst Gericht!

　Wohl um das Gold erschluget ihr mich;
　Weh euch! Ihr seid verloren, wie ich.
　Auch ich, ich wollte den Schatz allein,
　Und mischt' euch tödliches Gift an den Wein."

1 der Flecken: hier: eine kleine Stadt

2 gleißen: glänzen
3 Bescheid tun: hier: mittrinken oder anstoßen

# Den Inhalt und die Form erschließen

Die Ballade erzählt eine Geschichte in Gedichtform.

**1** Worum geht es in der Ballade? Schreibe zwei bis drei Sätze auf.

_____

_____

_____

**2** Beantworte die Fragen zu den **Handlungsbausteinen** in deinem Heft.
Schreibe in ganzen Sätzen und belege deine Aussagen durch passende Zitate
oder mit Zeilenangaben.

**a)** Wer sind die **Hauptfiguren** in der Ballade und wie heißen sie?
**b)** In welcher **Situation** befinden sich die Hauptfiguren am Anfang des Textes?
**c)** Welchen **Wunsch** haben die Hauptfiguren? Zitiere eine Zeile aus dem Text.
**d)** Welches **Hindernis** steht der Erfüllung des Wunsches entgegen?
**e)** Was ist das **Ende** der Ballade?

Als Merkmal einer Ballade erkennst du Dialoge wie in den Zeilen 51–56.
Den Dialog könntest du wie in einem Theatertext (Drama) aufschreiben:

Will und Tom: „Hei, lustig, Bruder! (...) Komm, tu uns Bescheid!"
Sam: „Ich trank schon vorher; nun sind vom Schlafe die Augen mir schwer.
Ich streck ins Geklüft mich."
Will und Tom: „Nun, gute Ruh! Und nimm den Stoß, und den dazu!"

**3** Schreibe den Dialog aus den Strophen 8–11 (Zeilen 31–44) genauso auf.
Achte dabei auf die Wechsel der Sprecher. Schreibe in dein Heft.

**4** Welche Wirkung haben die Dialoge beim Lesen der Ballade?
Begründe deine Antwort. Schreibe in dein Heft.

Du untersuchst die Gedichtform, also zum Beispiel Strophen und Reime.

**5** **a.** Welche Reime gibt es? Bezeichne die Reime mit Buchstaben.
**Tipp:** Du benötigst das ganze Alphabet und zusätzlich das **ä**.
**b.** Welches Reimschema hat die Ballade? Kreuze an.

Das Reimschema der Ballade „Die Goldgräber" ist ein ...
☐ ... Kreuzreim.      ☐ ... Paarreim.      ☐ ... umarmender Reim.

**c.** Welche Reime wiederholen sich? Markiere gleiche Reime in einer Farbe.

In der Überschrift erkennst du zwei Leitmotive dieser Ballade.

**6** **a.** Zerlege das Nomen in der Überschrift in seine beiden Bestandteile.
**b.** Markiere zu den beiden Bestandteilen passende Wörter
in der Ballade in zwei verschiedenen Farben.
**c.** Schreibe die Wörter mit Zeilenangaben geordnet in dein Heft.

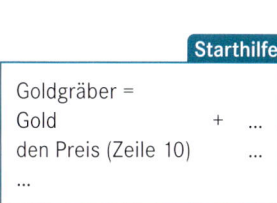

**Starthilfe**

Goldgräber =
Gold                  +   ...
den Preis (Zeile 10)      ...
...

**Z 7** Welche zwei Bedeutungen könnte die Überschrift „Die Goldgräber" haben?

1. _____

2. _____

# Zu Inhalt und Form einer Ballade schreiben

Zu der Ballade bearbeitest du den folgenden Arbeitsauftrag.

## Dein Arbeitsauftrag

Untersuche die Ballade „Die Goldgräber" mithilfe folgender Teilaufgaben:
– Schreibe eine Inhaltsangabe und bewerte das Verhalten der Figuren.
– Beschreibe die Form und erläutere die Merkmale der Ballade.
– **Zusatzaufgabe:** Welche Begebenheit könnte der Ballade zugrunde liegen?
  Schreibe einen Zeitungsbericht über eine Begebenheit des Jahres 1868.

**1** **a.** Was sollst du genau tun?
   Markiere die Aufforderungsverben im Arbeitsauftrag.
**b.** Schreibe in dein Heft, was genau du tun sollst.

**2** Schreibe eine Einleitung für die Inhaltsangabe in ein bis zwei Sätzen.

*In der Ballade „Die Goldgräber" von* _____

_____

_____

_____

**3** Fasse die Handlung der Ballade in eigenen Worten zusammen.
   Schreibe in dein Heft.

➤ Die Arbeitstechnik
„Eine Inhaltsangabe schreiben"
findest du vorne auf der inneren
Umschlagseite.

**Starthilfe**

Die drei befreundeten Goldgräber Tom, Will und Sam suchen gemeinsam nach Gold.
Nach monatelangen Mühen …

**4** **a.** Schreibe die Inhaltsangabe vollständig in dein Heft.
   Verwende dabei die Ergebnisse aus den Aufgaben 2 und 3.
**b.** Bewerte das Verhalten der Figuren der Ballade in zwei bis drei Sätzen.

**5** Beschreibe die Form und die Merkmale der Ballade.
   Verwende dabei möglichst alle Wörter vom Rand.

*Die Ballade besteht aus* _____

_____

_____

_____

_____

Strophen, Zeilen,
Reimschema, Leitmotive,
Überschrift, Dialoge,
Zeilen (X–Y)

**Z** Balladen handeln oft von Ereignissen, die wirklich geschehen sind.

**Hintergrundwissen:** 1848 entdeckte ein Arbeiter in der Nähe von San Francisco
in den USA das erste „nugget" (einen Goldklumpen). Emanuel Geibel schrieb
die Ballade „Die Goldgräber" im Jahr 1870.

**6** Bearbeite die Zusatzaufgabe deines Arbeitsauftrags.
   – Schreibe den Bericht im Präteritum und vermeide wörtliche Rede.
   – Denke an eine „Schlagzeile", die die Leser neugierig macht.

Die Ballade **Erlkönig** hat Goethe im Jahr 1782 geschrieben.

## Dein Arbeitsauftrag

Untersuche die Ballade „Der Erlkönig" mithilfe folgender Teilaufgaben:
– Schreibe eine Inhaltsangabe.
– Wer oder was ist der Erlkönig? Begründe deine Vermutung.
– Beschreibe die Form der Ballade, untersuche das Reimschema.

/34 Punkte
/ 10 Punkte
/6 Punkte

## Erlkönig[1]

### Johann Wolfgang von Goethe (1749–1832)

Wer reitet so spät durch Nacht und Wind?
Es ist der Vater mit seinem Kind;
Er hat den Knaben wohl in dem Arm,
Er fasst ihn sicher, er hält ihn warm.

5 Mein Sohn, was birgst du so bang dein Gesicht? –
Siehst, Vater, du den Erlkönig nicht?
Den Erlkönig mit Kron' und Schweif? –
Mein Sohn, es ist ein Nebelstreif. –

„Du liebes Kind, komm, geh mit mir!
10 Gar schöne Spiele spiel ich mit dir;
Manch bunte Blumen sind an dem Strand;
Meine Mutter hat manch gülden Gewand."

Mein Vater, mein Vater, hörest du nicht,
Was Erlenkönig mir leise verspricht? –
15 Sei ruhig, bleibe ruhig, mein Kind!
In dürren Blättern säuselt der Wind. –

„Willst, feiner Knabe, du mit mir gehn?
Meine Töchter sollen dich warten[2] schön;
Meine Töchter führen den nächtlichen Reihn[3]
20 Und wiegen und tanzen und singen dich ein."

Mein Vater, mein Vater, und siehst du nicht dort
Erlkönigs Töchter am düstern Ort? –
Mein Sohn, mein Sohn, ich seh es genau;
Es scheinen die alten Weiden so grau. –

25 „Ich liebe dich, mich reizt deine schöne Gestalt;
Und bist du nicht willig, so brauch ich Gewalt."
Mein Vater, mein Vater, jetzt fasst er mich an!
Erlkönig hat mir Leids getan! –

Dem Vater grauset 's, er reitet geschwind,
30 Er hält in den Armen das ächzende Kind,
Erreicht den Hof mit Mühe und Not;
In seinen Armen das Kind war tot.

1 der Erlkönig: entweder:
ein König, der sein Reich unter
„Erlen" (eine Baumart) hat;
oder: ein Elfenkönig – so heißt
die gleiche Figur in einer
älteren dänischen Ballade.
2 warten: hier: sich um
jemanden kümmern
3 der Reihn/der Reigen: in einer
Reihe einander an den Händen
gefasst tanzen

**1** Lies den Arbeitsauftrag genau und bearbeite ihn.

Gesamtpunktzahl: /50 Punkte

# Rechtschreibhilfen

Rechtschreibhilfen helfen dir, richtige Entscheidungen zu treffen.
Die drei wichtigsten Rechtschreibhilfen sind das Gliedern, das Verlängern und das Ableiten.

## Gliedern – verlängern – ableiten

**Merkwissen**

> Beim **Gliedern** zerlegst du mehrsilbige Wörter in Sprechsilben,
> z. B.: **Er | eig | nis | se**.

gliedern

### Mein erster Tag im Praktikum

**Irgendetwas** geht immer schief. Am ersten **Praktikumsarbeitstag** waren es gleich mehrere Dinge. Erst wollte ich **hinübergehen** zur **Haltestelle**, aber dort standen schon keine **Fahrgäste** mehr. **Höchstwahrscheinlich** hatte ich den Bus verpasst. Ich musste zu Fuß den Berg **hinunterlaufen**. Jedenfalls kam ich zu spät in das **Brüderkrankenhaus**, in dem ich mein **Betriebspraktikum** mache, und **erklärlicherweise erwartete** mich niemand. **Irgendwann** fand ich trotzdem die Station und das Praktikum begann, wenn auch **verspätet**.

**1**  **a.** Zerlege die blau gedruckten Wörter in Sprechsilben. Schreibe in dein Heft.
**b.** Ordne die Wörter nach der Anzahl ihrer Silben in die Tabelle.
Ergänze bei den Nomen die Artikel.

| drei Silben | vier Silben | fünf Silben |
|---|---|---|
| *das Praktikum,* | | |
| | | |
| | | |
| | | |

| sechs Silben |
|---|
| |

**2**  Schreibe den Text „Mein erster Tag im Praktikum" in dein Heft ab.

**Merkwissen**

> Durch **Verlängern** kannst du Endbuchstaben hörbar machen,
> z. B.: **Pferd** – **Pferde**, **er siegt** – **siegen**, **wütend** – **wütende**.

verlängern

**3**  **a.** Verlängere die Verbformen: Bilde den Infinitiv.
**b.** Schreibe den Infinitiv und die Verbform richtig auf die Linien.

er ke▮t **(n/nn)**   *kennen* _____ also  *er kennt* _____

sie sie▮t **(g/k)**   _____ also _____

sie su▮t **(m/mm)** _____ also _____

er lie▮t **(b/p)**   _____ also _____

**4** **a.** Verlängere die Wörter im Kasten und entscheide die Schreibung.
**Tipp:** Steigere die Adjektive und bilde bei Nomen den Plural.

**Starthilfe**

die Herde – also: der Herd, …

**b.** Schreibe jeweils beide Formen richtig in dein Heft.

der Her▮ (d/t), lie▮ (b/p), der Vertra▮ (g/k), die Fabri▮ (g/k),
ruhi▮ (g/k), die Wan▮ (d/t), die Bur▮ (g/k), mil▮ (d/t), har▮ (d/t),
der Schu▮ (b/p), der Krie▮ (g/k), das Lie▮ (d/t), der Sta▮ (b/p),
fähi▮ (g/k), spannen▮ (d/t)

**Merkwissen**

**ä/äu oder e/eu?** Wenn du nicht sicher bist, kannst du das Wort **ableiten**.
Findest du ein verwandtes Wort mit **a/au**, dann schreibe **ä/äu**,
z. B.: die W**ä**lder – der W**a**ld    die B**äu**me – der B**au**m.

ableiten

**5** Leite die Wörter ab. Finde jeweils ein verwandtes Wort mit **a/au** oder **ä/äu**.
Schreibe die Wortpaare richtig in dein Heft.

**Starthilfe**

der Verdacht – also:
verdächtig, …

verd▮chtig, ▮ßerlich, t▮glich, kr▮ftig, h▮fig, k▮flich, das Gep▮ck,
aufr▮men, das Geb▮de, m▮chtig

**6** Entscheide die Schreibung der im Text blau gedruckten Wörter.
Verfahre wie in Aufgabe 5. Schreibe in dein Heft.

### Ein ernstes Gespr▮ch

„Nächstes Jahr werde ich ein Praktikum machen", **erkl▮rt** Sarah ihren Eltern,
„ich dachte an eine Tischlerei." „Wie kommst du denn darauf?", fragt Sarahs
Vater **ungl▮big**, „in Mathematik bist du doch nur **mittelm▮ßig**, außerdem
brauchst du **r▮mliches** Vorstellungsvermögen." „Aber sonst **f▮llt** mir nichts
ein", antwortet Sarah. „Wo sind denn deine schulischen **St▮rken**?", fragt ihre
Mutter. „Ich kann gut argumentieren und meine **Vortr▮ge** kommen gut an."
„Na, dann mach dein Praktikum doch in einem Geschäft und probier einfach
aus, ob du vielleicht **Verk▮ferin** werden möchtest", **schl▮gt** Sarahs Vater vor.

**7** Schreibe den Text vollständig in dein Heft ab.

Einige Wörter kannst du nicht ableiten. Es sind Merkwörter.

**8** Schreibe die Wörter aus dem Kasten einmal auf die Linien.

sich sträuben, die Hyäne, die Ähre, die Gräte, grässlich, ähnlich, schräg, zäh,
sägen, allmählich, sich räuspern, erwähnen, der März, abwärts, vorwärts, spät,
das Geländer, fähig, träge, das Gerät, behäbig, die Mähne, gähnen, die Säule

_____

_____

_____

_____

**Z** **9** Schreibe mit jedem Merkwort einen Satz in dein Heft.
Du kannst auch mehrere Merkwörter in einem Satz verwenden.

# Mit Wortfamilien üben

Manche Wörter sind miteinander verwandt und bilden **Familien**.
Die Mitglieder einer Wortfamilie haben denselben **Wortstamm**.
**Gleiche Wortstämme** schreibt man meist gleich,
z. B.: be**sitz**en, er **sitz**t, die **Sitz**ung.

**1** a. Markiere im Kasten die Wortstämme der Wortfamilien **halten**, **stürzen**
und **kommen** mit drei unterschiedlichen Farben.
b. Ordne die Wörter der Wortfamilien in eine Tabelle im Heft ein.
c. Ergänze zu jeder Wortfamilie mindestens drei weitere Wörter.

| Wortfamilien | | |
|---|---|---|
| halten | stürzen | kommen |
| haltbar, ... | ... | ... |

haltbar, der Sturzflug, verkommen, überstürzt, das Abkommen, die Haltestelle, der Absturz, unterkommen, die Haltbarkeit, der Emporkömmling, eingestürzt, der Umsturzversuch, losstürzen, näherkommen, der Haltegriff, willkommen, das Halteverbot, das Verhalten, das Handelsabkommen, haltlos, ungehalten, die Haltung, der Sturzregen, herunterstürzen, dazukommen, das Entkommen, herunterstürzen, abhalten, umstürzen, der Sturzhelm, die Gehaltsabrechnung

**2** a. Markiere im Text sämtliche Mitglieder der Wortfamilien **nehmen**, **binden**
und **stellen** mit verschiedenen Farben.
b. Ordne die markierten Wörter der Wortfamilien in eine Tabelle im Heft ein.
c. Ergänze zu jeder Wortfamilie mindestens drei weitere Wörter.

## Teamarbeiter gesucht

Immer mehr Arbeitgeber nehmen nur teamfähige Bewerber. Sozial kompetente Personen werden bevorzugt eingestellt. Die Firmen binden diese gern an sich, wenn sie über eine einnehmende Persönlichkeit verfügen und im Vorstellungsgespräch überzeugen. Die Verbindung von gutem Benehmen und Teamfähigkeit ist dabei entscheidend. Wenn die Bewerber die Herausforderung der Stelle annehmen und ihre verbindliche Zusage geben, kommt es zur Bindung der neuen Angestellten durch einen Arbeitsvertrag.

**3** a. Markiere in den Wörtern im Kasten die Wortstämme -**brech**-, -**brach**-,
-**bruch**- (-**brüch**-), -**broch**-.
b. Lege eine Tabelle mit vier Spalten in deinem Heft an.
Schreibe die Wörter nach Wortstämmen geordnet auf.

| -brech- | -brach- | -bruch- (-brüch-) | ... |
|---|---|---|---|
| das Verbrechen, ... | ... | ... | ... |

das Verbrechen, das Bruchstück, das Zerbrochene, die Bruchbude, gebrochen, das Gebrechen, der Abbruch, eingebrochen, die Lichtbrechung, umbrechen, es gebrach, unterbrochen, er unterbrach, der Deichbruch, losbrechen, auseinanderbrechen, die Epochenumbrüche, es zerbrach, durchgebrochen, die Steinbrüche, sie durchbrach, die Einbrüche, ausbrach, zusammengebrochen, das Brecheisen

**4** Schreibe den Text „Teamarbeiter gesucht" in dein Heft ab.

# Das kann ich! – Rechtschreibhilfen nutzen

**1** Verlängere die Wörter und schreibe beide Wörter auf die Linien.

der Erfol █ (g/k) _____ also _____

sie su █ t (m/mm) _____ also _____

das Schil █ (d/t) _____ also _____

es kli █ t (r/rr) _____ also _____

**2** Leite die Wörter jeweils von einem verwandten Wort mit **a/au** oder **ä/äu** ab. Schreibe beide Wörter auf die Linien.

abr █ men _____ also _____

regelm █ ßig _____ also _____

die S █ re _____ also _____

das Gep █ ck _____ also _____

**3** Welche Rechtschreibhilfe kannst du anwenden? Ordne die Buchstaben richtig zu.

es brennt _____  A  Ich suche nach einem verwandten Wort.

der Rand _____  B  Ich verlängere und bilde den Infinitiv.

der Verkäufer _____  C  Ich verlängere und bilde den Plural.

**4** **a.** Ordne die Wörter in die Tabelle ein. Achte auf die richtige Schreibung.
**b.** Markiere in den Wörtern die Wortstämme **-bind-**, **-band-**, **-bund-** und **-nehm-**, **-nahm-**, **-nomm-**.

unverbindlich, die Annahme, vernehmen, die Anbindung, ungebunden, das Maßband, benommen (sein), verbinden, das Unternehmen, entnehmen

| Wortfamilie **binden** | Wortfamilie **nehmen** |
| --- | --- |
| | |
| | |
| | |
| | |
| | |

**5** **a.** Ergänze am Rand eine Präteritumform und das Partizip Perfekt der Verben **ziehen** und **laufen**.
**b.** Markiere im Text alle Wörter aus den Wortfamilien **ziehen** und **laufen**.
**c.** Schreibe sie in dein Heft.

ziehen,

er _____ ,

hat _____ .

laufen,

er _____ ,

ist _____ .

In der letzten langgezogenen Kurve der Laufbahn überholte sie ihre Konkurrentinnen und gewann. Für den Staffellauf musste sie sich nun schnell das Teamtrikot anziehen. Umgezogen nahm sie die vierte Position der Staffel ein. Nach der dritten Läuferin belief sich der Rückstand ihres Teams auf fast drei Sekunden, aber sie zog trotzdem noch an allen vorbei.

Gesamtpunktzahl:

# Großschreibung

Aus Adjektiven können Nomen werden.
Die starken Wörter **alles**, **nichts**, **allerlei**, **etwas**, **genug**, **viel** und **wenig** machen's, z. B.:
**gut** – **alles Gute**, **schön** – **allerlei Schönes**.

**1** Ergänze die Sätze mit passenden Wortgruppen.
Bilde Nomen aus den Adjektiven vom Rand.

Ich wünsche dir zum Geburtstag _alles_ _Gute_.

Im Fernsehen kommt heute Abend _____ _____.

In der Boutique fand Karla _____ _____.

In der Zeitung stand _____ _____.

Unsere Nachbarin erzählte mir _____ _____.

In der Welt geschieht leider _____ _____.

Er möchte beim Sport _____ _____ tragen.

Es gibt schon _____ _____ zu berichten.

~~gut~~,
schön,
bequem,
neu,
interessant,
schlimm, wichtig,
erschreckend

Zusammensetzungen aus **Wochentag** und **Tageszeit** werden zusammen- und großgeschrieben, z. B.: der **Montagabend**.
Nach **gestern**, **heute** und **morgen** werden Tageszeiten großgeschrieben, z. B.: morgen **Mittag**.

**2** **a.** Bilde mit Wochentagen und Tageszeiten Zusammensetzungen.
Schreibe in dein Heft.
**b.** Schreibe mit jeder Zusammensetzung einen eigenen Satz in dein Heft.

der Montagvormittag, …

Montag, Dienstag, Mittwoch, Donnerstag, Freitag, Samstag, Sonntag,
der Morgen, der Vormittag, der Mittag, der Nachmittag, der Abend, die Nacht

**3** **a.** Markiere im Text alle Wortgruppen mit Tageszeiten.
**b.** Schreibe den Text in dein Heft ab.
Achte auf die Wortgruppen mit den Tageszeiten.

## Was für eine verflixte Woche!

Gestern Abend wollte ich eigentlich ins Kino. Doch gestern Nachmittag war ich beim Sport und danach so müde, dass ich gestern Abend nur noch schlafen wollte. Dafür war ich heute Morgen richtig munter. Trotzdem kann ich erst morgen Nachmittag ins Kino gehen. Der Film, den ich sehen will, läuft nämlich heute Abend nicht. Und heute Nachmittag bin ich schon verabredet. Wenn ich aber morgen Vormittag nicht meine Schularbeit fertig habe, muss ich das nach dem Essen erledigen. Sonst kann ich morgen Nachmittag wieder nicht ins Kino. Und morgen Abend will ich das Fußballländerspiel auf keinen Fall verpassen!

**4 a.** Schreibe den Text ab. Entscheide dabei die Schreibung der Zeitangaben.
**b.** Markiere alle Zeitangaben in deinem Text.

Heute MITTAG erhielt ich eine E-Mail von meiner Cousine. Sie schreibt: „Hallo, Malik, ich komme am MITTWOCHABEND mit dem Zug an. Gestern NACHMITTAG habe ich mir noch einen Koffer gekauft. Heute ABEND packe ich und gehe früh ins Bett. Der Zug fährt morgen MITTAG und dann bin ich früh am ABEND schon bei dir. Leider muss ich am MONTAGMORGEN abreisen, da ich morgen NACHMITTAG Termine habe. Bis dann, Nastasia."

> **Merkwissen**
>
> Wörter mit den Endungen **-ung**, **-heit**, **-keit** und **-nis** sind Nomen.
> Sie werden großgeschrieben.

**5 a.** Bilde aus den Wörtern vom Rand Nomen mit **-ung**, **-heit**, **-keit** oder **-nis**.
   Schreibe die Nomen mit Artikeln auf die passenden Linien.
**b.** Ergänze in den Klammern, ob du Adjektive oder Verben nominalisiert hast.

erzählen, wohnen, ärgern, verletzen, üben, verhalten, bemerken, beschreiben, erleben, ergeben

wahr, klug, flüssig, frei, krank, sparsam, sauber, gesund

**-ung:** *die Erzählung,* _____

_____ (nominalisierte _____)

**-heit:** *die Wahrheit,* _____

_____ (nominalisierte _____)

**-keit:** _____

_____ (nominalisierte _____)

**nis:** _____

_____ (nominalisierte _____)

> **Merkwissen**
>
> Aus Verben können Nomen werden. Der Artikel **das** und
> die starken Wörter **beim**, **zum**, **im**, **am** und **vom** machen's, z. B.:
> arbeiten – **das** Arbeiten / **beim** Arbeiten / **zum** Arbeiten.

**6 a.** Markiere im Text die nominalisierten Verben mit ihren Begleitern.
**b.** Schreibe den Text in dein Heft ab.

Meine Sneakers trage ich beim Skaten, beim Tanzen und beim Einkaufen. Zum Arbeiten, zum Wandern und zum Laufen ziehe ich lieber feste Stiefel an. Ich will schließlich vom Gehen, vom Laufen und vom Rennen keine kaputten Füße bekommen.

**7** Entscheide die Groß- oder Kleinschreibung der Wörter in Großbuchstaben.
Schreibe den Text richtig in dein Heft.

Das STÖBERN in der Bibliothek MACHT mir großen Spaß. Beim DURCHSEHEN der Regale kann man lustige Bücher ENTDECKEN. Wenn man sich in der Bibliothek AUSKENNT, ist das eine Hilfe beim ARBEITEN. Wenn ich z. B. zum VORBEREITEN eines Referats in die Bibliothek GEHE, finde ich immer schnell, was ich SUCHE. Das LESEN wird mir nie langweilig, ich kann im STEHEN und im SITZEN Stunden damit VERBRINGEN.

# Das kann ich! – Großschreibung

**1** Ergänze die Merksätze.

Wörter mit den Suffixen **-ung**, -_____, -_____ und -_____ sind Nomen.

Sie werden _____ geschrieben.

Aus _____ können Nomen werden. Die starken Wörter **alles**, **nichts**,

**allerlei**, **etwas**, **genug**, **viel** und **wenig** machen's!

Aus _____ können Nomen werden. Der Artikel _____ und

die starken Wörter **beim**, **zum**, **im**, **am** und **vom** machen's!

Nach **gestern**, _____ und _____ werden Tageszeiten

großgeschrieben.

**2** Ergänze den Lückentext.
Bilde dazu passende Nomen aus den Verben und Adjektiven vom Rand.

Peters _____ des Unfalls war spannend.

Als die _____ aus dem umgestürzten Tank lief,

war die _____ der Insassen durch ätzende Gase gefährdet.

Es war wohl ein schlimmes _____.

> beschreiben,
> flüssig, gesund,
> erleben

**3** **a.** Groß- oder Kleinschreibung? Entscheide die Schreibung.
Ergänze die Lücken mit den Wörtern vom Rand.
**b.** Markiere nur die nominalisierten Verben.
**c.** Unterstreiche die starken Wörter, die aus Adjektiven Nomen machen.

Gestern _____ bin ich beim _____ fast eingeschlafen.

Das _____ heute _____ war qualvoll.

Zum _____ gab es heute _____ auch

nichts _____ .

Aber am _____ gibt es meine Lieblingsspeise: Spagetti!

Etwas _____ kann ich mir gar nicht vorstellen.

> ABEND,
> LESEN,
> AUFSTEHEN,
> MORGEN,
> ESSEN,
> MITTAG,
> LECKERES,
> MITTWOCH-
> MITTAG,
> KÖSTLICHERES

**4** Ergänze passende nominalisierte Adjektive.
Verwende die Adjektive vom Rand und passende starke Wörter.

Bei dem Unfall ist _____ _____ vorgefallen.

In letzter Zeit ist mir _____ _____ passiert.

Beim Praktikum lernt man _____ _____ .

Sie möchten _____ _____ zum Anziehen kaufen.

> hübsch, schlimm,
> nützlich, gut

Gesamtpunktzahl:

# Fremdwörter

Fremdwörter kann man oft an ihren **Endungen (Suffixen)** erkennen.
Viele Nomen haben die **Suffixe -ie**, **-ität**, **-ik** oder **-or**.
Viele Adjektive haben die **Suffixe -(i)ell** oder **-iv**.

**1** Markiere in den Fremdwörtern die Suffixe.
Du kannst unterschiedliche Farben verwenden.

> die Chemie, der Sensor, offiziell, instruktiv, der Katalysator, die Qualität,
> die Theorie, aktiv, industriell, die Physik, speziell, relativ, die Universität,
> die Energie, der Motor, generell, passiv, die Demokratie, die Spezialität,
> sensitiv, die Biologie, finanziell, intuitiv, die Fantasie, aktuell, die Musik,
> die Aktivität, produktiv, der Faktor, die Statik, die Realität, die Ethik

**2** **a.** Ordne die Fremdwörter aus dem Kasten in zwei Tabellen in deinem Heft:
– eine Tabelle für Nomen auf **-ie**, **-ität**, **-ik** und **-or**,
– eine Tabelle für Adjektive auf **-(i)ell** und **-iv**.
**b.** Ergänze in jeder Tabellenspalte mindestens zwei Fremdwörter.

Starthilfe

| Nomen auf **-ie** | Nomen auf **-ität** | Nomen auf **-ik** | Nomen auf **-or** |
|---|---|---|---|
| die Chemie, … | … | … | … |

Starthilfe

| Adjektive auf **-(i)ell** | Adjektive auf **-iv** |
|---|---|
| offiziell, … | … |

**3** Erkläre die folgenden sechs Fremdwörter. Schreibe in dein Heft.
– Verwende für die Erklärungen keine Fremdwörter.
– Du kannst Wörterbücher, Lexika oder das Internet nutzen.

> der Sensor, die Theorie, generell, die Realität, intuitiv, die Statik

**4** Markiere im Text die Fremdwörter mit Suffixen.

## Qualität ist das Ziel

Bei industriell hergestellten Produkten sollten die Verbraucher zwei wichtige
Punkte im Auge haben: den Preis und die Qualität. Eine hochpreisige Ware hält
der Käufer intuitiv für qualitativ besser. Das muss aber nicht immer stimmen.
Speziell bei Lebensmitteln hat man festgestellt, dass die sogenannten „No-Name-
5 Produkte" qualitativ oft identisch sind mit Markenwaren. Daher sollte man hier
den finanziellen Vorteil nutzen.
Das gilt aber nicht für alle Waren. Bei Massenartikeln wie Spielzeug aus Plastik
wird oft berechtigte Kritik geübt. Auch wenn der Preis attraktiv ist, können
chemische Rückstände gesundheitliche Probleme auslösen. Im Zweifelsfall ist
10 daher der Faktor Qualität höher zu bewerten als der Faktor Preis.

**5** Worauf sollten die Verbraucher bei industriellen Produkten achten?
Schreibe eine Antwort in dein Heft, ohne Fremdwörter zu verwenden.

**6** Schreibe den Text „Qualität ist das Ziel" in dein Heft ab.

**Fremdwörter mit v**: Viele **Wörter**, die **mit v** beginnen, sind Fremdwörter, z. B.: **die Violine** = die Geige.

**7** Welche Bedeutung haben die Fremdwörter mit **v** am Rand?
Schreibe sie mit Artikeln zu den passenden Erklärungen auf die Linien.

jemand, der pflanzliche Kost isst – *der Vegetarier* _____

Pflanzenwuchs – _____

ein altmodisches oder schlechtes Fahrzeug – _____

ein Blut saugendes Fantasiewesen – _____

ein zum Herzen führendes Blutgefäß – _____

eine Absperrvorrichtung, z. B. von Leitungen – _____

der überdachte Vorbau am Haus – _____

ein Zeitwort oder Tätigkeitswort – _____

ein Gerät zum Bewegen der Luft – _____

eine (eingebildete) Erscheinung – _____

ein lebenswichtiger Nahrungsbestandteil – _____

ein sehr kleiner Krankheitserreger – _____

ein feuerspeiender Berg – _____

ein Gewürz – _____     luftleerer Raum – _____

Selbstlaut – _____     Rauminhalt – _____

ungestüm – _____     veränderlich – _____

der Vegetarier,
das Vitamin,
das Vakuum,
die Vision,
das Ventil,
die Veranda,
das Volumen,
der Vulkan,
die Vanille,
die Vegetation,
das Virus,
das Vehikel,
der Vampir,
die Vene,
das Verb,
der Ventilator,
der Vokal,
variabel,
vehement

**8** Ergänze die Sätze mit passenden Fremdwörtern aus Aufgabe 7.

Der Regenwald zeichnet sich durch eine üppige _____ aus.

Der Feuerberg Vesuv in der Nähe der Stadt Neapel ist ein _____.

Bei sommerlicher Hitze verschafft ein _____ Kühlung.

Wenn der Reifen am Fahrrad platt ist, kann das _____ kaputt sein.

Unsere Ernährung sollte ausreichend viele _____ enthalten.

Der Fachausdruck für den Rauminhalt eines Körpers ist _____.

Ein zum Herzen führendes Blutgefäß wird _____ genannt.

Die Teile einer Einbauküche können _____ zusammengesetzt werden.

Im Nebensatz steht das gebeugte _____ am Ende.

Ein luftleerer Raum ist ein _____.

Der Vulkan Vesuv bei Neapel in Italien

**9** Verwende fünf weitere Fremdwörter aus Aufgabe 7 in eigenen Sätzen.
Schreibe in dein Heft.

**10** Ordne jedem Verb mit **-ieren** das passende Nomen zu. Schreibe in dein Heft.

> produzieren, organisieren, riskieren, fabrizieren, reagieren, funktionieren, dokumentieren, terminieren, programmieren, diskutieren, interpretieren, motorisieren, reparieren, rationieren, kritisieren, tolerieren, informieren, fantasieren, musizieren, alkoholisieren, protestieren

> der Termin, die Information, die Produktion, die Funktion, der Motor, das Risiko, die Interpretation, die Reaktion, die Fantasie, die Kritik, die Musik, die Organisation, die Reparatur, die Ration, das Dokument, das Programm, die Toleranz, die Fabrik, die Diskussion, der Alkohol, der Protest

**11** Ergänze passende Verben mit **-ieren** aus Aufgabe 10.

Berufsberater _____ uns regelmäßig in der Schule.

Andere Meinungen seiner Mitmenschen sollte man _____.

Diesen Computer solltest du neu _____ und danach

würde er vermutlich wieder viel besser _____.

Fehlentscheidungen sollte man _____ – aber bitte sachlich.

**Z 12** Schreibe mit fünf weiteren Verben aus Aufgabe 10 eigene Sätze in dein Heft.

## Das kann ich! – Fremdwörter

**Punkte**

**1** Ergänze die Merksätze.

Viele Fremdwörter, die **Nomen** sind, haben die Suffixe _____ , **-ität**, _____

oder _____ .

Viele Fremdwörter, die **Adjektive** sind, haben die Suffixe **–(i)ell** oder _____ .

Viele von Fremdwörtern abgeleitete **Verben** enden auf -_____ .

☐ /5 Punkte

**2** Ergänze zu den Fremdwörtern passende Verben auf **-ieren**.

aktiv – _____ die Funktion – _____

das Motiv – _____ die Addition – _____

das Ventil – _____ die Vulkanisation – _____

☐ /8 Punkte

**3** Schreibe zu folgenden Verben verwandte Nomen mit Artikeln auf.

rationieren – _____ informieren – _____

reagieren – _____ kritisieren – _____

☐ /4 Punkte

**4** Schreibe zu den Bedeutungen passende **Fremdwörter mit v** auf.

Rauminhalt – _____ luftleerer Raum – _____

☐ /2 Punkte

Gesamtpunktzahl: ☐ /19 Punkte

# Getrenntschreibung

Folgende Wortgruppen werden in der Regel **getrennt** geschrieben:
**Nomen + Verb**, z. B.: Heute wollen wir **Rad fahren**.
**Verb + Verb**, z. B.: Ich möchte lieber **spazieren gehen**.
**Adjektiv + Verb**, z. B.: Du musst die Uhr **richtig stellen**.
**Weitere Wortgruppen**, z. B.: **Auf einmal** war die Sonne weg.

**1** Im folgenden Text sind bereits einige Getrenntschreibungen hervorgehoben.
**a.** Markiere im Text alle Wortgruppen aus zwei Verben blau.
**b.** Übertrage alle Getrenntschreibungen aus dem Text in die Tabelle darunter.

## Bettys Praktikum

Langsam geht Bettys Praktikum im Krankenhaus **zu Ende**. Die Klinik lag ganz in der Nähe ihrer Wohnung. Deshalb konnte sie auf dem Hin- und Rückweg **Rad fahren**. Während der drei Wochen musste sie den Anordnungen der Schwestern **Folge leisten** und durfte nichts **falsch machen**. Die Patienten sollten viel spazieren gehen . Betty musste sie begleiten und oft mit ihnen stehen bleiben. Andere wollten der Praktikantin nicht lästig werden und gingen lieber allein. In der letzten Woche durfte Betty die Kinderabteilung kennen lernen. Die Arbeit mit den Kindern fand sie ganz toll. Gerne las sie ihnen Geschichten vor. Schade, dass alles so schnell vorbei war.

| Nomen + Verb | Verb + Verb | Adjektiv + Verb | weitere Wortgruppen |
|---|---|---|---|
| _____ | _____ | _____ | *zu Ende,* |
| _____ | _____ | _____ | _____ |
| _____ | _____ | _____ | _____ |
| _____ | _____ | _____ | _____ |
| _____ | _____ | _____ | _____ |

**2** Ordne die folgenden Getrenntschreibungen in die Tabelle unter Aufgabe 1.

ruhig bleiben, aus Versehen, Schlange stehen, darüber hinaus, Auto fahren, lustig machen, auf einmal, Maß halten, laufen lassen, vor allem, übrig bleiben, noch einmal, Not leiden, hängen bleiben, richtig machen

**3** Schreibe mit Getrenntschreibungen aus der Tabelle Sätze.

*Wenn wir Schlange stehen, müssen wir lange stehen bleiben.* _____

_____

_____

_____

_____

**4** Schreibe den Text „Bettys Praktikum" in dein Heft.

**5** Ergänze im Text passende Wortgruppen mit **sein** vom Rand.

### Meine Zukunft

Bald wird die Schulzeit _beendet  sein_ und damit die Kindheit endgültig

_____ _____ . Dann werde ich zum ersten Mal richtig _____

_____ und verreisen, also einige Zeit _____ _____ . Aber

danach werde ich wieder _____ _____ . In der Ausbildung will ich

möglichst _____ _____ , damit ich später erfolgreich im Berufsleben _____

_____ kann. Eines Tages sollen meine Eltern auf mich _____ _____ .

Meine private Zukunft wird wohl noch eine Weile _____ _____ . Ich kann

zwar sehr _____ _____ , aber ich bin schüchtern. Werde ich noch lange

_____ _____ ? Ich möchte gerne mit jemandem _____ _____ .

Sobald ich eine eigene Familie habe, werde ich jedenfalls _____ _____ .

| |
| --- |
| ~~beendet sein,~~ |
| zufrieden sein, |
| gut sein, |
| dabei sein, |
| allein sein, |
| zusammen sein, |
| frei sein, |
| vorbei sein, |
| offen sein, |
| nett sein, |
| weg sein, |
| hier sein, |
| stolz sein |

**Z 6** Schreibe mit allen Wortgruppen aus Aufgabe 5 eigene Sätze in dein Heft.

## Das kann ich! – Getrenntschreibung

**Punkte**

**1** Welche Wortgruppen mit Verben werden in der Regel **getrennt** geschrieben? Ergänze den Merksatz.

Wortgruppen aus zwei _____ , Wortgruppen aus **Nomen** + _____ und

_____ + **Verb** sowie Wortgruppen **mit** _____ schreibt man meist getrennt.

☐ /4 Punkte

**2** **a.** Markiere im Text alle Wortgruppen aus **Nomen + Verb** blau.
**b.** Markiere alle Wortgruppen aus **zwei Verben** rot.

„Wollen wir heute Ski laufen?", fragte mich Tina nach der Schule. „Ach, nein", antwortete ich, „am Lift muss man so lange Schlange stehen und während der Fahrt dann auch noch stehen bleiben. Lass uns doch lieber Schlitten fahren oder spazieren gehen. Da können wir vielleicht auch jemanden kennen lernen."

☐ /3 Punkte
☐ /3 Punkte

**3** Ergänze in Satz **A** drei **Wortgruppen aus Adjektiv + Verb**, in den Sätzen **B** drei **Wortgruppen mit sein** und in Satz **C** zwei **weitere Wortgruppen**. Die benötigten Wortgruppen findest du am Rand.

**A** Du solltest in der Prüfung _____ _____ und nicht vor Aufregung

_____ _____ – dann wirst du bestimmt alles _____ _____ .

**B** Tagsüber soll das Licht nicht ____ _____ , sondern es muss ____ _____ .

Merkt euch das, weil es mit der billigen Energie bald _____ ____ wird.

**C** Ich sage es _____ _____ : Seid im Theater ____ _____ leise.

☐ /8 Punkte

| |
| --- |
| aus sein, |
| richtig machen, |
| vor allem, |
| ruhig bleiben, |
| vorbei sein, |
| nur einmal, |
| nervös werden, |
| an sein |

Gesamtpunktzahl: ☐ /18 Punkte

# Wörter mit h

Bei einigen Wörtern steht nach einem lang gesprochenen Vokal oder Umlaut ein **h**. Allerdings nur vor den Konsonanten **l**, **m**, **n** und **r**, z. B.:

St**uh**l          **äh**nlich.

langer Vokal vor l      langer Umlaut vor n

In den meisten Wörtern folgt nach einem langen Vokal **kein h**.

**1** Markiere das **h** nach langem Vokal in den Wörtern im Kasten.

allmählich, die Bahn, belohnen, berühmt, bezahlen, ehrlich, erzählen, fahren, das Fahrrad, der Fehler, fühlen, die Gefahr, das Gefühl, ihm, ihn, ihr, das Jahr, die Lehrerin, mehr, nehmen, ohne, das Ohr, sehr, stehlen, der Stuhl, die Uhr, ungefähr, der Verkehr, wählen, wahr, während, wahrscheinlich, wohl, wohnen, die Wohnung, die Zahl, zählen, der Zahn, zehn, zahm

**2** Schreibe die Wörter aus Aufgabe 1 auf die Linien.

*allmählich,* _____

_____

_____

_____

_____

**3** Schreibe die Wörter aus Aufgabe 1 in die passenden Spalten der Tabelle.

**h nach langem Vokal …**

| … vor l | … vor m | … vor r |
|---|---|---|
| *allmählich,* | | |
| | **… vor n** | |
| | | |

**4** Wähle zehn Wörter aus. Schreibe eigene Sätze in dein Heft.

**5** **a.** Ergänze passende Wörter aus der Randspalte.
  **b.** Schreibe den Text in dein Heft ab.
  **c.** Markiere die Wörter mit **h** nach langem Vokal in deinem Heft.

## Vor dem Praktikum

Vor der Bewerbung solltest du Folgendes in _Erfahrung_ bringen:

A  Wo befindet sich der Praktikumsplatz? Muss ich weit _____?

  Wie komme ich hin, mit öffentlichen _____, mit

  dem _____ oder zu Fuß?

B  Was wird von mir verlangt? Bei einem _____ wirst du nicht

  _____ dürfen, bei einem _____

  nicht gleich verkaufen.

C  Mit welchen Arbeitsmitteln oder Werkzeugen werde ich arbeiten?

  _____ kann ich Geräte noch gar nicht bedienen.

D  Welche Bedingungen finde ich vor? Muss ich _____ viel arbeiten?

  Also, sich besser vorher informieren als sich später ärgern!

Z **6**  Schreibe einen eigenen Text, z. B. zum Thema Praktikum.
  Verwende darin möglichst viele Wörter mit **h**. Schreibe in dein Heft.

Erfahrung,
Zahnarzt,
Uhrmacher,
sehr,
fahren,
wahrscheinlich,
Verkehrsmitteln,
Fahrrad,
bohren

## Das kann ich! – Wörter mit h

**Punkte**

**1**  Ergänze den Merksatz.

  Bei einigen Wörtern steht nach einem _____ gesprochenen Vokal oder

  Umlaut ein **h**. Allerdings nur vor den Konsonanten **l**, ____ , ____ und _____.

[ ] /4 Punkte

**2** **a.** Ergänze den Lückentext mit passenden Wörtern vom Rand.
  **b.** Markiere im Text ein Wort mit zwei **h** nach jeweils langem Vokal.

[ ] /6 Punkte
[ ] /1 Punkte

  Kevin Müller, 18 Jahre, erstes Lehrjahr, erzählt:

  Nach der Realschule habe ich mit dem _____

  begonnen, weil mein _____ meinte, ich solle mir die Berufswahl

  genau überlegen. Ich bin auch zu Hause ausgezogen und habe für meine erste

  _____ Möbel gesucht. Weil gute Möbel _____ teuer waren,

  habe ich selber Möbel gebaut. Das hat mir _____ gut

  gefallen und ich habe daraufhin den Beruf des Tischlers _____.

gewählt,
Lehrer,
Berufs-
grundschuljahr,
Wohnung,
sehr,
unwahrscheinlich

Gesamtpunktzahl: [ ] /11 Punkte

# Wörter mit wider

Das Wort **wider** hat die Bedeutung „**gegen**", „**dagegen**", „**entgegen**",
z. B.: Du sollst mir nicht **widersprechen**.

**1** a. Markiere in den folgenden Wörtern **wider**.

b. Ordne die Wörter nach Wortarten in die Tabelle unten ein.

die Widerrede, widerlich, widerfahren, der Widersacher, widerlegen,
widerwillig, der Widerstand, widerstandsfähig, widerstehen, anwidern,
widersprechen, der Widerspruch, das Widerwort, die Erwiderung,
die Widerstandskraft, widerstandslos, widerrufen, widersetzen,
widerwärtig, widersprüchlich, widerspruchslos, widerstreben,
erwidern, widerspenstig, widerhallen, der Widerwille, der Widerruf,
widerrechtlich, unwiderstehlich, der Widersinn

**Wörter mit wider**

| Nomen | Verben | Adjektive |
|-------|--------|-----------|
| die Widerrede, | | |
| | | |
| | | |
| | | |
| | | |
| | | |
| | | |
| | | |
| | | |

**2** Schreibe die passenden Wörter mit **wider** hinter die Worterklärungen.
Du findest sie in der Tabelle unter Aufgabe 2.

die Gegenrede: _die Widerrede_    die/der Abscheu: _____

abscheulich: _____    kampflos: _____

zustoßen: _____    störrisch: _____

entgegnen: _____    gegensätzlich: _____

der Gegner: _____    gegen das Gesetz: _____

der Gegensinn: _____    das Gegenteil beweisen: _____

**3** Schreibe mit den Wörtern mit **wider** aus Aufgabe 3 je einen Satz
in dein Heft.

**4** **a.** Ergänze den Text mit passenden Wörtern vom Rand.
**b.** Schreibe den Text in dein Heft ab.

Gestern ist mir eine komische Geschichte _____.

Eine maskierte Mickymaus sprang mir in den Weg und rief: „Hände hoch!

Jeder _____ ist zwecklos." Sie hielt eine Banane in der Hand

und ihre _____ Haare flogen im Wind. Zuerst war ich

5  etwas überrumpelt, aber dann konnte ich nicht _____ und biss in

die Banane. Die Mickymaus stieß vor Schreck einen spitzen Schrei aus und

versuchte erfolglos, ihre Banane aus meinem Biss zu befreien.

_____ überließ mir die Mickymaus schließlich die Banane.

Offensichtlich frustriert verschwand mein _____

10  daraufhin sofort, und so hatte ich keine Gelegenheit mehr, etwas zum Dank zu

_____ .

> erwidern,
> widerspenstigen,
> widerstehen,
> widerfahren,
> Widersacher,
> Widerstand,
> widerwillig

## Das kann ich! – Wörter mit wider

**1** Ergänze den Merksatz.

Das Wort **wider** hat die Bedeutung „_____", „_____", „_____".

/3 Punkte

**2** Schreibe passende Wörter mit **wider** vom Rand hinter die Worterklärungen.

die Gegenrede: _____

kampflos: _____

antworten: _____

störrisch: _____

> widerspenstig,
> widerstandslos,
> erwidern,
> die Widerrede

/4 Punkte

**3** Ergänze die Sätze mit passenden Wörtern vom Rand.

A  Der Verbrecher ließ sich _____ festnehmen. Er hatte

erkannt, dass jeder _____ sinnlos war.

B  „Da muss ich dir aber _____", sagte Alessandro, der

anderer Meinung war.

C  „Ich weiß nicht, was ich darauf _____ soll. Ich bin

sprachlos", sagte sie überrascht.

D  „Du glaubst nicht, was mir heute _____ ist, als ich in

den Bus steigen wollte!", erzählte er seiner Kollegin.

E  „Na gut, wenn es unbedingt sein muss", sagte sie _____ .

F  „Der Kuchen sah so lecker aus, da ich konnte ich einfach nicht

_____", sagte er mit schuldbewusstem Gesicht.

> erwidern,
> widerwillig,
> Widerstand,
> widerstehen,
> widerstandslos,
> widersprechen,
> widerfahren

/7 Punkte

Gesamtpunktzahl: ____ /14 Punkte

# Komma in Satzgefügen

**1** **a.** Setze in den Satzgefügen die fehlenden Kommas.
  **b.** Kreise die Konjunktion ein und markiere das Komma.
  **c.** Unterstreiche die Nebensätze einmal und die Hauptsätze zweimal.

A (Als) sie mit den Hausaufgaben fertig war, lief Sophie zu ihrer Freundin.

B Kevin ist meistens schon von selbst aufgewacht wenn der Wecker klingelt.

C Obwohl ihre Mutter viel arbeitet möchte Maria Industriekauffrau werden.

D Ich weiß selbst dass ich heute nicht gut Fußball gespielt habe.

**2** Der folgende Text enthält sechs Satzgefüge.
  Viermal steht der Nebensatz vor dem Hauptsatz und zweimal dahinter.
  **a.** Kreise die Konjunktionen ein und markiere das Komma.
  **b.** Unterstreiche die Nebensätze einmal und die Hauptsätze zweimal.
  **c.** Schreibe die Satzgefüge in dein Heft ab.

### Irinas erster Tag im Praktikum

(Weil) sie pünktlich um 7:30 Uhr im städtischen Kindergarten sein muss, steht Irina am Montagmorgen sehr früh auf. Sie läuft rasch zur Bushaltestelle. Als sie im Kindergarten ankommt, wird sie von der Leiterin freundlich begrüßt. Dann geht sie in eine Gruppe. Dort ist es sehr laut, obwohl Irina den Kindern eine Geschichte vorliest. „Ich zeige dir etwas", sagt die Kindergärtnerin zu ihr. „Heb einfach die Hand und warte. Die Kinder kennen das." Nachdem Irina den Rat befolgt hat, wird es ganz leise im Raum. Da freut sich die Praktikantin. Sie weiß heute schon, dass dies der richtige Beruf für sie ist. Wenn sie den Schulabschluss geschafft hat, möchte sie Erzieherin werden.

**3** Schreibe eigene Satzgefüge mit den folgenden Konjunktionen auf.
  Du kannst den Nebensatz nach vorne oder nach hinten stellen.
  Denke an die Kommas.

(als) _Als ich beim Einkaufen war, habe ich eine Neuigkeit erfahren._

(wenn) _____

(weil) _____

(obwohl) _____

(nachdem) _____

(solange) _____

# Komma in Aufzählungen

Die Teile einer **Aufzählung**, die nicht durch **und**/**oder** verbunden sind, werden durch **Komma** voneinander getrennt.

Aufzählungen können bestehen aus:
- **Wörtern**: Mathe, Deutsch, Sport und Bio sind meine Lieblingsfächer.
- **Satzteilen**: Zu einer schriftlichen Bewerbung gehören das Bewerbungsschreiben, der Lebenslauf, ein Foto und eine Zeugniskopie.
- **Sätzen**: Beim Schulfest führte meine Klasse morgens ein Theaterstück auf, nachmittags öffneten wir eine Losbude und abends verkauften wir heiße Würstchen.

**1** Setze die fehlenden Kommas und unterstreiche alle aufgezählten Wörter.

<u>Kartoffeln</u> **,** Reis Nudeln und Brot sind Nahrungsmittel.

Am liebsten esse ich Bohnen Linsen Artischocken und Möhren.

Am liebsten trage ich Jeans Karohemd und Sneakers oder Shorts T-Shirt und Flip-Flops.

**2** Setze die fehlenden Kommas und unterstreiche alle aufgezählten Satzteile.

Für meine Reise packe ich <u>vier T-Shirts</u> **,** zwei Hosen einen Pullover sechs Unterhosen fünf Paar Socken und ein Paar Schuhe ein.

Montags haben wir um acht Uhr Englisch um neun Uhr dreißig Mathe um zehn eine Doppelstunde Deutsch und um Viertel vor zwölf Chemie.

**3** **a.** Setze die fehlenden Kommas und unterstreiche alle aufgezählten Sätze.
   **Tipp:** Markiere Zeitangaben in den aufgezählten Sätzen.
   **b.** Schreibe die Sätze in dein Heft ab. Denke an die Kommas.

In den Ferien <u>schwamm ich jeden Morgen im Meer</u> **,** nachmittags spielte ich mit meinen Freunden am Strand Fußball und abends trafen wir uns in einer Disko.

Nachmittags fahre ich oft alleine und sehr schnell Fahrrad manchmal basteln wir auch in der Werkstatt meines Vaters Holzspielzeug für die kleinen Cousins gelegentlich gehe ich mit Freunden Eis essen und langweilen tue ich mich nie.

**4** Finde im folgenden Text den Satz mit den Aufzählungen und setze die fehlenden Kommas.

## Im Praktikum

Während ihres Praktikums in einem Krankenhaus erfährt Betty, dass sie am nächsten Tag die Kinderabteilung kennen lernen wird, wo ihre Hilfe dringend benötigt wird. Betty freut sich. Sie wird den kranken Kindern tagsüber Geschichten erzählen mit ihnen Spiele machen zwischendurch beim Essen helfen abends eine „Gutenachtgeschichte" vorlesen und dabei immer freundlich sein.

**5** Schreibe vier eigene Sätze mit Aufzählungen in dein Heft.

# Komma bei dass-Sätzen

**1** **a.** Unterstreiche in dem Text die **dass**-Sätze.
   **b.** Setze die fehlenden Kommas.
   **c.** Kreise die Konjunktion **dass** ein und markiere die Kommas.

Die Lehrerin sagt , (dass) die Berufsberaterin bald komme. Dass die Klasse Beratungsbedarf habe meint sie. Wir sollen das Klassenzimmer dafür aufräumen. Dass die Berufsberaterin erkrankt ist erfahren wir tags darauf. Die Schülerinnen und Schüler sind enttäuscht dass die Beratung ausfällt. Dass dafür Unterricht stattfindet erfahren sie am Schwarzen Brett.

**2** Ergänze die Hauptsätze mit passenden dass-Sätzen. Denke an die Kommas.

Ich glaube , _dass wir heute noch eine Überraschung erleben werden_ .

_____ hast du geahnt.

Er weiß doch _____ .

_____ kann sie sich denken.

Es steht doch fest _____ .

_____ werden wir beweisen.

Ihr werdet sehen _____ .

_____ bezweifeln sie.

Sie nimmt an _____ .

_____ verstehst du.

**3** **a.** Ergänze die folgenden Satzanfänge mit **dass**-Sätzen.
   **b.** Markiere das Komma mit Blau, das Verb mit Rot und kreise **dass** ein.

Ira meint … (Sascha und Mahmut sollen ihren Müll nicht auf den Boden werfen.)
_Ira meint, (dass) Sascha und Mahmut ihren Müll nicht auf den Boden werfen sollen._

Sascha behauptet … (Sie sammeln das nachher selbst auf.)

_____

Mahmut ergänzt … (Ohne den Müll ist ihr Aufräumdienst nicht sinnvoll.)

_____

Ira denkt … (Die zwei nehmen ihren Strafdienst immerhin mit Humor.)

_____

**1** Ergänze die folgenden Merksätze.

/7 Punkte

Ein Satz, der aus einem _____ (HS) und einem

_____ (_____) besteht, heißt **Satzgefüge**. Der NS wird

durch ein _____ vom HS abgetrennt.

Die Teile einer _____, die nicht durch **und/oder** verbunden

sind, werden durch _____ voneinander getrennt.

Nach Verben des Sagens, Denkens und Meinens folgen oft _____.

**2** Unterstreiche in dem Satzgefüge den Nebensatz und setze das Komma.

/2 Punkte

Weil es im Sommer sehr heiß war bekamen die Schüler an manchen
Tagen hitzefrei.

**3** Setze in den Sätzen die fehlenden Kommas.

/6 Punkte

Zum Abendessen gab es Brot Käse Aufschnitt und Tee.

Gestern Morgen war ich in der Schule nachmittags ging ich zum
Schwimmen ins Freibad und abends traf ich mich mit meiner Clique.

Ich kaufe für das Mittagessen eine Packung Nudeln ein Pfund Gehacktes
eine Zwiebel ein Stück Parmesankäse und ein Glas Bolognese.

**4** Unterstreiche in den Satzgefügen die **dass**-Sätze und setze die Kommas.

/8 Punkte

Ich will dir gern glauben dass du für den Test gelernt hast.

Bist du mir noch böse dass ich das neue Buch verloren habe?

Unser Lehrer meint dass du heute in Hochform bist.

Dass er dabei gezwinkert hat war zu dumm.

**5** **a.** Setze im Text die fehlenden Kommas.
**b.** Markiere die Konjunktion **dass**.
**c.** Kreise die Konjunktionen ein, die Nebensätze einleiten.
**d.** Unterstreiche die aufgezählten Wörter und Satzteile.

/9 Punkte
/3 Punkte
/3 Punkte
/7 Punkte

### Die Erfindung des Heißluftballons

Die Gebrüder Montgolfier aus Frankreich sind die Erfinder des Heißluftballons.
Nicht viele Menschen wissen heute  dass die ersten Passagiere eines Ballons
ein Hammel  eine Ente und ein Hahn waren. Nachdem die Tiere das Experiment
überlebt hatten  erlaubte der König Ludwig XVI. einen Aufstieg mit Menschen.
5 Als dann der Ballon am 21. November 1783 in die Luft stieg  brachen alle
anwesenden Personen in Jubel aus. Der Ballon wurde mit ölgetränktem Holz
Papier  feuchtem Stroh und Stoff befeuert. Damals dachte man nämlich fälschlicherweise  dass der Rauch für den Auftrieb sorgte. Also verbrannte man stark
rauchendes Material. Wenig später entdeckte man jedoch  dass die heiße Luft
10 den Ballon aufsteigen lässt. Heute ist das Fliegen selbstverständlich  denn die
Menschen wollen ohne großen Zeitverlust riesige Entfernungen überwinden.

Gesamtpunktzahl: /45 Punkte

# Wortart: Pronomen

Personalpronomen in
der indirekten Rede
➤ S. 71–72

Relativpronomen
➤ S. 80, 96

**Merkwissen**

Die **Personalpronomen ich**, **du**, **er**, **sie**, **es**, **wir**, **ihr**, **sie** kannst du
für Personen, Lebewesen und Dinge einsetzen.
**Possessivpronomen** zeigen an, wem etwas gehört. Sie können
im Singular und im Plural stehen, z. B.: **mein/meine**, **dein/deine**,
**sein/seine**, **ihr/ihre**, …
Mit den **Demonstrativpronomen dieser/diese/dieses**,
**jener/jene/jenes** kann man auf etwas zeigen oder hinweisen.

Mit Pronomen ersetzt du unnötige Wiederholungen in Texten.

Personalpronomen und
Possessivpronomen

**1** **a.** Welche Wörter und Wortgruppen kannst du durch **Personalpronomen**
oder **Possessivpronomen** ersetzen?
Markiere diese Wörter und Wortgruppen.
**b.** Ersetze deine Markierungen durch Pronomen.
Schreibe den Text „Ferien an der Nordsee" dafür neu in dein Heft.
**c.** Ist bei allen Pronomen eindeutig klar, auf wen oder was sie sich beziehen?
Prüfe deinen Text.

## Ferien an der Nordsee

Marvin kann in diesem Sommer nicht mit Marvins Eltern verreisen,
weil die Eltern sich um Marvins Oma kümmern müssen. So haben Marvins
Eltern Marvin erlaubt, dass Marvin zusammen mit Marvins Cousine Vanessa
und Vanessas Eltern in die Ferien fährt. Vanessa und Vanessas Eltern wollen
5  die Ferien im Ferienhaus von Vanessas Eltern an der Nordsee verbringen und
viel Fahrrad fahren. Vanessa hat von Vanessas Eltern ein neues Fahrrad
zum Geburtstag bekommen. Das neue Fahrrad ist viel leichter und hat
eine bessere Gangschaltung als Vanessas altes Rad. Marvin möchte auch
Marvins Fahrrad mit in die Ferien nehmen. Allerdings muss Marvin Marvins
10 Fahrrad zuvor noch in Ordnung bringen. Marvins Onkel schlägt Marvin vor,
dass Marvin und der Onkel das Fahrrad gemeinsam reparieren.

**2** **a.** Markiere im folgenden Text alle Pronomen blau.
**Achtung:** In diesem Text gibt es auch **Demonstrativpronomen**.
**b.** Auf welche Nomen beziehen sich die Pronomen jeweils?
– Markiere diese Nomen gelb.
– Verbinde die Pronomen und Nomen mit Bleistiftlinien.
**c.** Schreibe die Pronomen und die Nomen in eine Liste in dein Heft.

Demonstrativpronomen

**Starthilfe**

sein – Marvin,
dieses – …
…

## Die Fahrradreparatur

Marvin und sein Onkel schauen sich gemeinsam das Fahrrad an. Dieses ist
noch nicht alt, aber es hat oft draußen gestanden. Marvin entfernt den Rost
am Lenker und an den Speichen. Sie sind teilweise schon etwas verbogen.
Sein Onkel überprüft die Bremsen. Diese funktionieren nicht mehr gut und
ihre Bremsbeläge sind schon abgefahren. Deshalb tauscht er sie aus. Das Licht
und die Gangschaltung funktionieren gut. An ihnen muss nichts repariert
werden. Marvins Onkel überprüft auch die Reifen und pumpt sie auf. Marvin
ist sehr dankbar, und sein Onkel freut sich, dass er ihm helfen konnte.

# Wortart: Verb

## Wiederholung: Präteritum, Plusquamperfekt und Futur

In informierenden Texten verwendest du besonders oft die Zeitformen Präteritum, Plusquamperfekt (Vorvergangenheit) und Futur.

**1** **a.** Markiere im Text alle Verben.
**b.** Schreibe die Verben jeweils zu der passenden Zeitform auf die Linien.
**Tipp:** Drei der Zeitformen bestehen aus jeweils zwei Verben.

### Geschichte und Zukunft der Solarenergie – Teil 1

Der französische Physiker Alexandre Edmond Becquerel entdeckte 1839
zusammen mit seinem Vater den fotoelektrischen Effekt oder kurz Fotoeffekt.
Damit erkannte er die Voraussetzungen für die Solarzellen von heute. Allerdings
hatte es eine passive Nutzung der Sonneneinstrahlung schon viel früher gegeben.
5 So hatten zum Beispiel schon die alten Ägypter den Sonnenstand bei Haus-
bauten berücksichtigt. In Zukunft wird man mehr Sonnenenergie nutzen.

Präteritum: _entdeckte,_____

Plusquamperfekt: _____

_____ Futur: _____

Alexandre Edmond Becquerel

**2** Ergänze passende Verben in den Zeitformen Präteritum, Plusquamperfekt
oder Futur auf den Linien. Verwende dabei die Verben vom Rand.
**Tipp:** Achte auf die Zeitangaben im Text.

### Geschichte und Zukunft der Solarenergie – Teil 2

Man _begann_ erst im 20. Jahrhundert, Solarzellen aus Silizium herzustellen,

obwohl Wissenschaftler das Prinzip der Solarzellen schon im 19. Jahrhundert

_____ _____. Im Laufe des 20. Jahrhunderts

10 _____ man die Technik zwar immer weiter, aber lange Zeit

_____ die Solarzellen kaum Verbreitung, weil andere Energieträger

damals noch günstig _____. Als jedoch mit der Ölkrise das Erdöl

immer teurer _____, _____ man sich

allmählich für Solarenergie. Heute nimmt man an, dass die Solarenergie bis zum

15 Jahr 2030 etwa 10 Prozent des weltweiten Strombedarfs _____

_____. Dann _____ 6,5 Millionen Menschen im

Bereich der Solarenergie _____. Besondere Vorteile

_____ diese Entwicklung für solche Gegenden der Welt mit sich

_____, die bisher nicht an ein Stromnetz angeschlossen sind.

20 Mit der Nutzung von Solarenergie _____ man auch den Ausstoß

des klimaschädlichen Kohlendioxids mit der Zeit deutlich reduzieren

_____ .

beginnen,
entdecken,
entwickeln,
finden,
sein,
werden,
(sich) interessieren,
decken,
arbeiten,
(mit sich) bringen,
können

Eine mit Solarenergie
betriebene Wasserpumpe

# Das Passiv im Präsens und im Präteritum

**1** **a.** Markiere im Text alle Verbformen im Passiv.

Achtung: Manchmal gibt es zu der Form von **werden** zwei Partizipien.

**b.** Schreibe die markierten Passivformen nach Zeitformen geordnet auf.

## Vandalismus am Südbahnhof

In der Nacht von Samstag auf Sonntag wurden am Südkreuz mehrere Bahnwaggons stark beschädigt. Die Karosserien wurden mit großen Graffitis beschmiert und die Innenräume wurden zum Teil verwüstet. Allem Anschein nach wurde dort gefeiert, denn es wurden leere Flaschen und Pappbecher

5 gefunden. Der Schaden wurde am frühen Morgen entdeckt. Nachdem die Polizei eingetroffen war, wurde der Schaden sofort untersucht. Ein Polizeisprecher informierte: „Es werden leider häufig Waggons zerstört. Viele Täter werden aber irgendwann verurteilt, denn alle Graffitis werden von uns fotografiert. Oft werden sie ähnlich gestaltet oder sogar mit einem Kürzel signiert[1], sodass dann

10 mehrere Graffitis einem Täter zugeordnet werden." Für Hinweise, die zum Täter führen, wurde eine Belohnung ausgesetzt.

Präsens Passiv: _____

_____

Präteritum Passiv: _wurden beschädigt,_ _____

_____

_____

**2** **a.** Markiere im Text Verben, die das Tun der „Unbekannten" beschreiben.

**b.** Schreibe die Sätze mit den markierten Verben im Passiv in dein Heft.

## Guerilla[2]-Stricken statt Graffiti

Viele Menschen hasteten an diesem trüben Wintertag durch die graue Stadt zur U-Bahn. Plötzlich zauberten ihnen Unbekannte ein Lächeln ins Gesicht. Die Guerilla-Handarbeiter schlugen im Winter 2010 erstmals zu: Unbekannte strickten kleine Mützen und Schals. Damit dekorierten diese Unbekannten heimlich die Stadt. Die Unbekannten verschonten dabei nichts: Fahrradständer, Laternen, Straßenzäune – die Unbekannten bestrickten alles. Die Unbekannten zerstören dabei nichts, sondern sie machen die Stadt bunter. Einige der Strick-Graffitis waren geradezu bestrickend schön.

**Z** **3** Wie haben Unbekannte deinen Wohnort verschönert? Schreibe einen eigenen Zeitungsbericht im Passiv. Achte dabei auf die richtigen Zeitformen.

[1] signieren: ein Kunstwerk mit einem meist abgekürzten Namen unterschreiben
[2] die Guerilla: Menschen im Untergrundkampf; hier ironisch gemeint

# Einen Versuch im Passiv beschreiben

Das Passiv verwendest du auch in Versuchsbeschreibungen.

**1** **a.** Lies die folgenden Notizen und sieh dir die Bilder am Rand an.
**b.** Ergänze die Versuchsbeschreibung im Passiv und in ganzen Sätzen.
Verdeutliche die Reihenfolge durch abwechslungsreiche Satzanfänge.

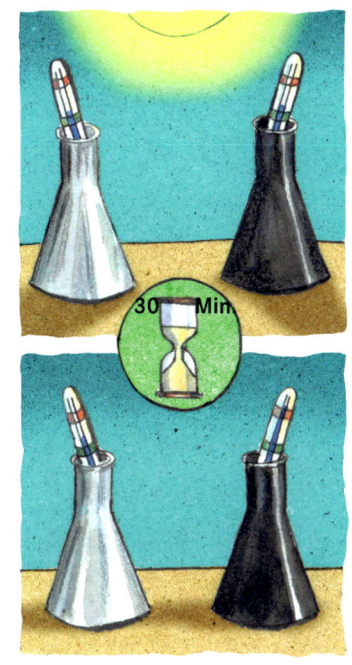

– ~~soll untersuchen~~: wie kann man die Wärmestrahlung der Sonne nutzen
– benötigen, ein silberner und ein schwarzer Erlenmeyerkolben, zwei lange
Thermometer, Wasser
– beide Erlenmeyerkolben mit Wasser füllen
– Thermometer in Erlenmeyerkolben stellen
– Erlenmeyerkolben in Sonne stellen
– nach 30 Minuten: Thermometer ablesen. Feststellen, dass die Temperatur
des Wassers im schwarzen Kolben höher ist als die im silbernen Kolben
– Ergebnis: Wasser in schwarzem Kolben stärker erhitzt als in silbernem
– Erklärung: silberne Oberfläche: Licht und Wärme reflektieren[1]
schwarze Oberfläche: Licht und Wärme absorbieren[2]
Deshalb Wasser in schwarzem Kolben durch Sonne erwärmt.

Überschrift: **Wie kann man die Wärmestrahlung der Sonne nutzen?**

Einleitung: _In diesem Versuch soll untersucht werden,_
_____

Material: _____
_____

Versuchsaufbau: _____
_____
_____

Versuchsdurchführung: _____
_____
_____
_____

Ergebnis: _____
_____

Erklärung: _____
_____
_____
_____
_____

[1] reflektieren: zurückstrahlen    [2] absorbieren: in sich aufnehmen

## Das kann ich! – Passiv

**1** Ergänze die folgenden Merksätze.

Das _____ beschreibt, wenn etwas mit einer Person oder einem

_____ getan wird. Die _____ ist

wichtig, nicht, wer sie ausführt. Deshalb wird die handelnde _____

im Passiv in der Regel nicht genannt. Das Passiv wird mit einer Form von

_____ und dem **Partizip Perfekt** gebildet.

**2** **a.** Setze die folgenden Sätze ins Passiv.
**b.** Kreuze an, in welcher Zeitform die Sätze stehen.

|  | Präsens | Präteritum |
|---|---|---|
| Man mischt die Zutaten. _____ | ☐ | ☐ |
| Wir mischten die Zutaten. _____ | ☐ | ☐ |

**3** **a.** Markiere im folgenden Text alle Verbformen im Passiv.
**b.** Schreibe die markierten Verbformen nach Zeitformen geordnet auf.

### Der Helioflex

Im Jahr 1999 wurde der Helioflex erfunden. Der Berliner Christoph Keller
kam auf die Idee, weil er in einer dunklen Hinterhauswohnung lebte,
in die kein Licht drang. Auf diese Erfindung wurde er durch Sonnenblumen
gebracht, die ihre Köpfe immer in Richtung Sonne drehen. Für einen Helioflex
5 wird eine verspiegelte Plexiglasscheibe auf eine Satellitenschüssel montiert.
Die Scheibe wird dann durch Schrauben gekrümmt. Die Spiegelfläche wird
durch eine Mechanik mit der Sonne gedreht. Nachts wird der Spiegel
automatisch gen Osten gerichtet und wartet dann auf die aufgehende Sonne.
Der Helioflex wurde so auf dem Dach aufgestellt, dass das Sonnenlicht
10 eingefangen und in die Fenster von Kellers Wohnung reflektiert wurde.

Präsens Passiv:          Präteritum Passiv:

_____     _____

_____     _____

_____     _____

_____     _____ ...

       ... und _____

**4** Schreibe mit den folgenden Stichworten fünf Sätze im Passiv in dein Heft.

- *umlenken, durch den Helioflex das Sonnenlicht*
- *verwenden, zum Bau Teile von Satellitenanlagen*
- *drehen, durch eine Mechanik die Spiegelfläche*
- *aufstellen, der Helioflex auf Hausdächern*
- *beleuchten, dunkle Wohnungen mit dem Helioflex*

Gesamtpunktzahl:

# Der Konjunktiv I in der indirekten Rede

Den Konjunktiv I verwendest du zur Wiedergabe von Gesprächen.

**Merkwissen**

> Wenn du wiedergeben möchtest, was jemand gesagt hat, verwendest du
> häufig die **indirekte Rede** mit dem **Konjunktiv I**, z. B.:
> Der Stürmer sagte, er **habe** kein Foul begangen. Deshalb **sei** die Rote
> Karte unberechtigt gewesen.
> Um den **Konjunktiv I** der dritten Person Singular (er, sie, es) zu bilden,
> streichst du das -**n** vom Infinitiv, z. B.:
> Infinitiv: habe**n** – er habe (Konjunktiv I), Infinitiv: sei**n** – er sei (Konjunktiv I).

In der Kurzgeschichte **Schüleraustausch** gibt es das folgende Gespräch.

Kurzgeschichte
„Schüleraustausch"
➤ S. 32–34

**1**  **a.** Markiere in jedem Satz der wörtlichen Rede die gebeugte Verbform.
  **b.** Welche Pronomen musst du in der indirekten Rede ändern? Kreise sie ein.

„Lange nicht gesehen", sagte er. „Kommst du heute Abend ins Bistro?"

Dabei hatte er dieses weltmännische Gesicht.

„Tut mir leid", lächelte Sandra. „Ich habe heute ein Rendezvous."

„Was soll das denn heißen", fuhr Stefan sie an und sah plötzlich gar nicht mehr

cool aus. „Ich denke, du gehst mit mir!"

„Oh, klar", grinste Sandra. „Ich finde nur, dass unsere Beziehung in der letzten

Zeit etwas eng geworden ist. Wir sind hier in Frankreich, [das] weißt du.

Offene Beziehungen sind hier mega-in."

Und dann ließ sie den verdutzten Stefan einfach stehen.

> **Redeeinleitungen:**
> empört rufen,
> antworten,
> erklären,
> hinzufügen,
> sagen,
> bemerken,
> fragen

**2**  **a.** Schreibe das Gespräch in der indirekten Rede und im Präsens in dein Heft.
  – Du kannst für die Redeeinleitungen die Verben vom Rand verwenden.
  – Du musst an einigen Stellen weitere Wörter verändern.
  **b.** Markiere in deinem Text die Konjunktive und die Pronomen.
  **c.** Unterstreiche andere veränderte Wörter.

**Starthilfe**

> Stefan sagt, er habe Sandra
> lange nicht gesehen, und
> fragt sie, ob sie an diesem
> Abend ins Bistro komme. …

**3**  Schreibe das folgende Gespräch in indirekter Rede in dein Heft.

### Wenn Herr K. einen Menschen liebte – Bertolt Brecht

„Was tun Sie", wurde Herr K. gefragt, „wenn Sie einen Menschen lieben?" „Ich
mache einen Entwurf von ihm", sagte Herr K., „und sorge, daß er ihm ähnlich
wird." „Wer? Der Entwurf?" „Nein", sagte Herr K., „der Mensch." R

**Starthilfe**

> Herr K. wird gefragt, was
> er tue, wenn …

**Z** **4**  Untersuche die Pointe[1] der Geschichte.
  **a.** Ersetze die Wortgruppe **einen Entwurf** durch **eine Skizze**.
    Schreibe dazu die Geschichte ab.
  **b.** Warum funktioniert die Pointe mit dem Wort **Skizze** nicht?
    Schreibe eine Erklärung in dein Heft.
  **c.** Ändere den Text so, dass die Pointe mit dem Wort **Skizze** funktioniert.

---

1 die Pointe: ein überraschender und meist witziger Schluss einer Geschichte

# Der Konjunktiv II in der indirekten Rede

Manchmal verwendest du in der indirekten Rede auch den Konjunktiv II.

> **Merkwissen**
>
> Wenn sich in der **indirekten Rede** der **Konjunktiv I** nicht vom **Indikativ**
> (so heißt die Verbform in der wörtlichen Rede) unterscheidet, verwendest
> du den **Konjunktiv II**, z. B.:
> Bayram: „Erol und ich **kommen** morgen." (wörtliche Rede)
> Bayram sagt, Erol und er ~~kommen~~ **kämen** morgen. (indirekte Rede)
> Konjunktiv I   Konjunktiv II
> Der **Konjunktiv II** kann auch eine Wunschwirklichkeit ausdrücken,
> z. B.: Wenn wir nur öfter Sport **hätten**, **käme** ich gerne zur Schule.
> Der Konjunktiv II wird vom Präteritum abgeleitet, z. B.:
> **er hatte – er hätte, sie kam – sie käme, sie sah – sie sähe**.

Die 8 b diskutiert, was sie am nächsten Wandertag unternehmen will.

**1**  **a.** Markiere die konjugierten Verben in der wörtlichen Rede.
  **b.** Trage die markierten Verben in die erste Spalte der Tabelle unten ein.

Herr Schwarz: „Wir müssen uns noch etwas für den Wandertag überlegen."
Tim: „Wir können bowlen gehen. Das macht immer viel Spaß."
Sybel: „Nein, das haben wir schon zweimal gemacht."
Tom: „Dann sehen wir uns eben einen Film im Kino an!"
Hussein: „Ich finde das Sportzentrum am besten!"
Tim: „Da kann man auch Beach-Volleyball spielen."
Sybel: „Aber Beate und ich dürfen dann wohl auch Squash spielen."
Herr Schwarz: „Dann werden wir für Mittwoch beim Sportzentrum anfragen."

| Indikativ | Konjunktiv I | Konjunktiv II | Präteritum |
|---|---|---|---|
| wir _müssen_ | sie _müssen_ | sie _müssten_ | sie _mussten_ |
| wir _____ | sie _____ | sie _____ | sie _____ |
| es _____ | es _____ | es _____ | es _____ |
| wir _____ gemacht | sie _____ gemacht | sie _____ gemacht | sie _____ |
| wir _____ | sie _____ | sie _____ | sie _____ |
| ich _____ | er _____ | er _____ | er _____ |
| man _____ | man _____ | man _____ | man _____ |
| wir _____ | sie _____ | sie _____ | sie _____ |
| wir _____ | sie _____ | sie _____ | sie _____ |

**2**  **a.** Ergänze in der zweiten Spalte der Tabelle den Konjunktiv I.
  **b.** Welche Konjunktive I unterscheiden sich vom Indikativ? Markiere sie.

**3**  Ergänze in der dritten Spalte der Tabelle den Konjunktiv II.
  Du kannst dir zum Ableiten zuerst die Präteritumformen am Rand notieren.

**4**  **a.** Schreibe das Gespräch in indirekter Rede in dein Heft.
  – Verwende den Konjunktiv II, wenn der Konjunktiv I dem Indikativ gleicht.
  – Denke an abwechslungsreiche Redeeinleitungen.
  **b.** Markiere alle Konjunktive in deinem Text.

> **Starthilfe**
>
> Herr Schwarz sagte, sie
> müssten sich noch etwas
> für den nächsten Wandertag
> überlegen.
> Tim schlug vor, sie …

# Der Konjunktiv II in höflichen Aufforderungen

Häufig verwendest du den Konjunktiv II in Aufforderungen und Bitten.

**Merkwissen**

> In Form einer **Frage** drückt der **Konjunktiv II Aufforderungen** oder
> **Bitten höflicher** aus als der Imperativ. Diese Höflichkeitsform verwendet
> man oft in offiziellen Briefen und beim Sprechen. Häufig muss man dabei
> noch das Wort **bitte** ergänzen, z. B.:
> **Imperativ (Befehlsform)**: **Schicken** Sie mir das Formular!
> **Sei** leise!
> **Frage mit Konjunktiv II**: **Könnten** Sie mir **bitte** das Formular schicken?
> **Würdest** du **bitte** leise sein?

**Weil Tom Informationen für ein Referat benötigt, schreibt er einen Brief.**

**1** **a.** Welche Stellen im Brief müssen höflicher formuliert werden? Markiere sie.
**b.** Schreibe den Brief mit sehr höflichen Formulierungen neu in dein Heft.
  – Verwende Wortgruppen mit dem Konjunktiv II vom Rand.
  – Ergänze an passenden Stellen Adverbien und das Wort **bitte**.

Sehr geehrte Frau Meissner,

Ihr Betrieb beschäftigt sich mit Kläranlagen und Wasserwirtschaft. Da
ich für die Schule zu diesem Thema ein Referat vorbereite, brauche ich
gutes Informationsmaterial. Schicken Sie mir Prospekte Ihres Betriebes zu.
Ich will auch wissen, ob ich mir Teile Ihres Betriebes anschauen kann. Geben
Sie mir diese Information und antworten Sie bis Freitag.

Mit freundlichen Grüßen
*Tom Schmidt*

**Wortgruppen mit Konjunktiv II:**
könnten Sie,
würden Sie,
hätten Sie,
dürfte ich,
könnte ich,
hätte ich,
ich wüsste gern

**Adverbien:**
vielleicht, auch, doch,
möglicherweise,
gern(e), möglichst

**2** Formuliere die folgenden Aufforderungen höflicher. Schreibe auf die Linien.
Verwende dabei Fragen mit dem Konjunktiv II und Adverbien.

| | | | |
|---|---|---|---|
| Hilf mir mal! | Ich will eine Pizza haben! | Geben Sie mir den Schlüssel! | Hast du ein Blatt Papier für mich? |
| Lassen Sie mich vorbei! | Ich will mir deine Lösung ansehen. | Mach mal das Fenster zu! | Ich will wissen, wann wir uns morgen treffen. |
| Gib mir dein Buch! | | | |

*Könntest du mir bitte mal helfen?*

# Indirekte Rede: Konjunktiv I, II und Ersatzform

Wenn sich in der **indirekten Rede** der **Konjunktiv I** nicht vom Indikativ unterscheidet, verwendest du den **Konjunktiv II**. Wenn der Konjunktiv II sich nicht vom Präteritum unterscheidet oder sehr ungewohnt klingt, verwendest du die Ersatzform mit **würde**, z. B.:

Ihr sagt: „Die Schüler **stehen** gerne im Bus." (**Indikativ**)

Ihr meint, sie **stehen** gerne im Bus. (**Konjunktiv I**) – *kein Unterschied!*

Ihr meint, sie **stünden** gerne im Bus. (**Konjunktiv II**) – *klingt ungewohnt!*

Ihr meint, sie **würden** gerne im Bus **stehen**. – *Ersatzform mit „würde"*

**Du verwendest die indirekte Rede auch in Protokollen.**

**1** Markiere im Text alle Ersatzformen mit **würde** und den Infinitiv.

**2** **a.** Prüfe, an welchen Stellen ein Konjunktiv I besser geeignet wäre.
   Schreibe dazu die Verbformen nebeneinander unter dem Text auf.

**b.** Vergleiche den Konjunktiv I mit dem Indikativ.
   Wenn die Formen gleich sind, ergänze den Konjunktiv II.

## Gesprächsprotokoll der Gesamtschülervertretung vom 25. 01. 2011

…

### TOP[1] 3: Pausenregelung (Mittagspause)

Unser Schulsprecher Kajo F. sagte, dass die Mittagspause von 45 Minuten viel zu lang sein würde. Gerade viele Schüler der unteren Jahrgänge würden sich in dieser Zeit langweilen. Wir würden zwar auch Freizeitangebote bekommen, aber oft würden einige Aktivitäten ausfallen. Die Klassensprecher der 8 b sagten,
5  dass sie noch eine Umfrage in der Klasse machen würden. Aber viele würden sich jetzt schon beschweren, weil sie durch die lange Mittagspause so spät nach Hause kommen würden. Es würde ihnen kaum noch Zeit bleiben, um nachmittags Freunde zu treffen. Dagegen meinten die Klassensprecher der 8 d, die Schüler würden nun endlich genug Zeit haben, um in der Mensa zu essen.
10  Nach dem Essen würden sie noch Tischtennis oder Basketball spielen. Sie würden also ganz zufrieden mit der neuen Regelung sein.

…

Protokoll: Thore Brandt, Klassensprecher der 8 a

*er würde sein – er sei (Konjunktiv I),*

_____

_____

_____

_____

_____

_____

_____

**3** **a.** Überarbeite Thores Gesprächsprotokoll in indirekter Rede.
   Berücksichtige dabei die Regeln aus dem Merkwissen oben.
   **b.** Markiere alle Konjunktive und Ersatzformen in deinem Ergebnis.

1 TOP: Abkürzung für: (der) Tagesordnungspunkt

**1** Ergänze die folgenden Merksätze.

Den Konjunktiv I in der _____ Rede verwendet man zum

Beispiel, wenn man eine Inhaltsangabe oder ein Protokoll schreibt.

Wenn sich der _____ nicht vom Indikativ unterscheidet,

verwendet man den _____. Wenn der Konjunktiv II ungewöhnlich

klingt, verwendet man die Ersatzform mit _____.

**2** **a.** Ergänze zu den Verbformen den Konjunktiv I.
   Beachte dabei die vorgegebenen Personalpronomen.
   **b.** Welcher Konjunktiv I ist gleich dem Indikativ? Streiche ihn durch.
   **c.** Ergänze den Konjunktiv II auf der zweiten Linie.

sein – er (ist) _____ _____

sie (sind) _____ _____

haben – sie (hat) _____ _____

sie (haben) _____ _____

**3** Markiere in dem Interview die konjugierten Verbformen.

## Ein Interview mit einem Freund des Erfinders

Reporter: „Herr Kahn, was ist ein Helioflex?"
Herr K.: „Das ist ein Spiegel. Er leitet die Sonnenstrahlen um.
Dunkle Wohnungen werden dadurch heller."
Reporter: „Wie funktioniert das?"
5  Herr K.: „Auf eine Satellitenschüssel montiert man
eine verspiegelte Plexiglasscheibe. Schrauben krümmen
die Scheibe. Eine Mechanik dreht die Spiegelfläche nach
dem Lauf der Sonne."
Reporter: „Wie kommt man auf so eine Idee?"
10  Herr K.: „Viele Leute müssen in dunklen Wohnungen leben.
Der Erfinder hatte Sonnenblumen beobachtet, die ihre Köpfe
immer in Richtung Sonne drehen."

**4** Schreibe das Interview in der indirekten Rede in dein Heft.
Verwende Konjunktive oder die Ersatzform mit **würde**.

**5** Formuliere die folgenden Aufforderungen mit dem Konjunktiv II höflicher.

Lassen Sie mich durch! _____

Nimm meine Tasche! _____

Ich will eine Eintrittskarte! _____

Gib mir einen Stift! _____

Helfen Sie mir! _____

Gesamtpunktzahl:

# Der Satz

## Satzreihen und Satzgefüge

Konjunktionen ➤ S. 96

**Merkwissen**

Eine **Satzreihe** besteht aus mindestens zwei **Hauptsätzen**. Zwei oder mehr Hauptsätze können mit Konjunktionen, z. B. **denn** oder **aber**, verbunden werden. Zwischen den Sätzen steht ein Komma,

z. B.: Eva gibt sich Mühe, denn sie verdankt das Praktikum ihrer Tante.
      Hauptsatz                           Hauptsatz

Ein **Satzgefüge** besteht aus einem **Hauptsatz** und mindestens einem **Nebensatz**. Der Nebensatz endet mit einer **gebeugten Verbform**. Nebensätze werden mit Konjunktionen eingeleitet (z. B. **weil** oder **obwohl**) und vom Hauptsatz durch Komma getrennt,

z. B.: Die Tante freut sich, weil sie nur Gutes über Eva hört.
     Hauptsatz                          Nebensatz

**Mit Satzreihen und Satzgefügen verbesserst du deine Texte.**

**1** Welche Begründungen vom Rand passen zu den folgenden Sätzen?
Notiere auf den Linien die passenden Buchstaben.

A Das Praktikum macht ihm viel Spaß. _d_

B Er macht sein Praktikum in einer Bäckerei. _____

C Die Bäcker beginnen sehr früh mit der Arbeit. _____

D Patrick fängt aber erst um 8 Uhr zu arbeiten an. _____

E Er achtet darauf, immer pünktlich zu sein. _____

F In der Pause notiert er sich, was er getan hat. _____

a) Er muss einen Praktikumsbericht schreiben.

b) Praktikanten dürfen nicht früher arbeiten.

c) Die Bäckerei öffnet schon um 6:30 Uhr.

d) Es ist sehr abwechslungsreich.

e) Er will einen guten Eindruck machen.

f) Er möchte später Bäcker werden.

**2** **a.** Bilde Satzreihen und Satzgefüge mit den Sätzen aus Aufgabe 1.
– Verwende die Konjunktionen **weil** und **denn**.
– Schreibe drei Satzreihen und drei Satzgefüge in dein Heft.
**b.** Markiere in jedem Satz die Konjunktion und das konjugierte Verb.
**c.** Schreibe in Klammern dahinter, ob es sich um eine **Satzreihe** oder ein **Satzgefüge** handelt.

**Starthilfe**

Das Praktikum macht ihm viel Spaß, denn es ist sehr abwechslungsreich. (Satzreihe)
…

**3** **a.** Markiere in den folgenden Lückensätzen die konjugierten Verben.
**b.** Ergänze auf den Linien die Konjunktionen **obwohl** oder **aber**.
**c.** Handelt es sich jeweils um eine **Satzreihe** oder ein **Satzgefüge**?
Schreibe die Antwort jeweils in die Klammer am Satzende.

Patrick kommt morgens pünktlich zur Arbeit, _obwohl_ er lange fahren muss

( _Satzgefüge_ ). Einmal verschläft er, _____ zum Glück weckt

ihn sein Bruder ( _____ ). _____ er noch

müde ist, fängt er gleich mit der Arbeit an ( _____ ).

5 Er hilft beim Kuchenbacken, _____ die Torten darf er nicht

dekorieren ( _____ ).

Patrick würde gerne wichtigere und schwierigere Arbeiten übernehmen,

_____ man lässt ihn nicht ( _____ ).

Solche Arbeiten erledigen nur die Auszubildenden, _____

10 Patrick sie auch schon bewältigen könnte ( _____ ).

# Konjunktionalsätze

**Konjunktionalsätze** sind Nebensätze (NS), die mit einer Konjunktion eingeleitet werden, z. B. **als**, **weil**, **wenn**, **obwohl**, **damit**, **dass**, **sodass**, **solange** und **nachdem**.
Sie können **vor (Spitzenstellung)** oder **nach (Endstellung)** dem Hauptsatz (HS) stehen.

Konjunktionalsätze kannst du vor oder hinter den Hauptsatz stellen.

**1** Ergänze passende Konjunktionalsätze mit den Konjunktionen vom Rand.

> ~~weil~~, damit, weil, obwohl

A Ein Praktikum ist sehr sinnvoll, *weil man die Berufswirklichkeit* _____

_kennen lernt._ _____

B _____ ,

mögen einige Schüler das Praktikum nicht.

C Aber den meisten macht es Spaß, _____

_____

D _____ ,

sollte man sich jedoch früh um einen Praktikumsplatz bewerben.

**2** Ergänze im folgenden Bericht Konjunktionalsätze.
Wähle dazu passende Konjunktionen und Nebensätze vom Rand aus.
– Schreibe die Konjunktionen auf die Linien.
– Notiere in Klammern den Buchstaben für den passenden Nebensatz.

> Konjunktionen:
> ~~weil~~, damit, wenn, als, obwohl, sodass

## Mein Praktikum im Blumenfachgeschäft – von Sarah Haras

Vom 31. Mai bis zum 18. Juni machte ich mein Praktikum im Blumenfachgeschäft „Flora", _weil_ (A).

Ich durfte bald eigenständig Sträuße binden, _____ ( ).

Die Chefin lobte meine Arbeit regelmäßig, _____ ( ).

Ich fotografierte die Blumensträuße, _____ ( ).

Ich konnte mich an die Kollegen wenden, _____ ( ).

Sie schenkte mir noch einen kleinen Blumenstrauß, _____ ( ).

A ... ich mich gerne mit Blumen und Dekoration beschäftige
B ... ich eine Frage hatte
C ... ich mich verabschiedete
D ... ich motiviert arbeitete
E ... ich ganz neu war
F ... ich die Fotos für meinen Bericht verwenden konnte

**3** **a.** Schreibe Sarahs Bericht in dein Heft.
Verwende dabei drei der Nebensätze in Spitzenstellung.
**b.** Markiere im Heft alle Konjunktionen, die Nebensätze einleiten.
**c.** Markiere in den Nebensätzen die gebeugte Verbform.

Vom 31. Mai bis zum 18. Juni machte ich mein Praktikum im Blumenfachgeschäft „Flora", weil ich mich gerne mit Blumen und Dekoration beschäftige. ...

**Z** **4** Wo möchtest du dein Praktikum absolvieren und warum?
Schreibe vier eigene Satzgefüge mit Nebensätzen in dein Heft.
Verwende dabei zwei Nebensätze in Endstellung und zwei in Spitzenstellung.

**Beim Erzählen verwendest du in Satzgefügen oft mehrere Nebensätze.**

**5** Wie kannst du diese Hauptsätze zu nur zwei Satzgefügen verbinden?
**a.** Schreibe die Konjunktionen in der Reihenfolge vom Rand auf die Linien.
**b.** Markiere das konjugierte Verb in den zukünftigen Nebensätzen.

als, weil, obwohl, weil

Mitternacht war schon längst vorüber.

_als_ + Sibel wälzte sich im Bett hin und her.

_____ + Sie konnte nicht einschlafen.

_____ + Sie musste am nächsten Morgen früh aufstehen.

Sie stand schließlich auf.

_____ + Sie wollte sich ein Glas Wasser holen.

**6 a.** Schreibe den Text aus Aufgabe 5 in nur zwei Satzgefügen auf.
Achte auf die Kommas zwischen dem Hauptsatz und den Nebensätzen.
**b.** Markiere die konjugierten Verben in den Nebensätzen.

_Mitternacht war schon längst vorüber, als Sibel sich im Bett hin und her_

_wälzte_

**Z 7** Wie geht Sibels Geschichte weiter? Schreibe eine Fortsetzung in dein Heft.
Verwende dabei mindestens drei Satzgefüge mit zwei Nebensätzen.

**In Texten machst du mit Konjunktionalsätzen Zusammenhänge deutlich.**

**8 a.** Verbinde jeweils zwei der Sätze zu einem Satzgefüge.
Verwende dazu die Konjunktionen vom Rand. Schreibe in dein Heft.
**b.** Markiere in den Nebensätzen die Konjunktion und das konjugierte Verb.

dass, wenn, sobald, wenn

In den letzten Jahren hat es sich gezeigt.
Der kleine tägliche Ärger kann Stress verursachen.
Es gibt in der Schule oder zu Hause Ärger oder schlechte Stimmung.
Man leidet bald an Stress.
Man kennt seine eigene Situation.
Man kann gezielt Stress bewältigen.
Man versteht das eigene Verhalten.
Man kann dann gezielt neue Handlungsweisen einüben.

**Starthilfe**

In den letzten Jahren hat sich gezeigt, dass der kleine tägliche Ärger Stress verursachen kann. ...

**Z 9** Welche Erfahrung hast du mit Stress und Stressbewältigung gemacht?
Schreibe einen kurzen Text.
Verwende mindestens drei Satzgefüge mit zwei Nebensätzen.

# Infinitivsätze

**Infinitivsätze** bestehen aus einem **Infinitiv mit zu** und mindestens einem weiteren Wort. Einen Infinitivsatz kannst du oft **statt eines dass-Satzes** bilden, z. B.:

Ich hoffe, **dass** ich morgen Zeit habe.    Ich hoffe, morgen Zeit **zu haben**.
Ich bitte dich, **dass** du mir hilfst.    Ich bitte dich, mir **zu helfen**.
Der Infinitivsatz steht hinter dem Hauptsatz (Endstellung) und wird durch Komma von diesem abgetrennt.

**1** a. Markiere in den Sätzen die Konjunktion **dass** und das Verb im Nebensatz.
b. Forme die Sätze in Infinitivsätze um.
c. Markiere den Infinitiv und das **zu**.

Marc bittet Jessica, dass sie ihm bei der Bewerbung hilft.

*Marc bittet Jessica, ihm bei der Bewerbung zu helfen.*

Jessica empfiehlt ihm, dass er den Text noch einmal überarbeitet.

_____

Marc hofft, dass er den Praktikumsplatz bekommt.

_____

Er fürchtet, dass er nicht der einzige Bewerber ist.

_____

Aber er glaubt auch, dass er gute Chancen hat.

_____

**2** a. Ergänze Infinitivsätze mit den Wortgruppen vom Rand.
Einmal musst du das **zu** in den Infinitiv einfügen.
b. Markiere den Infinitiv und das **zu**.

Ich glaube, *Spaß am Praktikum zu haben.*

Ich hoffe, _____

Ich wünsche mir, _____

> Spaß am Praktikum haben,
> einen Praktikumsbetrieb finden,
> sich gut zurechtfinden

**3** Bilde Infinitivsätze. Schreibe in dein Heft.
**Tipp:** Leite den **Infinitiv mit zu** jeweils von einem Nomen ab.
Beim letzten Satz musst du den Infinitiv **sein** verwenden.

Ich bitte dich um deine Hilfe. Sie bittet uns um Unterstützung.
Er bittet sie um einen Rat. Wir bitten um eure Aufmerksamkeit.

> **Starthilfe**
> Ich bitte dich, mir zu …

**Z** Nicht für jeden dass-Satz kannst du einen Infinitivsatz bilden.

**4** Welcher der folgenden Sätze lässt sich zu einem Infinitivsatz umformen?
Schreibe den jeweils möglichen Infinitivsatz auf die Linien darunter.

Ich hoffe, dass du fahren kannst. Ich hoffe, dass ich fahren kann.

_____

Ich freue mich, dass ich gesund bin. Ich freue mich, dass du gesund bist.

_____

# Relativsätze

Relativsätze als Attribute ➤ S. 84

**Merkwissen**

**Relativsätze** sind **Nebensätze**, **die sich** meist **auf ein vorangehendes Nomen beziehen** (Relation = Beziehung). Sie werden immer vom Hauptsatz durch Komma abgetrennt und durch ein typisches **Relativpronomen** (z. B. **der**, **die**, **das**) eingeleitet, z. B.:
Geografie ist **das Schulfach**, **das** sich mit der Erde und der Erdoberfläche beschäftigt.

**1** **a.** Welche Erklärung vom Rand passt zu welchem Satz?
Schreibe die Buchstaben A–F vor die passenden Erklärungen.
**b.** Ergänze die Sätze A–F mit Relativsätzen. Schreibe auf die Linien.
**c.** Kreise das Relativpronomen ein.
**d.** Markiere das Nomen, auf das sich das Relativpronomen bezieht.

A Ein **Helioflex** ist ein Spiegel.
B **Solarenergie** ist eine Energieform.
C **Biologie** ist ein Schulfach.
D Ein **Offshore-Windpark** besteht aus Windturbinen.
E **Biomasse** ist eine Energiequelle.
F **Bionik** ist eine Wissenschaft.

_____A_____ Sonnenstrahlen umleitet.
_____ man aus organischen Substanzen gewinnen kann.
_____ vor der Küste im Meer aufgestellt werden.
_____ sich die Natur zum Vorbild nimmt.
_____ man aus der Sonne gewinnt.
_____ sich mit der lebendigen Natur beschäftigt

*Ein Helioflex ist ein Spiegel, (der) Sonnenstrahlen umleitet.*

_____

_____

_____

_____

_____

_____

**2** **a.** Verbinde die folgenden Sätze zu Satzgefügen mit Relativsätzen.
Schreibe in dein Heft.
**b.** Kreise das Relativpronomen ein.
**c.** Markiere das Nomen, auf das sich das Relativpronomen bezieht.

A Windturbinen sind Maschinen. Sie verwandeln Wind in Energie.
B Methan ist ein Gas. Methan wird in Biogasanlagen produziert.
C Die Sonne gibt Energie ab. Sonnenenergie wird von Solaranlagen genutzt.

**Starthilfe**
A Windturbinen sind Maschinen, (die) …

**Z** **3** **a.** Schreibe zu den Begriffen am Rand Erklärungen mit Relativsätzen.
**b.** Kreise das Relativpronomen ein.
**c.** Markiere das Nomen, auf das sich das Relativpronomen bezieht.

**Starthilfe**
Die Lyrik ist die Gattung der Literatur, (die) zum Beispiel Gedichte umfasst. …

die Lyrik (die Gattung
der Literatur),
das Passiv
(eine Verbform),
die Inhaltsangabe
(eine Textart),
die Chemie
(die Wissenschaft)

**1** Ergänze die folgenden Merksätze.

/8 Punkte

Eine **Satzreihe** besteht aus mindestens zwei _____ .

Ein **Satzgefüge** besteht aus einem _____ und mindestens

einem _____ . Im **Nebensatz** steht die gebeugte Verbform

am _____ . **Konjunktionalsätze** sind Nebensätze, die mit

_____ eingeleitet werden. **Infinitivsätze** kannst du oft statt

eines _____ - _____ bilden. **Relativsätze** werden mit

_____ eingeleitet.

**2** **a.** Ergänze im Text sinnvolle Konjunktionen.

/6 Punkte

**b.** Markiere in allen Nebensätzen die gebeugten Verben.

/3 Punkte

**c.** Satzreihe oder Satzgefüge? Kreuze am Rand passend an.

/6 Punkte

| | Satzreihe | Satzgefüge |
|---|---|---|
| Die Menschheit nutzt seit langer Zeit fossile Brennstoffe, _____ diese | ☐ | ☐ |
| Energieträger reichen nur noch für einige Jahrzehnte. Viele setzen heute auf | | |
| erneuerbare Energien, _____ sie die Umwelt schonen. Braunkohle | ☐ | ☐ |
| verschmutzt die Umwelt hingegen sehr, _____ sie enthält viel Schwefel. | ☐ | ☐ |
| _____ fossile Brennstoffe umweltschädlich sind, kann man noch | ☐ | ☐ |
| nicht auf sie verzichten. Man braucht sie noch, _____ es ausreichend | ☐ | ☐ |
| Energie gibt. Die Sonne liefert eigentlich mehr als genug Energie, _____ | | |
| noch fehlen Solaranlagen und Speichermöglichkeiten. | ☐ | ☐ |

**3** Verbinde die folgenden Hauptsätze zu **Satzgefügen** (nicht zu Satzreihen).

**a.** Notiere am Rand geeignete Konjunktionen.

/3 Punkte

**b.** Schreibe die drei Satzgefüge in dein Heft.

/6 Punkte

A Öl verschmutzt die Umwelt. Es verbrennt sauberer als Kohle.      A _____

B Öl ist keine Zukunftsenergie. Die Vorräte sind begrenzt.

C Solarenergie und Windenergie werden gebraucht.                   B _____

Auch in der Zukunft haben wir genug Energie.                       C _____

**4** Bilde statt des folgenden dass-Satzes einen Infinitivsatz.

/4 Punkte

Wissenschaftler bemühen sich, dass sie neue Energieträger erforschen.

_____

**5** Bilde Satzgefüge mit Relativsätzen.

**a.** Notiere am Rand geeignete Relativpronomen.

/3 Punkte

**b.** Schreibe die drei Satzgefüge in dein Heft.

/6 Punkte

A Ein fossiler Brennstoff ist ein Stoff. (… in der Erde lagert)    A _____

B Kohle ist ein Gestein. (… überwiegend aus Kohlenstoff besteht)

C Erneuerbare Energien sind solche Energien.                       B _____

(… sich nicht erschöpfen oder sich selbst erneuern)               C _____

Gesamtpunktzahl: _____ /45 Punkte

# Satzglieder und Attribute

## Das Präpositionalobjekt

Das **Präpositionalobjekt** ist ein Satzglied, das aus einer **Präposition** und einer Wortgruppe im **Dativ (Wem?)** oder im **Akkusativ (Wen? oder Was?)** besteht. Nach dem **Präpositionalobjekt** fragst du mit **Wo(r)** + **Präposition (Woran?, Worauf?, Womit?, Wofür?, Wovon?...)**, z. B.:

Sie spricht von dem Film. – **Wovon** spricht sie? – **von dem Film**
Präpositionalobjekt (PO) im Dativ

Er denkt oft **an** den Urlaub. – **Woran** denkt er? – **an den Urlaub**
Präpositionalobjekt (PO) im Akkusativ

**1** a. Schreibe Fragen und Antworten zu den Präpositionalobjekten auf.
   b. Ergänze den Fall des Präpositionalobjekts in Klammern.
   c. Markiere die Präpositionalobjekte. Umkreise die Präpositionen zusätzlich.

A Sie erzählt gerne (von) dem Buch.

   *Wovon erzählt sie? – von dem Buch (Präpositionalobjekt im Dativ)*

B Er wartet auf einen Freund.

C Sie kümmert sich um die Pflanzen.

D Er verstößt gegen die Regeln.

**2** a. Bestimme die hervorgehobenen Objekte mit den Abkürzungen vom Rand. Frage dazu nach den Objekten.
   b. Ergänze bei den Präpositionalobjekten den Fall in Klammern.

> PO: Präpositionalobjekt
> AO: Akkusativobjekt
> DO: Dativobjekt

A Vom 12. bis zum 30. April nahm ich **an einem Betriebspraktikum** teil. __PO__ __(Dativ)__

B Ich absolvierte **das Praktikum** im Schuhgeschäft „Wesel". _____ _____

C Zuerst unterstützte ich **den Mitarbeiter** im Lager. _____ _____

D Später durfte ich auch **die Kundinnen** beraten. _____ _____

E Wegen des schönen Wetters fragten sie oft **nach Sommerschuhen**. _____ _____

F Ich empfahl **den Kundinnen** immer Schuhe, die zu ihrer Kleidung passten. _____ _____

G Meistens entschieden sie sich **für die Schuhe**, die ich ihnen empfohlen hatte. _____ _____

**3** a. Schreibe fünf eigene Sätze mit Präpositionalobjekten in dein Heft. Verwende dabei die Verben vom Rand.
   b. Markiere in deinen Sätzen das Präpositionalobjekt.
   c. Schreibe den Fall in Klammern dahinter.

> mit etwas (Dativ) angeben, an etwas (Dativ) teilnehmen, sich für etwas (Akkusativ) bedanken, nach etwas (Dativ) fragen, sich über etwas (Akkusativ) aufregen

Er spielt wirklich gut, aber warum muss er mit seinem Können ständig angeben? (PO – Dativ) ...

# Wiederholung: Adverbiale Bestimmungen

**Merkwissen**

Mit **adverbialen Bestimmungen der Zeit**, **des Ortes**, **der Art und Weise** und **des Grundes** kannst du nähere Angaben zu einem Geschehen machen. Du kannst die adverbialen Bestimmungen durch Fragen ermitteln, z. B.:

**Wegen des Regens** möchte er **heute** **gerne** **zu Hause** bleiben.
Warum?     Wann? Wie? Wo?

Geeignete Fragen sind z. B.: Wann?, Seit wann?, Wie lange? (Zeit), Wo?, Wohin? (Ort), Wie?, Womit? (Art und Weise), Warum?, Wozu?, Weswegen? (Grund).

**1** **a.** Unterkringele in dem Brief alle adverbialen Bestimmungen.
 **b.** Ordne die adverbialen Bestimmungen in einer Tabelle im Heft.

Rheinheim, 12.03.2011

**Bewerbung für ein Praktikum (2.–20. Mai 2011)**

Sehr geehrte Frau Dahler,

aufgrund Ihrer Anzeige im Tagesblatt möchte ich mich für ein Praktikum vom 2. bis zum 20. Mai in Ihrem Blumenladen bewerben. Ich bin seit einem Jahr in der Schulgarten-AG und arbeite dort sorgfältig und zuverlässig. Wegen meiner Fähigkeiten im Gestalten schmücke ich Räume bei Feiern mit Erfolg und wurde dafür einmal ausgezeichnet. Durch das Praktikum bei Ihnen möchte ich herausfinden, ob ich für den Beruf des Floristen wirklich geeignet bin.

Mit freundlichen Grüßen
*Jakob Mühlbach*

| Adverbiale Bestimmungen des Ortes (Wo?) | Adverbiale Bestimmungen der Zeit (Wann?) | Adverbiale Bestimmungen der Art und Weise (Wie?) | Adverbiale Bestimmungen des Grundes (Warum?) |
|---|---|---|---|
| – ... | – ... | – ... | – aufgrund Ihrer Anzeige<br>... |

Starthilfe

**2** **a.** Erweitere die Sätze mit passenden adverbialen Bestimmungen.
  Verwende für jeden Satz zwei adverbiale Bestimmungen vom Rand.
 **b.** Markiere die adverbialen Bestimmungen.

A Michaela möchte ihr Praktikum absolvieren. **(Wo? Wann?)**

 *Michaela möchte in zwei Monaten ihr Praktikum*

 _____

B Sie repariert die Fahrräder ihrer Familie. **(Warum? Wann?)**

 _____

 _____

C Auch schwierige Defekte repariert sie. **(Wie? Wie?)**

 _____

 _____

> in zwei Monaten,
> sehr sorgfältig,
> immer,
> wegen ihrer Kenntnisse,
> mit ruhiger Hand,
> in einer Autowerkstatt

# Attribute

**Attribute** sind beigefügte Wörter oder Wortgruppen. Sie geben zusätzliche Informationen **zu einem Nomen**.

**Genitivattribute** stehen **hinter** dem Nomen und antworten auf die Frage **Wessen?**, z. B.:
Das Handy **meines Bruders** ist kaputt. **Wessen** Handy? – **meines Bruders**

**Adjektivische Attribute** stehen **vor** dem Nomen und antworten auf die Fragen **Welcher?/Welche?/Welches?**, z. B.:
Da kommt meine **beste** Freundin. **Welche** Freundin? – meine **beste**

Auch **Relativsätze** sind **Attribute**. Sie stehen **hinter** dem Nomen und antworten auf die Frage **Welcher?/Welche?/Welches?**, **Was für ein(e)?**, z. B.: Das Buch, **das ich von dir habe**, ist gut. **Welches** Buch? – **das ich von dir habe**

mehr zu Relativsätzen ➤ S. 80

**1** **a.** Markiere alle Attribute im folgenden Text.
   Hinweis: Alle Sätze sind auch ohne die Attribute grammatikalisch richtig. Allerdings sind einige Sätze ohne Attribute nicht mehr gut verständlich.
   Tipp: Es gibt drei Relativsätze. In einem davon steckt ein weiteres Attribut.
**b.** Ordne die Attribute in die Tabelle unten – auch die, die doppelt vorkommen.

## Liebeslieder lassen junge Frauen schwach werden

Französische Wissenschaftler haben die Wirkung der Liebeslieder auf junge Frauen untersucht. Dazu mussten die Frauen in einem Wartezimmer Lieder der unterschiedlichsten Art hören. Im Testraum unterhielten sie sich anschließend mit jungen Männern. In einer Pause fragte der Mann dann nach
5 der Telefonnummer der Frau. 52 Prozent der Frauen, die zuvor ein Liebeslied gehört hatten, rückten ihre Nummer heraus. Nur 28 Prozent der Frauen, die zuvor neutrale Musik gehört hatten, gaben ihre Nummer weiter. Aber nicht nur das Verhalten des weiblichen Geschlechts wird von Liebesliedern beeinflusst: Die französischen Forscher konnten auch zeigen, dass Männer, die
10 in einem Blumenladen Liebeslieder hören, mehr Geld für Sträuße ausgeben.

| Genitivattribute | Adjektivische Attribute | Relativsätze |
|---|---|---|
| | *junge* | |
| | | |
| | | |
| | | |
| | | |
| | | |

**Z** **2** Welche Merkmale soll dein zukünftiger Beruf haben?
Beschreibe den Beruf mit möglichst vielen Attributen.
Schreibe einen interessanten Text in ganzen Sätzen in dein Heft.

# Das kann ich! – Satzglieder und Attribute

**1** Ergänze in den Merksätzen Wortteile, Wörter und Wortgruppen.

Das **Präpositionalobjekt** ist ein Satzglied, das aus einer _____

und einer Wortgruppe im **Dativ** oder im _____ besteht.

Es gibt **adverbiale Bestimmungen** _____ _____, **des Ortes,** _____

_____ _____ _____ und **des Grundes.**

**Attribute** geben zusätzliche Informationen **zu einem** _____ .

Es gibt _____**attribute** und _____ **Attribute.**

Auch _____**sätze** sind **Attribute.**

**2** Bestimme in jedem Satz zwei Objekte durch Fragen.
Schreibe die Fragen und die Antworten auf.

A Sie fragte die Zeitungsverkäuferin nach dem Weg.

Akkusativobjekt: _____

Präpositionalobjekt: _____

B Er dankte ihr für diese Information.

Dativobjekt: _____

Präpositionalobjekt: _____

**3** Erweitere die Sätze mit passenden adverbialen Bestimmungen vom Rand.
Schreibe in dein Heft.

A Sie macht ihr Praktikum. (Zeit/Ort)
B Er arbeitet. (2 x Art und Weise)
C Sie hat ein Lob bekommen. (Zeit/Grund)
D Er geht ins Kino. (Zeit/Art und Weise)
E Sie fuhr nicht mit. (Ort/Grund)

> gerne, nach Bonn, bei der Firma Sachs,
> aufgrund einer Krankheit, sorgfältig, schnell,
> montags, wegen ihrer guten Leistungen,
> im nächsten Monat, gestern

**4** Markiere alle Attribute im Text.

Auf großem Fuß lebt jemand, der viel Geld ausgibt. Diese Redensart
bezieht sich auf den Grafen von Anjou, der in Frankreich lebte. Er war
ein reicher und angesehener Mann, hatte aber ein Problem: eine hässliche,
dicke Geschwulst, die an seinem Fuß prangte. Deshalb passten ihm die Schuhe
der damaligen Mode nicht und er ließ sich große Schuhe anfertigen.
Darin konnte er die Geschwulst des Fußes verstecken. Weil er einer
der bedeutendsten Bürger der Stadt war, wollten die Mitbürger seiner Heimat
das nachahmen. Doch nur die reichen Leute konnten sich die großen Treter
leisten – und deshalb auf großem Fuß leben.

**5** Wie viele Attribute jeder Sorte gibt es in dem Text aus Aufgabe 4?
Kreuze jeweils die richtige Zahl an.

| Genitivattribute | | | | Adjektivische Attribute | | | | Relativsätze | | | |
|---|---|---|---|---|---|---|---|---|---|---|---|
| 2 | 3 | 4 | 5 | 7 | 8 | 9 | 10 | 1 | 2 | 3 | 4 |
| ☐ | ☐ | ☐ | ☐ | ☐ | ☐ | ☐ | ☐ | ☐ | ☐ | ☐ | ☐ |

Gesamtpunktzahl:

# Der Kompetenztest

**1** Lies die Texte und die Grafik mithilfe des Textknackers.

*Material 1*
### Energie aus Biomasse

Bürgermeister Brandenburg ist stolz. Sein Heimatdorf Jühnde ist in
den Schlagzeilen und findet weit über die Grenzen Niedersachsens hinaus
Beachtung. Was ist passiert, dass ein Ort mit knapp 800 Einwohnern in
den Mittelpunkt des öffentlichen Interesses gerät? Der Grund: Jühnde wurde

5 zusammen mit den Gemeinden Effelter (Bayern) und Feldheim (Brandenburg)
zum Sieger des bundesweiten Wettbewerbs „Bioenergiedörfer 2010" gekürt.
Mit dieser Auszeichnung prämiert das Bundesministerium für Ernährung,
Landwirtschaft und Verbraucherschutz (BMELV) beispielhafte Bioenergiedörfer,
die mindestens die Hälfte ihres Jahresstrom- und wärmebedarfs aus regional

10 erzeugter Biomasse decken. Biomasse gibt es aber nicht nur in Jühnde, sondern
auf der ganzen Welt, und anders als Kohle, Erdöl und Erdgas entsteht sie in
kurzer Zeit neu.

Energie aus der Verbrennung von Holz nutzten schon unsere Vorfahren in
der Altsteinzeit. Sie wärmten sich am Feuer und bereiteten dort ihre Speisen zu.

15 Bis ins 19. Jahrhundert hinein war Holz fast die einzige Energiequelle.
Der steigende Energiebedarf seit der Industrialisierung konnte dann nur
mithilfe von Kohle gedeckt werden. Später kamen Erdöl und Erdgas dazu. Diese
sogenannten fossilen Brennstoffe haben erhebliche Nachteile: Sie erhöhen
den $CO_2$-Gehalt in der Atmosphäre, tragen so zur Erderwärmung bei und stehen

20 nicht unbegrenzt zur Verfügung. Sie werden immer knapper und daher teurer.

Eine Alternative zu den fossilen Brennstoffen bieten die erneuerbaren Energien.
So werden Wasserkraft, Wind- und Sonnenenergie schon seit Jahren für eine
umweltfreundliche Energiegewinnung genutzt. Nun kommt verstärkt die
Energieerzeugung aus Biomasse hinzu. Aus Pflanzen, tierischen Rückständen

25 wie Mist und Gülle[1] oder aus Bioabfall wird Energie gewonnen. Mit Biomasse
kann Wärme und Strom erzeugt oder Kraftstoff produziert werden (der
sogenannte Biodiesel). $CO_2$ entsteht dabei zwar auch, es wird aber nicht mehr
$CO_2$ freigesetzt, als vorher von den Pflanzen aufgenommen wurde. Die Nutzung
der Biomasse hängt nicht vom Wind oder von der Sonneneinstrahlung ab.

30 Damit ist sie verlässlicher als die meisten erneuerbaren Energien.

Doch wie wird aus Biomasse Strom und Wärme? Dafür gibt es in Jühnde eine
Bioenergieanlage. Die für die Energiegewinnung verwendete Biomasse wird
von den ansässigen Landwirten produziert. Sie bauen auf etwa 18 Prozent
der Agrarflächen des Dorfes Energiepflanzen[2] wie Raps, Mais oder Gras an.

35 Die Pflanzenmasse wird zunächst vergärt und anschließend zusammen mit
der in der Tierhaltung anfallenden Gülle in eine Biogasanlage eingespeist.
Bakterien zersetzen dort die organischen Stoffe zu dem Biogas Methan, das in
das benachbarte Blockheizkraftwerk[3] weitergeleitet wird. Dort wird das Methan
in einem Gasmotor verbrannt, wodurch Elektrizität produziert wird.

---

1 die Gülle: flüssiger Dünger aus Urin und Kot landwirtschaftlicher Nutztiere
2 Energiepflanzen werden zur Energiegewinnung angebaut und liefern Biomasse.
3 das Blockheizkraftwerk: eine Anlage zur Gewinnung von Strom und Wärme

40 Der umweltfreundliche Strom aus dem Blockheizkraftwerk kann aber nicht
direkt von den Dorfbewohnern verbraucht werden, sondern er muss in das
Stromnetz des örtlichen Elektrizitätsversorgungsunternehmens (EVU)
eingespeist werden. Insgesamt wird in der Bioenergieanlage mit etwa vier
Millionen Kilowattstunden im Jahr ungefähr doppelt so viel Elektrizität
45 produziert, wie das Dorf selbst verbraucht. Mit dem Erlös aus dem Stromverkauf
kann so nicht nur der Betrieb der Anlage finanziert, sondern es können auch
die Energiekosten für die Verbraucher deutlich gesenkt werden.

Die bei der Stromerzeugung frei werdende Wärme kann außerdem direkt von
den Einwohnern verbraucht werden. Dazu wird sie über das Nahwärmenetz
50 (ein unterirdisches Leitungssystem) in die Häuser geleitet. Zusätzliche Wärme
für besonders kalte Tage liefert ein Holzhackschnitzelheizwerk, das Restholz aus
den umliegenden Wäldern verbrennt. Dabei werden die regionalen Waldbesitzer
ihren Holzabfall los und die Bewohner freuen sich, weil sie die Wärme aus
Bioenergie weniger kostet als zum Beispiel die aus Erdöl.

55 Die Gemeinde ist stolz, dass sie sogar nicht nur einen Teil, sondern ihren
gesamten Energiebedarf durch die umweltfreundliche Energieanlage produziert.
Einige Gemeinden sind bereits diesem guten Beispiel gefolgt und so gab es im
Jahr 2010 bereits über 60 Bioenergiedörfer in Deutschland.

*Material 2*

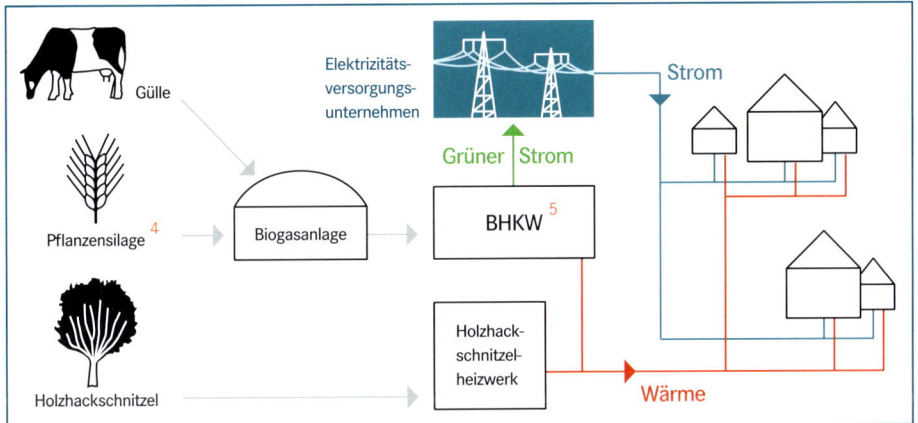

Eine Bioenergieanlage
und ihre Bestandteile

*Material 3*
### Kritik an der Energiegewinnung aus Biomasse

– Der Anbau von Energiepflanzen hat bereits jetzt so stark zugenommen, dass
  er teilweise mit der Nahrungsmittelproduktion konkurriert. So sind in vielen
  Ländern, in denen Mais und Weizen auch für die Herstellung von Treibstoffen
  genutzt werden, die Preise für Nahrungsmittel gestiegen.
– Wenn für den Anbau von Energiepflanzen Regenwälder abgeholzt werden,
  kann die Energiegewinnung aus Biomasse auch klimaschädlich sein.
– Der zunehmende Anbau von Energiepflanzen führt zu riesigen Flächen mit
  Monokulturen[6]. Diese sind ein Nährboden für Schädlinge und Pflanzenkrank-
  heiten, die den Einsatz von Chemikalien erfordern.
– Wollte Deutschland seinen gesamten Treibstoffbedarf mit Biokraftstoffen
  decken, wäre eine Anbaufläche nötig, die größer wäre als die gesamte
  Bundesrepublik. Auch wenn die Rohstoffe nachwachsen, sind sie nicht
  in unendlicher Menge verfügbar.

---

4 die Pflanzensilage: zerkleinerte Pflanzen, die unter Luftabschluss vergärt werden
5 das BHKW: Abkürzung für Blockheizkraftwerk
6 die Monokultur: Anpflanzung von nur einer Pflanzensorte auf einer großen Fläche

**2** **a.** Markiere die Absätze vom Material 1 mit Kreisen und nummeriere sie.

   **b.** Schreibe für die Absätze 2 bis 7 passende Überschriften auf.

1 _Ein beispielhaftes Bioenergiedorf_   2 _____

3 _____   4 _____

5 _____   6 _____

7 _____

**3** Beantworte die folgenden Fragen in ganzen Sätzen.

   **A** Was ist ein Bioenergiedorf?

   _____

   _____

   **B** Was ist das Besondere am Bioenergiedorf Jühnde?

   _____

   _____

**Kreuze in den Aufgaben 4 bis 6 jeweils die eine richtige Ergänzung an.**

**4** Biomasse gibt es …

☐ **a)** … nur in Bioenergiedörfern.   ☐ **c)** … nur in Deutschland.

☐ **b)** … nur in Bayern und Brandenburg.   ☐ **d)** … auf der ganzen Welt.

**5** Fossile Brennstoffe …

☐ **a)** … sind nicht umweltschädlich.

☐ **b)** … stehen nicht unbegrenzt zur Verfügung.

☐ **c)** … stehen unbegrenzt zur Verfügung.

☐ **d)** … werden immer billiger.

**6** Energiepflanzen sind Pflanzen, …

☐ **a)** … die besonders viel Energie benötigen.

☐ **b)** … die zur Produktion von Energie angebaut werden.

☐ **c)** … die energiesparend angebaut werden.

☐ **d)** … aus denen Nahrungsmittel produziert werden.

**7** Aus welchen drei Bereichen kommt Biomasse? Nenne drei Oberbegriffe.

   _____

**8** **a.** Wie wird aus Biomasse Energie gewonnen? Markiere die Textstelle.

   **b.** Schreibe eine kurze Antwort auf die Frage in eigenen Worten auf.

   _____

   _____

**9** Ergänze die folgenden Sätze mit passenden Wörtern vom Rand. Betrachte dazu das Schaubild auf Seite 87 und lies in Material 1 die Absätze 4 bis 6.

| Biogasanlage |
| Methan |
| Gülle |
| Strom |
| Wärme |
| Chemieindustrie |

   **A** Das Holzhackschnitzelheizwerk produziert _____ .

   **B** Das Methan wird in der _____ produziert.

   **C** Im Blockheizkraftwerk wird _____ verbrannt.

Gesamtpunktzahl dieser Seite:

**10** Welche zwei Formen von Energie produziert das Blockheizkraftwerk?

    **a.** Kreise in Material 2 den entsprechenden Bereich mit Bleistift ein.    /2 Punkte

    **b.** Markiere passende Stellen im Text.    /2 Punkte

    **c.** Beantworte die Frage in einem Satz und in eigenen Worten.    /4 Punkte

_____

_____

**11**  **a.** Lies das Material 3 genau.

    **b.** Kreuze in den Aufgaben **13** bis **14** jeweils die **eine** richtige Ergänzung an.

**12** Der Anbau von Energiepflanzen …    /2 Punkte

    ☐ **a)** … verbilligt die Nahrungsmittel.    ☐ **c)** … bewirkt Preissteigerungen.

    ☐ **b)** … stillt den Hunger in der Welt.    ☐ **d)** … macht die Armen reich.

**13** Monokulturen …    /2 Punkte

    ☐ **a)** … sind vorteilhaft, weil sie riesige Flächen benötigen.

    ☐ **b)** … sind ein Nährboden für Schädlinge und Pflanzenkrankheiten.

    ☐ **c)** … verdrängen keine anderen Nutzpflanzen.

    ☐ **d)** … erfordern keine Chemie.

**Beantworte die folgenden Fragen mithilfe beider Texte und des Schaubilds.**

**14** Unter welchen Umständen ist der Anbau von Energiepflanzen klimaschädlich? Schreibe eine Antwort in eigenen Worten auf.    /2 Punkte

_____

_____

**15** Welches Problem würde entstehen, wenn Deutschland seinen gesamten Treibstoffbedarf nur mit Biokraftstoffen decken wollte? Schreibe eine Antwort in eigenen Worten und ganzen Sätzen auf.    /5 Punkte

_____

_____

**16** Wo ist das „Nahwärmenetz" in dem Schaubild auf Seite 87 eingezeichnet? Beschreibe diesen Teil des Schaubilds in eigenen Worten und ganzen Sätzen.    /5 Punkte

_____

_____

**17** Vervollständige das folgende Flussdiagramm mit den Wörtern vom Rand.    /8 Punkte

**Von der Biomasse zur Energie**

Strom
Pflanzensilage
BHKW
Vergärung
Wärme
Biogasanlage
Energiepflanzen
Methan

☐ → ☐ → ☐

☐ ← ☐ ← ☐ ← Gülle

☐    ☐

Gesamtpunktzahl dieser Seite: /32 Punkte

Gesamtpunktzahl vorheriger Seite: /33 Punkte

**Sachtexte und Grafiken erschließen** – Gesamtpunktzahl: /65 Punkte

**1** Verlängere die Wörter. Schreibe beide Formen richtig auf die Linien. /8 Pun

sie schwin█t (g/k) _____ also _____

es bru█t (m/mm) _____ also _____

der Betrie█ (b/p) _____ also _____

mil█ (d/t) _____ also _____

**2** Leite die Wörter ab. Finde jeweils ein verwandtes Wort. /4 Pun
Schreibe die Wortpaare richtig auf die Linien.

sch█mt (äu/eu) _____ also _____

kr█ftig (ä/e) _____ also _____

**3** **a.** Markiere in den Wörtern die Wortstämme **-nehm-**, **-nahm-** und **-nommen**. /16 Pun
**b.** Streiche drei Wörter durch, die nicht zu der Wortfamilie **nehmen**, **nahm**, /3 Pun
**genommen** gehören.

angenommen, Vernehmung, abnehmen, Maßnahme, Name, einnehmen,
Einnahmen, Abnahme, Unternehmung, Unternehmen, zunehmen, Übernahme,
zunehmend, Nachname, teilgenommen, herausnehmen, entgegennehmen,
Festnahme, Nomen

**c.** Schreibe die Nomen der Wortfamilie **nehmen** aus dem Kasten auf. /8 Pun
Ergänze die Artikel.

_____

_____

**4** **a.** Ergänze den Merksatz. /3 Pun
**b.** Bilde mit den Wörtern in Klammern Nomen. Schreibe auf die Linien.

Wörter mit den Suffixen **-ung**, **-nis**, -_____ und -_____ sind Nomen. Sie

werden _____geschrieben. (kreuzen, erleben, schön, krank, sauber)

_____ /4 Pun

_____

**5** **a.** Markiere in dem Text alle Wörter mit **h** nach langem Vokal. /9 Pun
**b.** Unterstreiche alle Wörter mit **wider**. /4 Pun

Durch den Musikwettbewerb wurde er über Nacht berühmt. Schon am Morgen
standen die Fans vor seiner Wohnung. Davor war er immer mit der Bahn in
die Stadt gefahren, doch jetzt nahm er ein Taxi. Am Anfang fühlte er sich
geschmeichelt, dass ihn die Mädchen unwiderstehlich fanden. Aber jetzt gibt
er nur noch widerwillig Autogramme und Briefe erwidert er schon lange nicht
mehr. Den ganzen Trubel findet er inzwischen widerwärtig.

**c.** Ein Wort aus dem Text enthält ein **h** nach langem Vokal und **wider**. /1 Pun
Schreibe es auf.

_____

**Rechtschreiben** – Gesamtpunktzahl: _____ /60 Pun

**1** a. Markiere alle Passivformen im folgenden Text.

b. Unterstreiche alle Passivformen im Präteritum zusätzlich.

c. Schreibe den letzten Satz im Passiv auf die Linien unter dem Text.

### Der neue Skatepark

Es ist so weit! Der von allen lang ersehnte Skatepark wird nun endlich gebaut! Gestern wurden sämtliche Erdarbeiten erledigt. Und heute werden schon die Schalbretter ausgelegt. Sobald der Beton geliefert wird, kann mit dem Bau der Curbs begonnen werden. Dann wird alles betoniert. Ob Quaterpipe, Minirampe oder Zuschauertribüne – hier wird nicht gespart. Die großzügigen Sponsoren wurden schon jetzt sehr gelobt. Durch diese Anlage schafft die Stadt ein tolles Freizeitangebot für Skatebegeisterte.

_____

_____

**2** a. Markiere im folgenden Text alle Verbformen im Konjunktiv I.

b. Unterstreiche eine Verbform im Konjunktiv II.

Nach der ersten Begegnung mit ihrem Austauschpartner sagte Sandra, sie habe leider nicht alles verstanden. Jean-Paul spreche etwas zu schnell. Sie will ihm das noch sagen, doch jetzt muss sie sich erst einmal ausruhen. Die französische Art der Begrüßung sei ihr zwar noch fremd, sie werde sich aber sicher noch daran gewöhnen. Zwei Wochen später meinte Sandra, sie könne sich gar nicht vorstellen, wieder nach Hause zu fahren. Wer hätte das gedacht?

**3** Kreise im Text unter Aufgabe 2 alle Pronomen ein.

**4** Ein Satz im Text unter Aufgabe 2 steht nicht in indirekter Rede. Schreibe den Satz in indirekter Rede auf die Linien. Verwende den Konjunktiv I.

_____

_____

**5** Erweitere die Sätze mit passenden adverbialen Bestimmungen vom Rand. Schreibe die erweiterten Sätze auf die Linien.

jeden Tag, im Elektrogeschäft, in einem Monat, fleißig

A Er beginnt sein Praktikum. (Zeit/Ort)

_____

B Sie lernt für die Klassenarbeit. (Art und Weise/Zeit)

_____

**6** Verbinde die zwei Sätze zu einem Satzgefüge. Verwende dazu eine passende Konjunktion vom Rand.

obwohl
weil

Sie geht heute nicht in den Skatepark. Es ist schönes Wetter.

_____

_____

**Grammatik** – Gesamtpunktzahl: ____ /45 Punkte

Du überarbeitest den folgenden informierenden Text mithilfe
der Texte und des Schaubilds auf den Seiten 86–87.

*Achtung: Fehler!*

### Gülle statt Erdöl

Auf dem Land braucht man keine fossilen Brennstoffe mehr, weil dort genug
Brennstoffe nachwachsen. Und damit kann man gleichzeitig auch den Strom
selbst erzeugen. Heute gibt es schon 60 Bioenergiedörfer in Deutschland.
Das folgende Schaubild zeigt, wie zum Beispiel aus Biomasse Energie gewonnen
5 wird. Zusätzlich gibt es übrigens noch Holzhackschnitzelheizwerke.

**Von der Biomasse zur Energie**

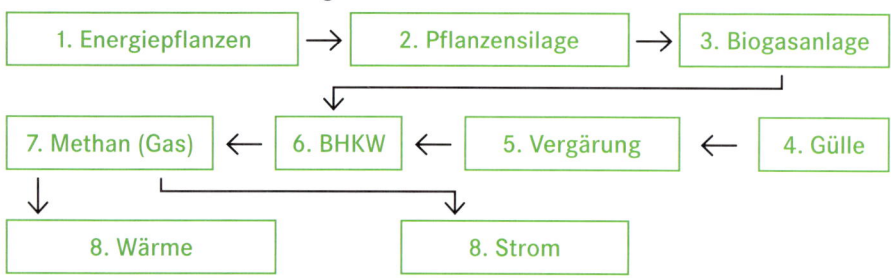

Biomasse ist besonders verlässlich, weil man sie unabhängig von Sonne und
Wind nutzen kann. Aber es gibt nicht genug Anbauflächen in Deutschland.
Deshalb steigen die Preise für Nahrungsmittel und der Regenwald wird auch
abgeholzt. Dadurch und durch die Monokulturen kann Biomasse auch schädlich
10 sein. Darum verstehe ich nicht ganz, warum Bioenergiedörfer vom BMELV
prämiert werden. Schließlich haben die schon den Vorteil, dass für sie die
Energie billiger wird, und die Nachteile werden vielleicht vergessen.

**1** Welche Zeitangabe im ersten Absatz stimmt nicht? Streiche sie durch.
Schreibe die richtige Angabe aus dem Text der Seiten 86–87 am Rand auf.

**2** **a.** Markiere im Schaubild alle Angaben, die an falscher Stelle stehen.
**b.** Schreibe die richtigen Angaben mit passenden Nummern am Rand auf.

**3** An einer Stelle im Text äußert sich der Autor in der Ich-Form. Schreibe diesen
Satz so auf die Linien, dass er nicht mehr in der Ich-Form steht.

_____

_____

**4** Wofür stehen die zwei Abkürzungen? Schreibe die Auflösungen am Rand auf.

**5** Überprüfe, ob die Überschrift zu den Aussagen des Textes passt.
Schreibe eine Überschrift auf, die auch die Nachteile der Biomasse andeutet.

_____

**6** **a.** Vergleiche alle Informationen mit den Materialien auf den Seiten 86–87.
**b.** Notiere Stichworte für deine Überarbeitung in deinem Heft.

**7** Schreibe den informierenden Text mit Schaubild überarbeitet in dein Heft.
– Schreibe sachlich und verwende geeignete Fachwörter.
– Nenne die Vor- und Nachteile einer Nutzung von Biomasse.

/3 Pu
/5 Pu
/5 Pu
/4 Pu
/4 Pu
/4 Pu

**Einen informierenden Text überarbeiten** – Gesamtpunktzahl:

/50 Pu

Du antwortest auf den folgenden Leserbrief in deiner Tageszeitung.

## Was ist das für eine Jugendkultur?

Der Anlass für diesen Leserbrief ist ein Kulturschock in der Bahn. Mein Mann und ich sind echte Musikliebhaber. Wir kamen aus der Oper und saßen, ganz begeistert von den guten Sängern, in der Regionalbahn, 2. Klasse nur, weil die Opernkarten schon pro Stück 30 Euro gekostet haben. In Grobmühl wurde
5  es voll – da endete wohl grade ein Konzert in der Scheune. Die hereinstürmende Jugend war unordentlich gekleidet, teils mit Getränken in der Hand und vor allem furchtbar laut. Der ganze Zauber des Opernabends war dahin. Plötzlich umgab uns der Lärm dieser Jugendlichen und ihrer „Musik".
Was ich dabei nicht verstehe, ist, wie die sich die Karten leisten können. Diese
10  „Konzerte" sollen nämlich auch ab 25 Euro aufwärts kosten. Diese Musik wird ja zum Glück nicht mit öffentlichen Mitteln subventioniert[1]. Da bin ich froh, dass bei der Kulturförderung noch nach Qualität unterschieden wird. Oper, klassische Konzerte und Theater werden durch die öffentliche Hand gefördert und das finde ich richtig so. Wer sich für gute Kultur entscheidet, wird eben
15  belohnt. Wann wird nur endlich etwas für die Kultur der Jugend getan?

Kanila Nilk, Mühlberg

**1** Was ist das Thema des Leserbriefs? Schreibe Stichworte auf.

_____

/3 Punkte

**2** **a.** Was stört die Briefschreiberin an den Jugendlichen?
Markiere Stellen, an denen Jugendliche und ihre Kultur kritisiert werden.

/6 Punkte

**b.** Wozu stehen im Text zwei Wörter in Anführungszeichen?
Kreuze das passende Stilmittel an. Mache nur ein Kreuz.

☐ a) Fremdwort  ☐ b) Metapher  ☐ c) Ironie  ☐ d) Beleidigung

/2 Punkte

**3** Was ist für die Briefschreiberin gute Kultur? Schreibe Stichworte auf.

_____

/4 Punkte

**4** **a.** Markiere einen Satz, der eine Meinung zum Thema Kultur äußert.
**b.** Wie wird diese Meinung begründet? Unterstreiche die Begründung.

/2 Punkte

**5** Wie kannst du die Behauptungen der Briefschreiberin widerlegen?
Schreibe Stichworte für gute Argumente auf. Die Fragen am Rand helfen dir.

_____

_____

_____

/3 Punkte

Was ist Kultur?
Gibt es nur eine
gute Kultur?

**6** Schreibe einen eigenen Leserbrief als Entgegnung in dein Heft.
– Entkräfte die Behauptungen Kanila Nilks mit mindestens drei Argumenten.
– Schreibe sachlich und vermeide herabsetzende Wörter und Behauptungen.
– Nach welchen Gesichtspunkten sollte Kultur gefördert werden?
Begründe deine Meinung.

/30 Punkte

**Stellung nehmen** – Gesamtpunktzahl:  _____ /50 Punkte

1  subventionieren: etwas mit öffentlichen Mitteln finanziell unterstützen

# Wissenswertes auf einen Blick

## Rechtschreiben, Zeichensetzung

### Das Gliedern, das Verlängern, das Ableiten

Beim **Gliedern** zerlegst du mehrsilbige Wörter in Sprechsilben, z. B.: Er | eig | nis | se.

Durch **Verlängern** kannst du Endbuchstaben hörbar machen.
Pferd – Pferde, er schwingt – schwingen, wütend – wütende

**ä/äu** oder **e/eu**? Wenn du nicht sicher bist, kannst du das Wort **ableiten**.
Findest du ein verwandtes Wort mit **a/au**, dann schreibe **ä/äu**.
die W**ä**lder – der W**a**ld      die B**äu**me – der B**au**m

Einige Wörter kannst du nicht ableiten. Es sind **Merkwörter**, z. B.: der Bär.

Manche Wörter sind miteinander verwandt und bilden **Familien**. Die Mitglieder einer Wortfamilie
haben denselben **Wortstamm**. **Gleiche Wortstämme** schreibt man meist gleich.
be**sitz**en, er **sitz**t, die **Sitz**ung.

### Großschreibung

Aus Adjektiven können Nomen werden.
Die starken Wörter **alles**, **nichts**, **allerlei**, **etwas**, **genug**, **viel** und **wenig** machen's!
gut – alles Gute, schön – allerlei Schönes

Zusammengesetzte Nomen aus **Wochentag** und **Tageszeit** werden zusammen- und großgeschrieben.
der Montagabend
Nach **gestern**, **heute** und **morgen** werden Tageszeiten großgeschrieben.
morgen Mittag

Wörter mit den Suffixen **-ung**, **-heit**, **-keit** und **-nis** sind Nomen. Sie werden großgeschrieben.

Aus Verben können Nomen werden.
Der Artikel **das** und die starken Wörter **beim**, **zum**, **im**, **am** und **vom** machen's!
arbeiten – **das** Arbeiten / **beim** Arbeiten / **zum** Arbeiten

Übungen S. 50–52

### Fremdwörter

Fremdwörter kann man oft an ihren **Suffixen (Endungen)** erkennen.
Viele Nomen haben die **Suffixe -ie**, **-ität**, **-ik** oder **-or**.
Viele Adjektive haben die **Suffixe -(i)ell** oder **-iv**.

**Fremdwörter mit v:** Viele Wörter, die **mit v** beginnen, sind **Fremdwörter**, z. B.: die Violine = die Geige.

**Verben auf -ieren:** Viele von Fremdwörtern abgeleitete Verben enden auf **-ieren**.
transportieren (von: der Transport)

Übungen S. 53–55

### Getrenntschreibung

Die Wortgruppen **Nomen** + **Verb** und **Verb** + **Verb** werden in der Regel **getrennt** geschrieben.
Heute wollen wir Rad fahren. Ich möchte lieber spazieren gehen.

Wortgruppen aus **Adjektiv** + **Verb** schreibt man in der Regel **getrennt**.
ruhig bleiben

Wortgruppen mit **sein** schreibt man **getrennt**, egal, welches Wort vor **sein** steht.
an sein, aus sein

Übungen S. 56–57

### Wörter mit h

Bei einigen Wörtern steht nach einem lang gesprochenen Vokal oder Umlaut ein **h**.
Allerdings nur vor den Konsonanten **l**, **m**, **n** und **r**.

    Stuhl               ähnlich
langer Vokal vor l     langer Umlaut vor n
In den meisten Wörtern folgt nach einem langen Vokal **kein h**.

Übungen S. 58–59

## Wörter mit wider

Das Wort **wider** hat die Bedeutung „**gegen**", „**dagegen**", „**entgegen**".
Du sollst mir nicht widersprechen.

Übungen S. 60–61

## Komma in Aufzählungen und Satzgefügen

Die Teile einer **Aufzählung**, die nicht durch **und**/**oder** verbunden sind, werden durch **Komma** voneinander getrennt. Aufzählungen können aus **Wörtern**, **Satzteilen** oder **Sätzen** bestehen.

In einem Satzgefüge werden **Nebensätze** (NS) vom **Hauptsatz** (HS) durch Komma abgetrennt. Am Anfang des NS steht häufig eine Konjunktion, z. B. **als**, **weil**, **dass**, **obwohl**.
<u>Als</u> ich sie sah, schlug mein Herz schneller.
Konj.    NS                    HS

Nach Verben des Sagens, Denkens und Meinens folgen oft **dass**-Sätze. Der **dass**-Satz wird durch ein Komma vom Hauptsatz abgetrennt, z. B.: Sie hofft**, dass** ihr Freund auf sie wartet.

Übungen S. 62–65

# Grammatik

## Verben

Verben sind Tätigkeitswörter und geben an, was jemand tut oder was geschieht.
Verben bilden verschiedene Zeitformen.

**Verben im Präsens** verwendest du, um auszudrücken,
– **was man regelmäßig tut**: Sina **füttert** die Kraken sechsmal die Woche.
– **was man jetzt tut**: Sina **füttert** die Kraken jetzt gerade.
Bei vielen Verben bleibt im Präsens der Verbstamm gleich. Es verändern sich nur die Endungen.
Sie richten sich nach der Person. **Zusammengesetzte Verben** können im Satz auseinanderstehen.
einkaufen – im Satz: Er kauft Futter ein.

**Verben im Präteritum** verwendest du meist, wenn du **schriftlich über etwas berichtest oder erzählst**, was schon vergangen ist.
Auch in Berlin **feierten** zahlreiche Fans den Sieg der Nationalmannschaft.

**Verben im Perfekt** verwendest du meist, wenn du etwas **mündlich erzählst**, was schon vergangen ist.
Viele Verben bilden das Perfekt mit **haben**: Sie hat gebacken.
Viele Verben bilden das Perfekt mit **sein**: Wir sind gelaufen.

**Das Plusquamperfekt** verwendest du, wenn du ausdrücken willst, dass etwas **vor einem zurückliegenden Ereignis geschah**.
Chaos brach aus, nachdem die Luftbehörden den Luftraum über vielen Ländern **gesperrt hatten**.

**Das Futur** verwendest du, wenn du über Dinge sprichst, die in der **Zukunft** liegen, also noch nicht geschehen sind.
Heute Abend **werde** ich ins Kino **gehen**.

Übungen S. 67

**Verben im Passiv** beschreiben, wenn etwas mit einer Person oder einem Gegenstand getan wird. Die Tätigkeit ist wichtig, nicht, wer sie ausführt. Deshalb wird die handelnde Person im Passiv meist nicht genannt. Das Passiv wird mit einer Form von **werden** und dem **Partizip Perfekt (Partizip II)** gebildet.
Tausend Flüge **werden** gestrichen.

Übungen S. 68–70

**Verben im Konjunktiv I** drücken unsichere Informationen aus. Auch bei nicht wörtlicher Rede (indirekter Rede) wird der Konjunktiv I verwendet. Dadurch wird deutlich, dass die Aussage nicht wahr sein muss.
Er sagt, er **laufe** jeden Morgen zehn Kilometer.

**Verben im Konjunktiv II** (Möglichkeitsform des Verbs) drücken aus, dass etwas nicht oder noch nicht Wirklichkeit ist. Den Konjunktiv II verwendest du aber auch in der indirekten Rede, wenn sich der Konjunktiv I nicht vom Indikativ unterscheidet.
Wörtliche Rede: „Wir kommen jetzt." Indirekte Rede: Er sagt, sie ~~kommen~~ kämen jetzt.

In Form einer **Frage** drückt der **Konjunktiv II Aufforderungen** oder **Bitten höflicher** aus als der Imperativ.
Häufig muss man dabei noch das Wort **bitte** ergänzen, z. B.:
Imperativ (Befehlsform): **Sei leise!**    Frage mit Konjunktiv II: **Würdest du bitte leise sein?**
Der **Konjunktiv II** wird vom Präteritum abgeleitet.
Präteritum:    du hattest         sie blieb              ich fand
Konjunktiv II:  du hättest gern ...    sie bliebe bestimmt ...    ich fände schön ...

Übungen S. 35, 71–75

# Pronomen

**Personalpronomen:** Die Personalpronomen **ich, du, er, sie, es, wir, ihr, sie** kannst du für Personen, Lebewesen und Dinge einsetzen: Martin fährt Fahrrad. **Er** fährt schnell.

**Possessivpronomen:** Die Possessivpronomen **mein/meine, dein/deine, sein/seine, ihr/ihre, unser/unsere, euer/eure, ihr/ihre** zeigen an, wem etwas gehört: Martin leiht mir **sein** Fahrrad.

**Relativpronomen:** Mit den Relativpronomen **der, die, das / welcher, welche, welches** kann man **Nebensätze** einleiten. Das Relativpronomen **bezieht sich auf ein Nomen** oder **Pronomen** zurück und steht nach einem **Komma**.
Ich lese das Buch, **das** du mir geschenkt hast.

**Demonstrativpronomen:** Mit den Demonstrativpronomen **dieser, diese, dieses / jener, jene, jenes** kann man auf etwas zeigen oder hinweisen, z.B.: Seit **jenem** Tag mochte sie **dieses** Lied.

Übungen S. 35, 66, 71, 80

# Der Satz

**Eine Satzreihe** besteht aus mindestens zwei **Hauptsätzen**. Zwei oder mehr Hauptsätze können mit Konjunktionen, z.B. **denn** oder **aber**, verbunden werden.
Eva gibt sich im Praktikum Mühe, **denn** sie verdankt den Praktikumsplatz ihrer Tante.

**Ein Satzgefüge** besteht aus einem **Hauptsatz** und mindestens einem **Nebensatz**. Der Nebensatz endet mit einer **gebeugten Verbform**. Nebensätze werden mit Konjunktionen eingeleitet (z.B. **weil** oder **obwohl**) und vom Hauptsatz durch Komma getrennt, z.B. Die Tante freut sich, **weil** sie nur Gutes über Eva hört.

**Konjunktionalsätze** sind Nebensätze (NS), die mit einer Konjunktion eingeleitet werden, z.B. **als, weil, wenn, obwohl, damit, dass, sodass, solange** und **nachdem**. Sie können **vor (Spitzenstellung)** oder **nach (Endstellung)** dem Hauptsatz (HS) stehen, z.B.: **Obwohl** sie nur Gutes hört, sorgt sich die Tante.

**Infinitivsätze** bestehen aus einem **Infinitiv mit zu** und mindestens einem weiteren Wort. Einen Infinitivsatz kannst du oft **statt eines dass-Satzes** bilden, z.B.: Ich hoffe, **dass** ich morgen Zeit habe. Ich hoffe, morgen Zeit **zu haben**. Der Infinitivsatz steht hinter dem Hauptsatz (Endstellung) und wird durch ein Komma von diesem abgetrennt.

**Relativsätze** sind **Nebensätze, die sich** meist **auf ein vorangehendes Nomen beziehen**. Sie werden immer vom Hauptsatz durch Komma abgetrennt und durch ein typisches **Relativpronomen** (z.B. **der, die, das**) eingeleitet.
Geografie ist das Schulfach, **das** sich mit der Erde und der Erdoberfläche beschäftigt.

Übungen S. 76–81

# Satzglieder und Attribute

**Das Subjekt** kann eine Person oder eine Sache sein. Mit **Wer?** oder **Was?** fragst du nach dem Subjekt.
Sabine hat Geburtstag. – Wer hat Geburtstag? – Sabine

**Das Prädikat** sagt etwas darüber aus, was jemand tut oder was geschieht. Mit **Was tut …?** fragst du nach dem Prädikat.
Eric **schenkt** ihr ein Buch. Eric **hat** ihr ein Buch **geschenkt**.

**Objekte**
Mit **Wen?** oder **Was?** fragst du nach dem **Akkusativobjekt**. Mit **Wem?** fragst du nach dem **Dativobjekt**.
Sabine bringt den Gast zur Tür. – Wen bringt Sabine zur Tür? – Den Gast.
Sarah gratuliert dem Geburtstagskind. – Wem gratuliert Sarah? – Dem Geburtstagskind.

**Adverbiale Bestimmungen**
Nach der **adverbialen Bestimmung der Zeit** fragst du mit **Wann?**
Der Spion kam um zehn Uhr. – Wann kam der Spion? – Um zehn Uhr.
Nach der **adverbialen Bestimmung des Ortes** fragst du mit **Wo?, Woher?, Wohin?**
Er traf den Mann am Bahnhof. – Wo traf er den Mann? – Am Bahnhof.
Nach der **adverbialen Bestimmung der Art und Weise** fragst du mit **Wie?**
Die Geldübergabe verlief hektisch. – Wie verlief die Geldübergabe? – Hektisch.
Nach der **adverbialen Bestimmung des Grundes** fragst du mit **Warum?**
Wegen der Eile übersah er ihn. – Warum übersah er ihn? – Wegen der Eile.

**Genitivattribute** stehen **hinter** einem Nomen und geben **zusätzliche Informationen** zu dem Nomen. Sie antworten auf die Frage: **Wessen?**
Das Handy meines Bruders ist kaputt. – Wessen Handy ist kaputt? – Das Handy meines Bruders.

**Adjektivische Attribute** stehen **vor** dem Nomen. Sie antworten auf die Fragen **Welche?, Welcher?**
Heute kommt meine beste Freundin. – Welche Freundin? – Die beste Freundin.

Übungen S. 82–85

Mehr **Wissenswertes auf einen Blick** findest du vorne im Heft und in den Klappen.
Öffne die Klappen, um zum Beispiel mit dem **Textknacker** zu arbeiten.